Günter Skwara

Kinder der Wiedergeburt

„Jemand, der fest überzeugt ist, dass Möglichkeiten in ihm vorhanden sind, besitzt sie wirklich."

Orison Swett Marden (1850 – 1924)
amerikanischer Philosoph

„Es ist den Leuten so vieles <u>un</u>möglich, wenn sie es nur ernstlich wollen."

Otto Weiß (1849 – 1915)
Wiener Musiker und Feuilletonist

Günter Skwara

Ganzheitlicher Seelsorger
Spiritueller Rückführer, Meditationsbegleiter

Kinder der Wiedergeburt

in einer

Welt der tausend Möglichkeiten

Bibliografische Information der Deutschen Nationalbibliothek: Die Deutsche Nationalbibliothek verzeichnet diese Publikation in der Deutschen Nationalbibliografie; detaillierte bibliografische Daten sind im Internet über http://dnb.dnb.de abrufbar.

Vollständig überarbeitete Auflage

rueckfuehrer@googlemail.com

www.rueckfuehrer.de / www.studio-chi.de

Titelbild:

Günter Skwara, privat

Herstellung und Verlag

BoD – Books on Demand, Norderstedt

ISBN: 978-3-7460-3514-7

Inhaltsverzeichnis

Vorwort

Werte Freunde, mir offenbarten sich in den letzten zwanzig Jahren, im Verlaufe vieler Spiritueller Rückführungen, die seltsamsten Dinge, Geschehnisse und Zusammenhänge.

Das Geistige durchdringt den Kosmos mitsamt seinen mehr oder weniger offensichtlich Aspekten. Wir stehen alle, wirklich alle miteinander in Verbindung, über Zeit und Raum hinweg.

Lasst euch also kein X für ein U vormachen, wenn ihr eigene Wahrnehmungen diesbezüglich habt, man euch diesbezüglich aber abwerten möchte.

Genau das, was Leute gemeinhin als „nur Phantasie" abtun, entspricht einer Wirklichkeit höheren Seins.

Nur das, was für euch selbst wahr ist, ist solange wahrhaftig bis neuere Daten veränderte Blickwinkel und Sichtweisen zulassen.

Mir wurden die Verhältnisse im Kosmos als TAO übermittelt. Damit ist sowohl Geistiges TAO als auch Göttliches TAO gemeint.

Wobei Geistig und Göttlich so gut wie nicht auseinander zu halten ist. Denn wir, TAO, die Seele, unser Geistiges Dasein, sind mit dem Göttlichen unmittelbar verbunden.

Lediglich einige Bestandteile im „Großen Spiel" gaukeln uns vor, dass wir individuell sein sollten. Diese trennend wirkende Individualisierung ist gewollt, sowohl von uns Selbst, dem Geistigen, als auch vom Göttlichen TAO.

Ohne diesen Spielfaktor hätten wir kein Spiel. Wir könnten unserem Auftrag nicht gerecht werden.

Doch damit erst einmal genug. Ich will dem Folgenden nicht zu weit vorgreifen.

Wir werden, in diesen so genannt schnelllebigen Zeiten, von allen Seiten mit Informationen bombardiert.

Deshalb ist es wichtig, beim Lernen und Üben, bereits als Kinder und Jugendliche, spielerisch mit diesen Fluten umzugehen. Nehmt also all diese überwältigend wirkenden Einflüsse nicht allzu ernst. Denn zu schwerwiegende Ernsthaftigkeit schadet dem Spielgeist.

Sich selbst auferlegte Ernsthaftigkeit öffnet jeglicher Art und Weise von Überwältigung und damit von möglicher Unterdrückung Tür und Tor.

Geht daher auch mit dem von mir gelieferten Datenmaterial spielerisch um. Schaut es euch an und genießt die Andersartigkeit mancher Aussagen.

Mir liegt es fern großartig philosophisch oder gar religiös wirken zu wollen.

Ich erzähle lediglich, frei von der Leber weg, was mir alles so begegnet ist.

Dass sich dazu auch ein paar Definitionen und etwas weitschweifigere Betrachtungsweisen gesellen, liegt in der Natur der Sache.

Denn getreu einem wertvollen Faktor im Spiel, der da heißt: Grenzen setzen (unbegrenzte Spiele sind nämlich keine Spiele), grenze auch ich mich ein wenig ab.

Dem „Wischiwaschi" anderer Autoren möchte ich mich nicht anschließen.

So lasst uns denn endlich beginnen: Ich begrüße euch alle als die Kinder der Wiedergeburt.

So bin ich auch überzeugt, dass keine einzige <u>neue Seele</u> unter meinen Lesern herumgeistert.

Mit dieser Art der Betrachtung stimme ich zwar nicht überein, aber wer an die Alten und Neuen Seelen glauben will, der/die soll es tun.

Obwohl ich mich schon hier strikt abgrenze, lasse ich dennoch auch meinen Mitmenschen ihre Meinung.

Eine gemeinsame Übereinstimmung kann niemand einfordern. Dazu gibt es viel zu viele unterschiedliche Standpunkte, Blickwinkel und Sichtweisen. Im Letztlichen tragen wir sowieso alle zum Gesamtbild bei.

Wir finden uns dann wieder zusammen, wenn wir als Kinder der Wiedergeburt in naher oder ferner Zukunft unseren Weg kreuzen.

Seid euch sicher, da gibt es kein Wenn und kein Aber. Wir, die Schöpfer unser aller Wirklichkeit und Realitäten, spielen das „Große Spiel" bis zum Ende.

Es wird ein Ende sein, das im Göttlichen TAO mündet.

Vorher aussteigen gilt nicht!

**Nichts ist unmöglich,
denn wenn wir das Unmögliche denken,
haben wir es schon so gut wie
möglich gemacht.
Unser Bewusstsein wandelt
unendliche Möglichkeiten
in Wirklichkeit um.
Im unendlichen Möglichkeitsraum ist Platz
für jede denkbare Wirklichkeit.**

Kersten Kämpfer (*1958)
Dr.-Ing. der Technischen Kybernetik und Automatisierungstechnik

Realität oder Wirklichkeit?

Was auch immer wir uns vorstellen können ist in irgendeiner Art und Weise ein Teil unserer Realität, was jedoch nicht gleichbedeutend mit der Wirklichkeit ist.

Denn die Wirklichkeit geht weit über den Begriff der Realität hinaus. Als real wird nämlich nur das betrachtet, was außerhalb des Denkens existiert; das heißt unabhängig vom nur gedachten Sein.

Wirkliche, damit auch wirksame Inhalte von Vorstellungen, Gefühlen, Wünschen, Wahrnehmungen und Ähnlichem gelten im Alltagsverständnis zunächst einmal als nicht der Realität zugehörig.

So ist für die Naturwissenschaften Realität nur das, was der wissenschaftlichen Betrachtung und Erforschung zugänglich ist.

Nicht Messbares aber dennoch Wirkliches hat keine Basis für Naturwissenschaft.

Unsere Kommunikationsformen orientieren sich immer an der Wirklichkeit oder besser an der relativen Wirklichkeit.

Diese Wirklichkeit ist eine höhere Realität, mit der wir Menschen oder Wesenheiten an einem Ort zu einer Zeit gemeinsam übereinstimmen.

Hier übersteigt der Begriff Wirklichkeit noch ein ganzes Stück die Definition von Realität.

Unter dem was wirklich ist, verstehen wir nicht nur die Eindrücke, die wir über unsere Sinne wahrnehmen können, sondern ebenso unsere geistige Wahrnehmung, die Vorstellung vom Wirklichen.

Wirklich ist somit sowohl die Außenwelt als auch die Welterkenntnis mittels Gefühl und Denkvermögen.

Im Zuge dieser Betrachtungsweise lassen wir auch Möglichkeiten zu, die einer so genannten wissenschaftlichen Untersuchung nicht unmittelbar standhalten.

Dennoch unterliegen sie einer gewissen, nachvollziehbaren, intuitiven „Logik" oder zumindest einer, wie auch immer gearteten Übereinstimmung.

Der deutsche Philosoph und Hochschullehrer Arthur Schopenhauer stellt in seinem Werk „Die Welt als Wille und Vorstellung" folgende, sehr berechtigte Fragen:

„Was rechtfertigt unseren Anspruch, die Außenwelt richtig zu erkennen?
Unter welchen Umständen gelangen wir zu einer solchen Erkenntnis?
Inwieweit entspricht die Wirklichkeit unserer Vorstellung und unserem Glauben?
Welche Beziehung besteht zwischen uns als erfahrenem Individuum und der Wirklichkeit, die wir behaupten zu erkennen?"

Stellen wir uns nur einmal zwanzig Maler vor die alle dasselbe Modell malen. Jeder hat einen anderen Blickwinkel sowie eine andere Art und Weise der Betrachtung.

Jeder sieht das Modell mit seinen eigenen Augen und erschafft es nach seinen Fähigkeiten.

So entstehen zwanzig verschiedene Abbilder des gleichen Modells. Dennoch stellt jedes einzelne Bildnis für den jeweiligen Maler seine spezielle Wirklichkeit dar.

Wir können sogar noch einen Schritt weiter gehen und sagen:

„Jeder Maler hat seine Wirklichkeit
in das Modell projiziert."

Die Wirklichkeit macht uns in unserer Kreativität frei, sie lässt uns hinschauen und die Dinge zumindest so entdecken, wie sie gerade eben auch als real erscheinen oder tatsächlich sind.

Lasst uns also die Möglichkeiten weit, sehr weit spannen. Geben wir ihnen den unendlichen Raum, den meine Rat- und Hilfesuchenden im Laufe Spiritueller Rückführungen Stück für Stück oder im Schwung zu öffnen in der Lage waren und noch immer sind.

Dabei wird sowohl der Kreativität als auch der Phantasie Tür und Tor geöffnet.
Wir beschreiten den unbegrenzten Pfad wirklicher Möglichkeiten, den auch Albert Einstein erkannt hat:

**„Phantasie ist wichtiger als Wissen, denn Wissen ist begrenzt.
Phantasie aber umfasst die ganze Welt."**

Niemand darf der Wirklichkeit „hinter unserer Stirn" ihren Wahrheitsgehalt nehmen.
Diese Wirklichkeit ist unzweifelhaft mindestens genauso wahr wie die so genannte Realität unserer Umgebung.
Schließlich nehmen wir Menschen die Welt nur soweit wahr wie unsere Sinne reichen.
Dabei gibt es vielerlei Bereiche die wir bestenfalls lediglich mit empfindlichen, technischen Geräten auszuloten vermögen. Welche Vielfalt bleibt uns dennoch verschlossen?

Bei Spirituellen Rückführungen gibt es keinerlei Begrenzungen. Kein noch so abstrus erscheinendes Bild darf abgewertet werden. Jegliche Erscheinung ist ohne Zweifel wahr.

Woher nämlich kommen etliche der Bilder, die uns während Träumen oder dergleichen in den Sinn kommen?

Spirituelle Rückführungen bringen es ans Licht: Sie sind bildhafte Eindrücke einer nahen oder weit zurück liegenden Vergangenheit.

Damals hatte sich etwas ereignet, das sich in den Verstand eingebrannt hat.

Es wurde möglicherweise mit noch weiter zurück auffindbaren Geschehnissen vermengt, somit anscheinend oder angeblich als „unmöglich" gewertet.

Erst durch nochmaliges Anschauen entzerrt sich der Bildersalat. Dann wird klar: Es gibt tatsächlich alte Wahrnehmungen die einem ach so phantastisch (im Sinne von nicht ganz wahr) erscheinenden Eindruck zugrunde liegen.

Sowohl die Engel und Teufel als auch die Elfen und Einhörner entspringen unserer Phantasie (hier im Sinne von anderer Wirklichkeit).

Der Blick in unsere Vergangenheit offenbart: Es gab sie wirklich! Warum soll es diese Wesenheiten nicht auch heute noch geben? Vielleicht entziehen sie sich nur dem sehr eingeschränkten Blickfeld heutiger Menschen.

Immerhin gibt es Regionen auf der Erde, in denen leben Wesen der Anderswelt mit den Menschen tatsächlich zusammen. In Island werden sogar Straßen umgeleitet, wenn die Gefahr bestehen könnte, dass solche Wesenheiten durch die Straßenführung geschädigt werden.

Der Autor Paul Madsack bringt in seinem Buch „Die metaphysische Wachsfigur" einen übergeordnet neuen Aspekt in die Überlegungen ein, indem er seinem Anastasius Merlin, bei der Art und Weise der Betrachtung von menschlichen oder nichtmenschlichen Wesenheiten, folgende Worte in den Mund legt:

„Es ist nicht alles Mensch, was die menschliche Erscheinung zeigt und in der menschlichen Gestalt einher wandelt.

Umgekehrt gehören wesentliche Teile des Menschen bereits den unsichtbaren Welten an, denn sowohl Geist als auch die Seele des Menschen sind unsichtbar und verborgen, dennoch aber wirklich, falls man nicht auch die Wirklichkeit von Wünschen und Gedanken leugnen will.

Was aber heißt überhaupt sichtbar und unsichtbar, was heißt wirklich und was unwirklich?

Die sichtbaren und unsichtbaren Welten durchdringen und bedingen sich. Was man für wirklich hält oder unwirklich nach dem gewöhnlichen Sprachgebrauch, sind nur graduelle Unterschiede der Dichtigkeit, sind nur Schwingungen und Strahlungen höheren oder niederen Grades, die alle in Wechselbeziehungen zueinander stehen.

Wie auch alle Erscheinungswelt aus den unsichtbaren Welten hervorgegangen ist, um eine winzige Spanne Zeit zur statischen Erscheinungswelt gebunden zu werden, und also bald dynamisch wieder in die unsichtbaren Welten hinüber schwingen.

Der Glaube aber und die Einbildungskraft schaffen höhere Werte, sind eine stärkere Macht als Intellekt und Wissen, denn Glaube und Einbildungskraft gestalten die Welt, während der Wille und der Intellekt sie nur befestigen und ausbauen.

Sie sind nur die Bauleute, nur die Handwerker, während jene dem schaffenden Künstler gleichen."

Dieser Gedankengang stammt aus dem Jahr 1930, einer Zeit in der offenbar überaus hochwertiges, spirituelles Wissen Verbreitung fand.

Die Erfahrungen aus Spirituellen Rückführungen sind keine Hirngespinste. Hier trifft lediglich der geistige Erfahrungsschatz auf gelebte Realität.

Indem sich die Erinnerungen an Vergangenes zeigen, verändert dies zugleich das Hier und Jetzt, die Gegenwart, und beeinflusst die Zukunft.

Ich habe in Spirituellen Rückführungen häufig genug erlebt, dass besonders Frauen in jungen Jahren durchaus in der Lage waren mit Elfen, Zwergen und Gnomen zu kommunizieren.

Diese Wesen aus „parallelen Welten", aus anderen Dimensionen oder woher auch immer, zeigen sich nicht jedem und vor allem nicht denjenigen, die ihre Sinne vor ihnen verschließen.

Hochsensible Menschen haben noch bis zu ihrer Pubertät entsprechende Begegnungen. Leider wird mit dem zunehmenden Alter vieles als „Verrücktheit" angeprangert.

Durch die Abwertung, zumeist ausgehend von Erwachsenen, stumpfen diese besonderen Fähigkeiten ab, bis sie schließlich ganz verschwinden. Damit löst sich auch der Zugang zu den Anderswelten auf.

Dem Verstand der Kinder werden von den „vernünftigen Menschen" die Daten zugespielt, die dafür sorgen, dass deren Befähigung im dicht abschließbaren Mülleimer von fortgesetzter Abwertung landet.

Der Verstand (ein energetisches Konstrukt das mit dem Gehirn korrespondiert) nimmt die neuerlichen Daten auf, die während Spiritueller Rückführungen erscheinen, analysiert sie und löst damit Problemstellungen.

Innerhalb von einigen Tagen, häufig von drei Tagen, ändert sich sowohl die ganz persönliche Betrachtungsweise als auch gegebenenfalls schwerwiegende Verhältnisse im Umfeld und zugleich die Zukunft.

Von Vorteil ist dabei, dass sich auch allerlei von den karmisch genannten Verknüpfungen und Wirrnisse lösen. Sie werden weniger problematisch.

Die bis dahin fast nur eingleisigen Erfordernisse, einer im Voraus geprägten Zukunft, wandeln sich zu vielgestaltigen Möglichkeiten.

Ich habe erlebt, dass eine Person, die vor einer Spirituellen Rückführung von einer Wahrsagerin tief verunsichert wurde, wissen wollte was die Zukunft, aus Sicht ihrer Vergangenheit, mit ihr vorhabe.

Im Verlaufe nur einer Spirituellen Rückführung wurde die entsprechend wichtige Geschichte der Vergangenheit bewältigt. Die Unterdrücker aus alten Zeiten haben dadurch ihre Macht verloren.

Der nächste Besuch bei der durchaus talentierten Wahrsagerin brachte die Überraschung: Die Karten oder dergleichen ließen die Zukunft nun völlig offen. Die Voraussage einer negativen Prägung war völlig ungültig.

Der Rat- und Hilfesuchenden blieb wirklich sehr viel erspart. Das Verhältnis zu nahen Mitmenschen verbesserte sich gravierend. Ihr gesamter Lebensplan änderte sich innerhalb nur zweier Stunden Spiritueller Rückführung.

Leider ist es aber nicht immer so einfach und so effektiv, wenn durch eine oder mehrere Spirituelle Rückführungen der festgefahrene Weg in die Zukunft hinein aufgebrochen wird. Schließlich sind die meisten von uns Opfer ihrer selbst gestalteten Art und Weise zu leben.

Teufelskreise begleiten die Menschen ebenso wie bewusst oder nicht bewusst selbst angelegte Pfade direkt in allerlei Schwierigkeiten hinein.

Die Wahlmöglichkeiten bleiben auch weiterhin bestehen. Die Spirituellen Rückführungen erweitern lediglich die Vielfalt. Niemand muss sich mehr dem Schicksal oder einem Kismet ausgesetzt fühlen. Der Grad der Selbstbestimmung erhöht sich. Die Wesenheiten sind nun wieder die Herren über ihr eigenes Leben.

Sobald sie ihre Lebenseinstellung ändern, verändert sich auch ihr Verhältnis zum gesamten Umfeld.

Mit diesen Zeilen versuche ich helfend das Erkennen zu unterstützen.

Es soll sowohl der gegenwärtige Zustand wahrgenommen werden, als auch ein Beitrag geleistet werden, die Möglichkeiten einer Verbesserung zu sehen.

Leider stelle ich jedoch immer wieder fest: Die meisten Mitmenschen sind in Betrachtungen und in ihren Gewohnheiten gefangene Wesen.

Sie vertreten mit Vehemenz festgefahrene Standpunkte, wobei sie kaum hinreichend Weitblick haben, um über einen eng begrenzten Horizont hinaus zu schauen. Etliche von ihnen wollen einfach ihre Machtpositionen nicht aufgeben.

Die Fähigkeiten zur Selbsterkenntnis sind ausgesprochen schlecht entwickelt. Die Gründe dafür finden wir in den althergebrachten Systemen der Erziehung, in vielen Elternhäusern und in den Kasernen für Kinder aller Altersgruppen, sowie in der daraus entstandenen Gestaltung der Arbeitswelt.

Die Welt der tausend Möglichkeiten ist auf nur wenige Aspekte reduziert. Die Absicht dahinter ist … !?!

**„Jeder Rahmen der Möglichkeiten
ist mit einem heimlichen Gitter versehen."**

Martin Gerhard Reisenberg (*1949)
Diplom-Bibliothekar und Autor

**„Möglich scheint fast alles unsern Wünschen;
unsrer Tat setzt sich von innen wie von was
sie durchaus unmöglich macht, entgegen."**

Johann Wolfgang von Goethe (1749 – 1832)

Bedingte Wahrheit, unbedingte Logik

Ähnlich wie mit der Wirklichkeit verhält es sich mit der so genannten Wahrheit, ohne die es schließlich keine Wirklichkeit geben kann.

Es gibt niemals die hundertprozentige Wahrheit sondern wiederkehrend nur den Annäherungswert zu dem, was relativ wahr ist. Was ist subjektive, was ist objektive Wahrheit?

Eine bedingte Wahrheit kann sehr hilfreich sein, um nicht völlig einer Lüge zu erliegen. Damit werden allzu verfängliche Situationen regelrecht gerettet.

Wahrheit wird immer direkt in Übereinstimmung mit Wirklichkeit gesehen.
Eine Tatsache, ein Sachverhalt kann demnach ebenso wahr sein wie eine Absicht oder eine als richtig wahrgenommene Auffassung, in der Übereinstimmung mit Erkenntnissen, Erfahrungen und Überzeugungen.
Wahrheit kann man abgrenzen von Falschheit oder der Lüge, als absichtlicher Äußerung der Unwahrheit, und vom Irrtum, als dem fälschlicherweise für wahr Gehaltenen.

Die Frage nach der Wahrheit wird als zentrales Problem der Philosophie und der Logik von verschiedenen Theorien unterschiedlich beantwortet.

In der Geschichte dominiert über weite Strecken die Wahrheitstheorie von der Korrespondenz oder der Adäquation der Wahrheit.
Diese Theorie geht von der Wahrheit als einer Übereinstimmung gedanklicher Vorstellungen mit der Wirklichkeit aus.

Aristoteles meint, als Verfechter dieser Theorie:

„Zu sagen nämlich, das Seiende sei nicht oder das Nicht-Seiende sei, ist falsch, dagegen zu sagen, das Seiende sei und das Nicht-Seiende sei nicht, ist wahr.

Wer also ein Sein oder Nicht-Sein prädiziert (bekannt macht) muss Wahres oder Falsches aussprechen. Nicht darum nämlich, weil unsere Meinung, du seiest weiß, wahr ist, bist du weiß, sondern darum, weil du weiß bist, sagen wir die Wahrheit, indem wir dies behaupten."

Die dialektisch-materialistische Widerspiegelungstheorie sagt: Die Wahrheit ist eine Übereinstimmung des Bewusstseins mit dem bewussten Objekt.

Sie steht im Dienst der Praxis und wird allein daran gemessen.

Karl Marx drückt dies in seiner zweiten These über Feuerbach so aus:

„Die Frage, ob dem menschlichen Denken gegenständliche Wahrheit zukomme, ist keine Frage der Theorie sondern eine praktische Frage.

In der Praxis muss der Mensch die Wahrheit, das heißt die Wirklichkeit und Macht, Diesseitigkeit seines Denkens beweisen. Der Streit über die Wirklichkeit oder die Nichtwirklichkeit des Denkens – das von der Praxis isoliert ist, ist eine rein scholastische Frage."

In den modernen Pragmatismus- und Intersubjektivitätstheorien bezeichnet die „Wahrheit" üblicherweise eine Eigenschaft von Überzeugungen oder Meinungen.

Intersubjektivität wird von Charles S. Peirce als das Resultat einer unbegrenzten Forschergemeinschaft aufgefasst, er sagt dazu:

„Andererseits sind alle Vertreter der Wissenschaft von froher Hoffnung getragen.

Davon, dass die Prozesse der Forschung, wenn sie nur weit genug voran getrieben werden, zu jeder Frage, auf die sie angewendet werden, eine sichere Lösung ergeben werden. [...]

Sie mögen zuerst unterschiedliche Ergebnisse erhalten, aber wenn jeder seine Methoden und Prozesse perfektioniert, wird man feststellen, dass die Ergebnisse sich stetig auf ein vorbestimmtes Zentrum hinbewegen. [...]

Die Meinung, der alle Forscher schicksalhaft am Ende zustimmen müssen, ist das, was wir mit Wahrheit meinen und der Gegenstand der durch diese Meinung repräsentiert wird ist das Reale.“

In Grundlagen der Mathematik demonstriert ausschließlich die Beweisbarkeit den Wahrheitsbegriff. Ein Beweis bedeutet dabei die Wahrheit.

Wir sehen, jegliche Wahrheit ist vielschichtig und kann aus ganz verschiedenen Blickrichtungen völlig unterschiedlich interpretiert werden.

Wenn ich jetzt noch die oft dogmatisierten Betrachtungsweisen von Religions- und Glaubensgemeinschaften ins Kalkül ziehen würde, würde die Verwirrung perfekt werden.

Daher belassen wir es einfach bei der Relativität von all den Wahrheiten, ihren verschiedenen Anschauungsmöglichkeiten und Betrachtungsweisen, einfach aus unterschiedlichen Gesichts- und Standpunkten heraus.

Wenden wir uns daher, zur Übereinstimmung mit den Wirklichkeiten, einem sicherlich wesentlich leichter zu fassenden Begriff zu (!?!).

Logik

Der griechische Ausdruck **Logos**, lógos (lat.: verbum, hebr.: davar) verfügt über einen außerordentlich weiten Bedeutungsspielraum.

Unspezifisch ist er im Sinne von Wort und Rede sowie deren Gehalt oder Sinn. Logos bezeichnet aber auch das geistige Vermögen und zudem das, was dieses hervorbringt, wie zum Beispiel „Vernunft".

Darüber hinaus findet Logos Verwendungen als: Definition, Argument, Rechnung oder Lehrsatz.
Auch die philosophischen und religiösen Prinzipien werden mit dem Ausdruck Logos bezeichnet.

Ferner ist er ein allgemeineres Prinzip der Weltvernunft oder ein Vernunftprinzip des geordneten Kosmos. Gleichsam auch ein Gesamtsinn der Wirklichkeit oder eine die Welt durchdringende Gesetzmäßigkeit.

Logik (direkt vom griechischen "logos": Wort, Rede, Aussage, Behauptung, Vernunft, ...) wurde einst als die "Wissenschaft vom richtigen Schließen" von Aristoteles (384-322) begründet.

Logik ist hierbei: Die Lehre von den Prinzipien des richtigen, das heißt, des schlüssigen Denkens und Beweisführens.
Diese wissenschaftliche Anschauung hat durch das Mittelalter hindurch, bis zu den Philosophen Kant und Hegel, die verschiedensten philosophischen und theologischen Erweiterungen erfahren.

Logisches Denken hat immer eine Schlussfolgerung. Es ist demnach eindeutig folgerichtiges Denken.

Wenn man also eine Sache, auf der Grundlage „allgemein anerkannter Zusammenhänge", aus einer anderen schlussfolgert.

So bedeutet schlussfolgerndes Denken: Man kommt von etwas Gegebenem zu etwas Neuem.

Im einzelnen kann dies zum Beispiel bedeuten, dass:

> man einen gegebenen Sachverhalt genauer erschließt, wenn man erkennt was impliziert (mit eingeschlossen) ist;

> man aufgrund immer wiederkehrender Phänomene Regelmäßigkeiten oder Wirkungszusammenhänge annimmt;

> man Ähnlichkeiten erkennt und versucht, Bekanntes auf Unbekanntes zu übertragen.

Schlussfolgerndes, logisches Denken hat also verschiedene Aspekte, die durch zwei Fragen systematisch erschlossen werden können:

01) **Problem der Gültigkeit oder Verlässlichkeit**

> Wie / Wodurch gelangen wir zu gültigen Schlussfolgerungen; inwieweit können wir sicher sein, dass unsere Schlussfolgerungen richtig sind?

02) **Problem der Innovation**

> Wie / Wodurch kommen wir zu neuen Einsichten, entdecken wir Zusammenhänge zwischen ursprünglich unverbundenen Sachverhalten?

Die Logik oder das logische Denken sind immer abhängig von dem vorhandenen oder dem zu erschließenden Datenmaterial.

Sind die Informationen oder Daten unvollständig, falsch oder verfälscht, so ergibt sich ein völlig anderer „logischer Schluss" als wären die Daten richtig oder zumindest weitgehend richtig.

Somit ist Logik immer auch schon wieder abhängig vom jeweiligen Standpunkt des Betrachters, seinen eigenen Einsichten und Erkenntnissen und nicht zuletzt seinen Interessen.

Deshalb wird auch dem männlichen Geschlecht häufig eine andere Art von Logik beigemessen als dem weiblichen „Gegenstück".

Keine Macht den Drogen

und denen,
die an Drogen verdienen.

Die Wahrheit: Drogen sind Gifte, die Vitalkräfte des Körpers aufzehren und das Denkvermögen des Verstandes hinterhältig beeinträchtigen.

Sie bringen die natürlichen, biochemischen sowie elektrischen Zusammenhänge im Körper durcheinander. Drogen sind Gifte, die Leben zerstören.

Die Definition: Drogen sind jegliche innerlich genommene Substanz, die benutzt wird, einen „verbesserten" Zustand zu erreichen beziehungsweise einen unerwünschten Zustand zu vermeiden.

In vielen primitiven Kulturen der Vergangenheit sowie der Gegenwart wurden und werden Drogen als Aufputschmittel oder zur Ruhigstellung verwendet.

Schamanen, Medizinmänner, Magier und Priester schworen auf Essenzen von Mutter Erde persönlich (wie Kräuter, Pilze oder ...).

Auch die Stoffe aus dem geheimnisvollen Garten der Alchemie sollten tolle, spirituelle Wirkungen erzielen.

Drogen sollten den Menschen magische Kräfte verleihen. Man wollte mit ihnen entweder göttliche oder teuflische Fähigkeiten entfalten oder zumindest „böse Geister" vertreiben.

Noch heute ist, wie schon zu Urzeiten, die Drogengläubigkeit in der Medizin sehr weit verbreitet.

Gegen alle möglichen Krankheitsbilder oder Krankheits-erscheinungen, zur Unterdrückung verschiedenster Weh-Wehchen, gibt es angeblich eine Pille oder irgendein Kraut.

Längst sind es einige unserer Ärzte leid, immer nur et-was verschreiben zu sollen, damit entweder die Pharmazie oder der jeweilige Patient oder beide zufriedengestellt wer-den.

Frage Deinen Arzt und Du wirst erfahren, wenn er eine ehrliche Antwort für Dich hat, dass er gar nicht damit ein-verstanden ist, häufig nur als verlängerter Arm der Pharma-zie zu fungieren.

Doch, was bleibt ihm zumeist anderes übrig, wenn Pati-enten bereits mit ihrer Drogenerwartung zu ihm kommen und enttäuscht sind, wenn sie keine Pille, Salbe oder ähnli-che "Wundermittel" mit nach Hause nehmen dürfen.

Eines muss hier aber dennoch in aller Deutlichkeit gesagt sein:

Der verantwortungsvolle, korrekte und gezielte Umgang mit schnell wirkenden, hilfreichen medizini-schen Drogen ist nicht schädlich.

Insbesondere hier gilt jedoch die wertvolle Aussage von Paracelsus:

„Die Menge macht's, ob ein Ding Gift ist."

Letztlich darf eine Maßnahme zur Heilung aber niemals bei den körperlichen Betrachtungs- und Behandlungsweisen stecken bleiben.

Immer und schlussendlich vorrangig muss das Geistige in jeden Heilungsprozess einbezogen werden.

Denn es gilt seit Alters her auch dieser Satz:

„Das Geistige Wesen ist der Meister über die Materie!"

Bedenklich ist der leider weit verbreitete Missbrauch von Drogen und die hohe Akzeptanz von verschiedenen Drogen in der Gesellschaft, als: "Helfer in jeder Lebenslage".

Die beiden Gesellschaftsdrogen Nikotin und Alkohol gelten noch immer als die Einstiegsdrogen Nummer 1 und Nummer 2 für weitere, nicht minder gefährliche Suchtmittel.
Die Pille für jeden Fall der Fälle („Omas Pille"), wie sie per Marketingaussagen verkauft wird, ist der Wegbereiter, hin zu den modernen Designer-Drogen.

Durch den Faktor „Akzeptanz" wird der Nährboden bereitet, der Menschen die Rechtfertigungen bietet, Drogen wie: Alkohol, Nikotin, Koffein, auch Haschisch und Marihuana als gesellschaftlich anerkannt, somit völlig normal anzusehen.

Wir sind nicht mehr weit davon entfernt, dass selbst Heroin wieder als etwas völlig Legales betrachtet wird.

Um 1900 war Heroin als Heilmittel allgemein anerkannt und wurde selbst den Kindern im Hustensaft verabreicht.
So wie heute das nicht minder gefährliche Codein, das mit Heroin verwandt ist.

Jegliche Droge ist ein Giftstoff, entsprechend der mehr oder weniger hohen Dosierung, die über die Körpersysteme auf das Denkvermögen einwirkt und Verwirrung stiftet, sowohl im Körperlichen als auch im Dasein des Verstandes.

TAO, die Person selbst, die Seele, kann allerdings von dem Drogeneinfluss nicht unmittelbar geschädigt werden.

Doch über die Wirrnis in Körper und Verstand schleichen sich falsche, überhöhte Emotionen und schräge Vorstellungen ein.

Dadurch wird die ungetrübte Einflussnahme von TAO auf diese zwei ansonsten hochwertigen Werkzeuge empfindlich gestört.

Sobald kein hochwertiger Nutzen für TAO mehr erkennbar ist oder die Droge extrem Überhand genommen hat, zieht sich die Seele aus dem Geschehnis des Lebens ein Stück weit zurück und beobachtet bestenfalls.

Dann haben wir Körpersysteme vor uns, die man mit Fug und Recht tatsächlich als Drogenzombies bezeichnen kann.

Es mag jetzt ziemlich hart klingen aber: Leute sind eine echte Gefahr für die Gesellschaft, wenn sie fast ausschließlich von Drogen gesteuert werden.

Um sowohl ihnen als auch uns zu helfen, müssen sie erst auf Entzug gesetzt und dann notfalls zwangsweise entgiftet werden.

Erst dann hält das Geistige Wesen, die TAO-Seele, wieder Einzug und beendet weitgehend das Zombie-Dasein.

Heute wissen wir eindeutig und sollten es unbedingt beherzigen:
Ohne die unverfälschte Erfahrung eines spirituell klaren, ungetrübten Geistes gibt es keine Verbesserung in den Fähigkeiten von Menschen.

Deshalb wiederhole ich hier nochmals die Wahrheit über Drogen:
Sie sind Gifte, die Vitalkräfte des Zellstaates, des Körpersystems, aufzehren und die dazu beitragen den Verstand ins Chaos zu stürzen.

Manchmal werden sie sogar gezielt dafür benutzt. Vorgeblich spirituell wirkende Religionsgemeinschaften vergiften ihre Mitglieder. Kriminelle Strukturen erzeugen absichtlich Abhängigkeiten, die ausschließlich der finanziellen Ausbeutung dienen.

Kriegerische Staaten und ihre Geheimdienste erzeugen mit den Drogengiften kampfwütige Soldaten und brechen den Willen von Feinden.

Hüte Dich daher generell vor dem Gebrauch der Drogengifte.
Lebensspender wie Vitamine, Enzyme oder Mineralien werden beim Gebrauch von Drogen aller Art vernichtet.

Sowohl der Körper als auch der Verstand geraten in die Abhängigkeit von Trugbildern und Trugschlüssen.

Tatsächlich haben die Drogen anfangs noch eine irgendwie angenehme Wirkung. Sie erzeugen den „Drogenkick", ein künstliches Hochgefühl.
Das Bedürfnis nach jedem weiteren "Drogenkick" (dem vorgegaukelten "Hochzustand") wird stärker und stärker, je weniger Wirkung die Dosierung der Droge noch zeigt.
Höhere Dosen oder härtere Drogen müssen dann her, um überhaupt noch einen "Normalzustand" zu erreichen.

Der fortwährende Absturz ist vorprogrammiert: Der Zustand "Tod" rückt näher und näher.

Wenn jetzt jemand meint, er könne <u>einfach so</u> mit gewissen Drogen aufhören und er hätte damit alles wieder im Griff, der irrt gewaltig.
Denn vor allem chemische Drogenrückstände werden in kristalliner Form im Gewebe des Körpers abgelagert, hauptsächlich im Fettgewebe.

Bei jedem Gebrauch von solchen Drogen sammeln sich deren Kristalle Stück für Stück an.

Der Körper kann sie, als chemische und daher biologisch artfremde Substanzen, nicht vollständig ausscheiden.

Tatsächlich verbleibt zum Beispiel beim Heroin bis zu 25 Prozent der aufgenommenen Menge im Fett des Körpers.

Jetzt kannst Du Dir vielleicht vorstellen, was wohl geschieht, wenn eben diese Drogenrückstände noch nach Jahren, plötzlich und völlig unvorbereitet, total unkontrolliert, ins Blut, in den Blutkreislauf, gelangen - dorthin ausgeschwemmt werden!?

Ganz recht, sie wirken genau wie damals!

So genannte "flash-backs" (wörtlich übersetzt heißt dies: "Blitz zurück") sind bei den inzwischen „Cleanen" oder „Sauberen", ehemaligen Abhängigen, keine Seltenheit.

Blitzartig werden dabei die Bilder aus der Vergangenheit wieder lebendig und gaukeln eine verquerte, total veränderte Wirklichkeit vor.
Der „Blitz zurück" wirkt genau so, als wäre der Körper gerade jetzt mit Drogen vollgepumpt worden.

Beispielsweise beim Sport oder bei anderen körperlichen Anstrengungen, wie beim Sex, in Situationen mit Stress, vielleicht in der Schule oder bei der Arbeit oder beim Autofahren, werden die Drogen plötzlich wirksam.

Über die Systeme des Körpers hinaus wird dann auch und gerade die analytisch geistige Komponente des Menschen, nämlich der Verstand, von den giftigen Substanzen heftig gebeutelt und in Verwirrung gebracht.

Hier gilt somit zweifelsfrei:

Nur ein möglichst reiner Körper ist auch in der Lage einen weitgehend klaren Verstand zu beherbergen.

Es sei hier noch einmal deutlich gemacht, mit welch bösartigem Einfluss wir es allein schon bei der gesellschaftlich noch immer akzeptierten Droge Nikotin zu tun haben:

Das Nervengift Nikotin wirkt direkt auf das Gehirn einer Person ein.
Es zerstört die Blut-Gehirn-Schranke und lässt somit auch andere Gifte in diese Schaltzentrale des Körpers eindringen.

Wie sehr sogar das energetische Potenzial einer Umgebung durch den von Nikotin hervorgerufenen Drogeneinfluss absinken kann, ist für jedermann leicht nachvollziehbar.

Wenn jemand in einen Raum tritt, in dem noch geraucht wird oder in dem längere Zeit geraucht wurde, lässt selbst ein relativ geringer Nikotinpegel die vorhandene Luft schwer und ungenießbarer erscheinen.

Die Atmosphäre ist durch den Rauch einseitig ionisiert worden. Er ist mit zu vielen Ionen einer Art angereichert.
So wird die Luft über unsere Sinne als verbraucht wahrgenommen und ist tatsächlich energetisch unbrauchbar.

Der einzige Weg hinaus, der Weg in die Freiheit, die Befreiung von den Drogen, heißt eindeutig:

Gib Drogen keine Chance.
Meide den gesellschaftlichen Umgang
mit Drogen.

Entferne Drogen aus Deiner Umgebung.
Sorge für Deine eigene Entgiftung.

Nur so kannst Du eine optimal koordinierte Leistung von Körper und Verstand erzielen.

Denn den echten, dauerhaften "Kick" im Leben bieten niemals die verlogenen Drogen.

Das wahre Gefühl des Glücklichseins finden Menschen:

1) in individueller, kreativer Lebensgestaltung,

2) im gemeinschaftlichen, tätigen Miteinander

und

3) im Erfolg beim Erreichen von Zielen.

Nur mit Zielen gestalten wir
das Spiel des Lebens.

Unsere Ziele sollen sein:

Zufriedenheit, Wohlstand,
Wohlbefinden und Harmonie.

Spirituelle Rückführung

Worte des dänischen Philosophen und Theologen, Sören Kierkegaard:

„Menschen können sich auf zwei Arten irren:

1) Man kann glauben was nicht wahr ist, oder
2) man kann sich weigern zu glauben was
    wahr ist."

Die Spirituellen Rückführungen sind ein effektives Angebot zur Bereinigung von dramatisch festgefahrenen Eindrücken im Verlaufe der Zeit, insbesondere der näheren oder weiteren Vergangenheit.

Dieses hilfreiche Angebot sollte niemals als etwas Dogmatisches aufgefasst oder angesehen werden. Selbstverständlich gibt es auch noch andere Möglichkeiten, um im eigenen Lebenslauf Ordnung zu schaffen.

Allerdings kann ich versichern: Mit Hilfe der Spirituellen Rückführungen gelangt Jedermann sehr schnell und zielgerichtet an die Ursachen von Schwierigkeiten.
Die Gegenwart ist leider sehr häufig nur ein Abklatsch der längst vergangenen Geschehnisse.

Um die dort hängen gebliebenen Aufmerksamkeitsanteile, die Energie des Lebens, zu lösen, sind die Techniken der Spirituellen Rückführungen bestens geeignet.

Zudem kann ich mit Fug und Recht behaupten: Was einmal per Spirituellen Rückführungen gelöst wurde, bleibt auch in künftigen Leben gelöst. Die Zukunft wird dadurch zu einer völlig neuen „Welt der tausend Möglichkeiten".

Mögliche Gründe für die Maßnahme:

> Entlastung von den Nachwirkungen jeglicher Arten von Bewusstlosigkeit oder von herabgesetztem Bewusstsein, wie es zum Beispiel bei Narkosen, Hypnosen, tiefen Trancezuständen, Unfällen oder schwerwiegenden Krankheiten auftritt.

> Die Freisetzung von Selbstheilungskräften wird angestrebt, in erster Linie der geistigen, dann auch der körperlichen und zudem des sozialen Daseins.

Wobei die Heilung von Gebrechen bei den Spirituellen Rückführungen niemals im Vordergrund steht. Letztlich geht es um den Weg zur Heiligung, was immer auch die Transformation von Körper, Geist und Seele einschließt.

> Erst geschieht eine Erleichterung und dann die Befreiung von schmerzhaften Verlusten und von Verlustängsten.

> Das Beseitigen von energetischen oder geistigen Blockaden, um sich aus Zwängen und Zwanghaftigkeit lösen zu können.

> Das Finden karmischer Verbindungen oder Verbindlichkeiten und die Ablösung davon.

Dabei geht es niemals um Schuld und Sühne, sondern ausschließlich um die geistigen Bindekräfte, Liebe und Hass, die einen karmischen Prozess aufrecht erhalten. Möglicherweise werden sogar unangenehme partnerschaftliche Beziehungen zu einem harmonischen Dasein umgewandelt.

> Das Auffinden von negativ wirkender, geistiger Besetzung durch fremde Mächte oder Wesenheiten und die endgültige Lösung aus deren Umklammerung.

> Das Aufspüren von geistigen Implantationen, Einpflanzungen in den Verstand.

Ein Beispiel für so eine viral wirkende Anweisung lautet: „Andere ins Unrecht setzen!"

> Das Lösen aktueller Problemstellungen oder Herausforderungen des Lebens durch das Auffinden von damit zusammenhängenden Ursachen in der näheren oder fernen Vergangenheit.

Oftmals fallen Entscheidungen verschiedenster Art und Weise dann leichter oder sie werden einfach zur Gewissheit, sowohl für die Gegenwart als auch zur Zukunft hin.

> Die Erweiterung von Wissen, die Wahrnehmung von Zusammenhängen und die Rehabilitierung von Befähigungen bezüglich des Lebens, durch das Gewinnen von Einblicken in vergangene Ereignisse.

> Das Errichten einer starken, geistigen Basis im Hier und Jetzt, wodurch sowohl Kreativität als auch Schaffenskraft gesteigert werden.

> Das Gewinnen der unzweifelhaften Selbsterkenntnis, mit unumstößlich erfahrbarer Gewissheit darüber, ein Geistiges Wesen zu sein.

> Die Erkenntnis und Erfahrbarkeit von Verbindungen zu anderen Geistigen Wesen sowie deren Vorstellungswelten.

Daraus entwickelt sich die Wissensgewissheit zum Miteinander in der Welt des Geistigen Kosmos sowie im physikalischen Universum.

> Eine mögliche Aufnahme des Kontakts zum Ursprung allen Seins, dem ursprünglich Göttlichen TAO, mit dem Ziel der wahrhaften Erkenntnis über den Sinn unseres Daseins.

Die Wirkungsweisen

Spirituelle Rückführungen, wie ich sie verstehe, haben niemals als Zielvorgabe Krankheiten zu heilen oder therapeutisch zu sein.

Meine Art und Weise der Rückführung ist, ohne Wenn und Aber, ausschließlich eine religiös spirituelle Maßnahme mit dem Ziel der Transformation vom Menschsein zu TAO, zur Person selbst, des „Ich bin", dem Geistigen Wesen, zur Freisetzung eben dieses Geistigen Wesens.

Wirkungsweise 01:

Mit Hilfe Spiritueller Rückführungen wird im jeweils eigenen Verstand, dem energetischen Konstrukt, aufgeräumt.

Ähnlich wie bei Büchern in einer Bibliothek, die aus dem Regal gefallen sind, wirr herumliegen oder einfach nicht an ihrem angestammten Ort stehen, wird mittels der Spirituellen Rückführungen Ordnung geschaffen. Es geht darum im jetzigen Leben Klarheit und Ordnung zu bekommen.

Wirkungsweise 02:

Die Spirituellen Rückführungen ermöglichen es den Geistigen Wesen Zugriff auf ihre Zeitlinie zu bekommen. Dabei öffnen sich Bilder und Geschehnisse sowie die zugehörigen Emotionen, erst unklar und mit der Zeit immer deutlicher.

Der zeitliche Ablauf, der anfangs wie ein verworrenes, verfilztes Wollknäuel wirken kann, wird immer mehr entwirrt und zur Linie begradigt.

Sich überlappende Bilder von Erlebnissen werden aufgeklärt, unterschiedliche, unklare Ereignisse entzerrt und einzeln darstellbar.

Scheinwelten lösen sich auf und teilweise höchst unglaubliche Wirklichkeiten als solche entlarvt.

Die Erlebnisse werden in der Zeit sortiert und festgelegt, wie Perlen auf einer Schnur.

Wirkungsweise 03:

Allerlei belastende Geschehnisse sowohl der nahen als auch einer sehr viel weiteren Vergangenheit werden gefunden und deren Problematik wird mit nur relativ wenigen Sitzungen entlastet.

Diese Problemstellungen sind bei der zuzuordnenden Vergangenheit zu finden, während schwerer Krankheiten, Narkosen, Hypnosen, Unfällen und in mehreren alten Todesereignissen.

Durch die Spirituellen Rückführungen lösen sich auch die daraus resultierenden Erscheinungen in der Gegenwart auf.

Es werden in jedem Falle sowohl für dieses als auch für die folgenden Einheiten des Lebens (die kommenden Wiedergeburten) brauchbare Ergebnisse erzielt.

Wirkungsweise 04:

In jedem dieser alten Geschehnisse wurde, durch die Schwere dessen was sich ereignete, sich als dramatisches Problem darstellte, etwas Aufmerksamkeit gebunden.

Der Energiegehalt oder das Energiepotenzial in solchen Vorkommnissen kann enorm sein.

Menschen haben tatsächlich physisch an Gewicht verloren, nachdem sie derartige Geschehnisse aufgelöst hatten.

Die verlorenen Energien, in Form von, im Zeitstrudel hängen gebliebener, nicht bewusster Aufmerksamkeitsanteile, werden per Spirituellen Rückführungen aus den Ereignissen der Vergangenheit abgelöst.

Diese Energiemenge kommt der Person in der Gegenwart zugute. Gestärkt kann sie damit dem Alltag besser begegnen.

Wirkungsweise 05:

Je fester Wesen in ihrem menschlichen Körper verhaftet sind, umso intensiver erleben sie auch dessen Überlebenskampf.
Während der Spirituellen Rückführungen erkennen sie zunehmend, dass sie in Wahrheit nicht ihre Körper sind.
Im Verlaufe der Ereignisse betrachten sie sich irgendwann von außerhalb. Sie sehen ihre Körper sich bewegen und geradezu selbstständig handeln.
Manchmal gehen sie dann wieder hinein, um den Ablauf zu beeinflussen. Dieses Erleben kann schon sehr früh einsetzen.

Manche der Rat- und Hilfesuchenden gelangen sogar bereits bei der ersten Spirituellen Rückführung zu solchen Phänomenen. Andere brauchen wesentlich länger bis sie dies erkennen und bis sie überhaupt anerkennen können was ihnen da geschieht.
Es gibt Menschen die, als ewige Zweifler, lange Zeit keinen Fortschritt in ihrem Fall zulassen können.

Doch alleine schon die Erkenntnis ein Geistiges Wesen zu sein, eine Seele zu sein und nicht nur eine solche zu haben, katapultiert Personen aus ihrem Alltag hinaus.
Völlig neue Betrachtungsweisen und real ablaufende Situationen tun sich auf.

Wirkungsweise 06:

Der Blick in die Vergangenheit, besonders in die viel weiter zurückliegenden Geschehnisse erweitert den Horizont enorm.

Wie bei archäologische Ausgrabungen wird Schicht auf Schicht abgetragen, Geschehnis auf Geschehnis freigelegt und Wissen auf Wissen geborgen.

Dabei kann es durchaus vorkommen, dass, wie bei der Grube des Archäologen, wieder etwas Schutt oder Geröll nachrutscht.

Auch diese neuerliche Verschüttung muss dann eben mit viel Geduld wieder beseitigt werden.

Wenn schließlich die Ausgrabungen soweit abgeschlossen sind, fühlt sich die Person genau wie einer der alten Forscher oder Entdecker. Allerdings mir dem entscheidenden Unterschied, dass hier ihre eigene Geschichte entdeckt und frei gelegt und zusätzlich noch verborgene Probleme gelöst wurden, die unmittelbar ihre Gegenwart beeinflussten.

Die Wissensinhalte die bisher im Nichtbewussten verschlossen und verschüttet waren, führen in der Gegenwart und dann auch in der Zukunft zu Erkenntnissen ohne Ende.

Wirkungsweise 07:

Die geistige Welt offenbart sich jedem Wesen. Es stellt unzweifelhaft fest, dass es kein irgendwie geartetes Unterbewusstsein gibt. Lediglich ein nichtbewusstes Dasein mit unterschiedlichen Graden an Bewusstheit lassen Geistige Wesen sehr vermenschlicht erscheinen.

Erst sein größerer Rahmen für höhere Verantwortlichkeit verleiht ihm erneut die geistige Größe die ihm zusteht.

Wer in die Welt des Geistigen vordringt wird zu Erkenntnissen gelangen die ihm heute noch unglaublich, ja phantastisch erscheinen.

Verloren geglaubte Fähigkeiten werden wieder geweckt, rehabilitiert und der Person auch gegenwärtig zugänglich gemacht. Denn, wir haben weder uns selbst noch unsere Fähigkeiten wirklich verloren.

Wer die Welt der Magie zu finden hofft oder Mystik erleben will ist mit den Spirituellen Rückführungen bestens bedient.

Hier eröffnet sich die Welt der tausend Möglichkeiten. Man muss sich nur selbst dafür öffnen und diese Welt in seinem Leben selbstbestimmt zulassen.

Wirkungsweise 08:

Die Selbstbestimmung führt ebenso zu mehr Selbstständigkeit im Sinne von ständig Selbst sein.

Auch die so häufig herbeigesehnte Selbsterkenntnis gelingt ohne Zweifel per Spiritueller Rückführungen.

TAO, die Person selbst, erkennt ihr ureigenes Selbst und nimmt Kontakt mit sich auf. Wir müssen nur den Schulterschluss zu uns selbst wieder herstellen.

Spirituelle Rückführung lässt uns nicht nur sehen, sondern regelrecht erspüren und wahrnehmen wer oder was wir einst waren und, so seltsam es klingen mag, immer noch sind.

Denn wir sind tatsächlich jetzt, unmittelbar Hier und Jetzt das Geistige TAO-Wesen vom Ursprung des Seins, ohne durch Raum oder Zeit begrenzt zu sein.

Dadurch können wir selbstbestimmt und selbstständig im eigentlichen Sinne sein.

Im Verlaufe von Spirituellen Rückführungen befähigen wir uns tatsächlich selbst dazu, unser ureigenes Sein wieder zu erlangen.

Auf der Linie der Zeit ist dann, bis zum Hier und Jetzt herein, eine dauerhafte Verbindung hergestellt. Sie geht der Person nie mehr verloren, wenn sie einmal erneut Kontakt zu sich selbst aufnehmen durfte.

Denn, je mehr Spirituelle Rückführungen jemand absolvieren kann, umso mehr Energie fließt der Person für das gegenwärtige Leben zu.

Und das bewusste Sein im Hier und Jetzt nimmt kontinuierlich zu.

Wirkungsweise 09:

Mit dem Kontakt zum ursächlichen Ursprung von uns allen gewinnen wir die wahrhafte Verbindung zum Göttlichen TAO, zur „Erscheinung" übergeordneter, klarer Energetik. In vielerlei Religionen wird sie als „Licht und Liebe" beschrieben.

Vielleicht ist es auch die von den Wissenschaftlern entdeckte „Dunkle Materie"?! Dies weitschweifig beschreiben zu wollen ist illusorisch.

Erst das, durch Spirituelle Rückführungen erreichbare, Erleben des Geistigen TAO-Wesens, als der Person selbst, lässt erahnen wie sich diese Verbindung „anfühlt".

Völlig gewiss ist nur, dass wir auch hier im gegenwärtigen geistigen Kosmos sowie im physikalischen Universum mit dem Göttlichen TAO unmittelbar verbunden sind.

Unsere übergeordnete Aufgabe besteht einfach darin: „Das Leben zu leben." oder „Das Spiel zu spielen."

Dabei ist unser Bestreben, so viel Erlebnis wie nur immer möglich zu sammeln, Gutes oder Böses oder völlig Gleichgültiges.

Nach jeder Spirituellen Rückführung ist ein Neustart im Hier und Jetzt möglich. Die Erkenntnisse aus der Maßnahme erweitern den Rahmen der Möglichkeiten für eine bessere Zukunft. Etliche neue Projektionsfelder ermöglichen eine offen zugängliche schöpferische Gestaltung.

Wiedergeburt
Reinkarnation
Seelenwanderung

Die folgende Aussage des Religionswissenschaftlers Huston Smith stelle ich mit ein wenig Wehmut voran:

„Ungebildete Menschen wissen vieles nicht, aber sie sind selten dumm. Denn, wenn sie sich auf ihre Erinnerungen verlassen müssen, ist es wahrscheinlicher, dass sie sich an das erinnern, was wichtig ist.

Gebildete Menschen hingegen neigen dazu, sich in ihrer riesigen Bibliothek der aufgezeichneten Informationen zu verlieren."

Hier will ich mich weder mit der Wiederauferstehung von Göttern, wie sie in ägyptischen oder griechischen Mythen beschrieben werden, noch mit der Wiedergeburt abstrakter Inhalte, wie Ideologien oder Wissenschaften, oder von Volksgruppen oder Staaten befassen.

Mir geht es ausschließlich um das **wieder geboren werden** von Lebewesen in Verbindung mir dem Göttlichen Geist (TAO), der Seele, seien sie nun menschlich oder nicht.

Für mich bedeutet Wiedergeburt ausschließlich und unmittelbar der Wechsel aus einem Körpersystem in ein anderes. Es ist dabei völlig nebensächlich ob sich dieser Wechsel nur im Bereich von menschlichem Dasein vollzieht.

Dass dazwischen so etwas wie der Tod liegt, ist geradezu unerheblich. Denn der Tod ist lediglich der Abschluss des Sterbeprozesses, der sowieso ein Leben lang andauert.

Die nach dem Tode (Exkarnation) einsetzende Wiedergeburt oder eben lateinisch Reinkarnation: Wiederfleischwer-
dung oder Wiederverkörperung, ist dem menschlichen Sinn-
verständnis offenbar keineswegs fremd.

Die Altgriechen kennen dafür den Begriff Palingenese:
Wiedererzeugung.

Die Vorstellung einer Wiedergeburt oder deren mehrere
finden wir insbesondere in religiösen Philosophien.

Unter der Bezeichnung Reinkarnation begegnet uns die
Wiedergeburt speziell bei den indischen Religionsformen,
wie der hinduistischen Weltanschauung, dem Buddhismus
oder dem Jainismus.

Fälschlicherweise werden jedoch oft auch außerkörper-
liche Erfahrungen in diesem Zusammenhang als Reinkarnation bezeichnet.

Um die Wiedergeburt gut verstehen zu können, brauchen
wir halbwegs klare Begriffsdefinitionen, zumindest vom
Geist, von der Psyche und von der Seele.

Geist:

In der Beschreibung der „Person selbst" vermeide ich mit
Bedacht einfach die Bezeichnung „Geist".

Denn, wenn man in einem ausführlichen Bedeutungswörterbuch nachschaut, wird man ganz schnell feststellen: Der
Begriff „Geist" wird für viele, viel zu unterschiedliche Bedeutungen herangezogen.

So wird er beispielsweise als „Träger des Lebens" bezeichnet oder als das denkende, erkennende Bewusstsein,
im schwammigen Unterschied zu einer angeblich empfin-
denden, ach so empfindsamen Seele.

Der nächste Definitionsversuch bezeichnet den „Geist"
als: Liebenswürdige, feinsinnige, kluge Witzigkeit.

Dann auch als: Gesamtheit aller nichtmateriellen Eigenschaften, zum Beispiel eines Volkes, einer Epoche, einer Dichtung.

Auch von Menschen im Hinblick auf ihre geistigen Fähigkeiten, ihr inneres Wesen, ihren Genius, spricht man von Geist.

„Geist" bezeichnet zudem: Wiederkehrende Verstorbene, abgeschiedene Seelen, Gespenster, Dämonen, Teufel, Naturwesen und nicht zu vergessen, das Göttliche als Heiliger Geist.

Somit lassen wir diesen widersprüchlichen, in so gut wie alle Himmelsrichtungen dehnbaren, Begriff „Geist" einfach geistreich außen vor.

Ich benutze deshalb bestenfalls die Begriffe „Geistige Wesen" und „Welt des Geistigen" und ansonsten eindeutigere Bezeichnungen, die den Unterschied zum Körperlichen klarer aufzeigen.

Psyche:

Absichtlich vermeide ich auch den Begriff „Psyche". Genau wie dem Wort „Geist" werden diesem Wort zu viele unterschiedliche Bedeutungen beigeordnet.

Damit wird wieder mal nur noch mehr Verwirrung geschaffen (möglicherweise absichtlich).

Aus dem Griechischen kommend besagt der Begriff „Psyche" sowohl Lebensodem, Atemkunde, Lebenskraft, Lebenslehre als auch Bewusstsein sowie Gemüt, Trieb und sogar Seele.
Was denn nun? Lebensenergie, Körperkunde oder Seele?

Um das Kraut auch hier fett zu manchen ist „Psyche",
aufgrund mythologischer Vorstellungen, auch noch „Schmet-
terling". In der griechischen Mythologie hatte nämlich eine
sterb-liche Königstochter, mit dem Namen Psyche, eine
Liebesbeziehung mit dem Gott Amor, auch Eros oder Cupido
genannt. Schließlich wird sie nach etlichen Prüfungen unter
die Unsterblichen aufgenommen.

Wo bleibt hier aber der Bezug zu dem, was wir als das
„Ich bin" oder die „Person selbst" bezeichnen?

In Österreich versteht man übrigens unter dem Begriff
„Psyche" eine Frisiertoilette – was irgendwie ehrlicher zu
sein scheint, als alles andere, was das Wort „Psyche" noch
begleitet.

Die Psychologie sagt jedenfalls selbst von sich, keine
„Wissenschaft vom Seelenleben" zu sein, sich nicht mit der
Seelenkunde zu beschäftigen.
Psychologen sind demgemäß eher empirisch forschende
Wissenschaftler, die sich mit der Erforschung des Menschen,
in seinem Verhalten, mit seinen Fähigkeiten und mit dem
nervlichen Zusammenspiel befassen.

Die Psychologie beschäftigt sich, zumindest seit dem
19ten Jahrhundert, empirisch, das heißt: Aus den Erfahrungen gewinnend, darauf beruhend, vergleichend mit dem
Verhalten von Mensch und Tier.
Deshalb kennen wir auch die bekannt gewordenen Experimente mit Ratten, Mäusen, Hunden und Schimpansen.

Im Jahrhundert davor mischte sich die Psychologie noch
mit der Philosophie, Theologie und Metaphysik.
Die wenig empirischen, metaphysischen Zusammenhänge hat diese neue „Wissenschaft vom Menschen" mittlerweile weit von sich gewiesen.

Sie versucht weder Geist noch Seele sowie den Sinn des Lebens philosophisch zu erklären.

Für solche Metaphänomene, mehr spekulativen Ideen und Vorstellungen, wurde extra die Parapsychologie geschaffen.
Bei dieser geht es dann tatsächlich mehr um Seelenaspekte, Geister und Geistererscheinungen sowie um verschiedene außersinnliche Wahrnehmungen, also irgendwelchen „Fähigkeiten der Seele".
Sie wird, wie es das Wort schon sagt, aus der Psychologie ausgegrenzt („para" ist griechisch und heißt: Neben..., gegen..., oder wider...).
Sie nimmt, als eine Art ausgelagerter „Müllcontainer", all die unheimlichen, außergewöhnlichen Phänomene auf, die der „normalen Psychologie" nicht ins Programm passen.

Mir stellen sich andererseits folgende grundlegenden Fragen:

> Wo bleiben die Religionsgemeinschaften und Kirchen sowie deren Vertreter, speziell der westlichen, noch immer römisch geprägten Welt, bei diesem Spiel mit Psyche, wenn diese sich als Seele definiert und trotz allem nicht als solche offenbart?
> Haben jene Religionsformen etwa in den letzten hundert Jahren versagt, als es um die Seelenforschung ging?
> Wollen die Vertreter der offiziellen sowie der inoffiziellen Kirchen es auf Dauer zulassen, dass die Psycho/Seele noch intensiver in die Materie eingebunden, geradezu herein gezogen wird?
> Sollen sie sich in dem Sumpf von niederen Emotionen und körperlichen Abhängigkeiten selbst aufgeben, schließlich ganz verlieren?

> Wessen Absicht ist das?

Nach meinem Verständnis darf es einfach nicht darum gehen, die Geistigkeit der Wesen ausschließlich auf den körperlichen Menschen und seine offensichtlichen Unzulänglichkeiten zu reduzieren.

Auch kann der Einsatz medizinischer Drogen keine dauerhafte Lösung für geistige Problemstellungen sein.

Ebenso entspricht der wertende Vergleich mit Tieren, Ratten, Schweinen oder Affen, die dem Menschen ähnlich sein sollen, nicht meiner Vorstellung von geistiger Freiheit.

Die Seele ist mehr!

Seele:

Selbst der Begriff „Seele" wurde von unterschiedlichen Interessengruppen so durcheinander gewirbelt, dass deren Ursprünglichkeit aufgeweicht wurde und fast verloren ging.

Eine etwas seltsam anmutende Wörterbuch-Definition besagt: Seele ist das Innenleben eines Lebewesens, das sich im Denken, Fühlen, Handeln oder Bewegen äußert.

Damit sind doch hoffentlich nicht unsere Innereien gemeint?

Seile werden um die innere Faser oder Litze herum angefertigt, die man Seele nennt. Dieser innerste Teil macht seine Stabilität aus.

Man spricht bei der menschlichen Seele von dessen Gemütskräften, ebenso wie vom unsterblichen Anteil des Menschen, außerdem von der dynamischen Triebkraft und dem Leben gebenden Mittelpunkt.

Im Urgermanischen heißt sie „saiwalo", beschreibt die „vom See stammende" oder „von der See stammende" oder die „zum See gehörige".

Wir finden auch eine Ableitung von See, als dem Aufenthaltsort sowohl der Ungeborenen als auch der Toten.

Die See ist hier wohl auch gleichbedeutend mit dem Meer, als Sinnbild für das Universum.

Trotz aller Wirrnis, ist mir der Begriff „Seele" noch am sympathischsten, denn er hat etwas Ursprüngliches. Deshalb ist der Seelenbegriff, den ich anwende, all diesem Wirrwarr übergeordnet.

Als „Seele" gelangen wir hier mehr zu vereinfachten Verhältnissen, ohne die herkömmlichen Begriffsverwirrungen.

Mit dem Seelenbegriff, den ich meine, können wir auch wieder an die „Person selbst" anknüpfen.

Die Seele ist hier TAO, der „göttliche Funke", der nicht dem physikalischen Universum zuzuordnen ist, der wahrhaft ein Abbild des Göttlichen ist.

TAO, die „Person selbst", ist demzufolge vollständig bewusstes, Göttliches Sein des „Ich bin", eines Geistigen Wesens, einer wahrhaftigen Seele.

Unser Alltagsbewusstsein ist lediglich ein schwacher Abklatsch dieses bewussten Seins. So wie wir mit unseren Sinnen nur einen Bruchteil all der Frequenzen von Licht, Schall und sonstiger Wellen wahrnehmen können, ebenso unvollständig ist unser menschliches Bewusstsein.

Erst nach dem körperlichen Tod erhalten wir (hoffentlich – wahrscheinlich aber doch noch nicht oder nicht immer) die Erkenntnis für unser wirkliches Sein zurück.

Bei Eintritt des körperlichen Todes verlässt TAO, die „Person selbst", die menschliche, körperlich-energetische Einheit und nimmt dabei den Verstand mit, plus der Speicherinhalte aus der Materie des Körpers sowie der Energie, aus der Aura.

Deshalb funktionieren die Spirituellen Rückführungen, bis weit in frühere Leben hinein.

Mit dem möglichen Zugriff der Seele, der „Person selbst", gemeinsam mit dem Verstand, auf alle gespeicherten Daten, lassen sich alte Ereignisse wieder hervor holen.

In anderen Ausführungen versuche ich verschiedenen, großen Religionsformen auf den Zahn zu fühlen, was Wiedergeburt, Reinkarnation und Seelenwanderung anbelangt. Ich fand etliche unterschiedliche und manche gleichbedeutende Ansichten.

Letztlich durfte ich erfahren: Die von mir gefundene, spirituelle Form, das TAO, beinhaltet sehr viel Basiswissen für verschiedene Religionen dieses Planeten.

Aus dieser, vor langer Zeit eingebürgerten, nicht irdischen Art und Weise religiösen Denkens, scheint sich so manche irdische Religion ein paar Scheiben abgeschnitten zu haben.

Für mich sind unterschiedliche Seelenaspekte die ewigen Daseinsformen.

Daraus ergibt sich:

Es gibt nur ein Leben im Geiste, das alle Zeiten überdauert.

Leider verlieren wir, aufgrund unseres derzeitigen, in Verwirrung geratenen Zustandes (gewollt oder ungewollt oder einfach damit übereinstimmend), die Erinnerungen an frühere Leben.

Doch mit all unserem Wissen und Können, einem gewaltigen, geistigen Schatz, werden wir dennoch in wechselnde Körpern immer und immer wieder hinein geboren.

Jetzt gilt es nur noch den Schatz zu heben, unsere alten Fähigkeiten wieder abrufbar zu gestalten.

Genau dafür dienen uns die Spirituellen Rückführungen.

**„Es ist unglaublich,
wieviel Kraft die Seele dem Körper zu leihen
vermag."**

Wilhelm von Humboldt

**„Nimmer vergeht die Seele, vielmehr die frü-
here Wohnung tauscht sie mit neuem Sitz und
lebte und wirkt in diesem.
Alles wechselt, doch nichts geht unter."**

Pythagoras (ca. 582 – 496 vor Christus)
Philosoph, Mathematiker und Astronom

**„Wenn wir, wie ich es lehre,
an die Unsterblichkeit der Seele und an ihre
Kraft glauben,
alles Böse und Gute, das sie trifft, zu überdauern,
so werden wir für immer an dem Wege nach oben
festhalten und werden all unser Streben der
Gerechtigkeit und der Vernunft widmen."**

Platon (427 – 347 vor Christus)
Schüler des Sokrates

Kinder
nach der Wiedergeburt

Gebt Kindern eine Chance. Gebt ihnen die Chance sich in diesem Leben wieder zurecht zu finden. Alle Kinder, beziehungsweise die Seeleneinheiten, haben das Problem des „Seelensprungs", von einem Körper zum nächsten.

Je weniger Bewusstheit und entsprechendes Wissen die Persönlichkeit aus den vergangenen Lebensabschnitten mitbringt, desto geringer ist die Fähigkeit den neuen Babykörper schon frühzeitig zu kontrollieren.

Es gibt Babys, die scheinen bereits mit den Augen sprechen zu können. Diese Kinder beginnen auch frühzeitig mit der Artikulation von Sprache.

Andere hingegen wirken geradezu apathisch, lassen die Dinge an sich vorüber ziehen und warten anscheinend nur darauf größer, zunehmend erwachsender zu werden.

Hier spielt häufig auch der Drogenkonsum der Eltern, insbesondere der Mutter, eine entscheidende Rolle. Unter „Drogen" verstehe ich dabei nicht nur die so genannten harten Drogen sondern auch Nikotin, Alkohol und den Missbrauch von Medikamenten.

Interessanterweise wirkt auch der Drogenmist aus den eigenen, vergangenen Leben als geistige Blockade in ein neues Leben herein.

Rat- und Hilfesuchende von mir starben in vergangenen Leben als Alkoholiker und hatten auch im neuen Leben den Alkohol als Erzfeind. Es bildete sich im Laufe der Zeit eine regelrechte Drogenpersönlichkeit heraus.

Solche verquerten Drogenpersönlichkeiten haben mit der Person selbst, der TAO-Seele, kaum mehr etwas gemeinsam.

Deren tagtägliches Leben läuft ab, wie ein vorprogrammiertes Uhrwerk.

Robotisch werden all die Dinge getan, die in dem, von diesen Menschen akzeptierten, gesellschaftlichem Gruppenumfeld gerade aktuell sind.

Die Roboterhandlungen können sich dabei über gesellschaftlich normierte, gut bürgerliche Umgangsformen hin zu exzessivem Rauchen, Saufen und anderem Drogenkonsum erstrecken. Diese Handlungsweisen laufen ab wie von außen eingespeicherte Programme.

Solche Robotermenschen sprechen oft davon: „ Loskommen zu wollen". Sie schaffen es aber nicht. Eltern und andere Vorbildern sowie manche Betreuer und besonders Gruppierungen beständigen immer wieder ihr Verhalten.

Diese Menschen brauchen unbedingt eine oder mehrere Akzeptanz-Gruppen um sich herum, sei es zur Selbstbestätigung, was eigentlich eine Fremdbestätigung ist, oder um einfach in deren Ritualverhalten ein- und unterzutauchen, somit nicht aufzufallen.

Massenbewegungen, mit gesellschaftlicher oder mit politischer Gleichmacherei und mit Massenhysterien, wie beispielsweise für mitreißende Politgrößen oder für „wahnsinnstolle" Musikkünstler, sind typisch für extremes Mitläufertum im Fan-Verhalten, was durch Robotismus zum allein seligmachenden Dogma hochgejubelt wird.

Übrigens finden wir Robotismus nicht nur unter Drogenabhängigen. Die Droge bestärkt allerdings robotisches Verhalten.

Das genaue Gegenteil von gleichgeschaltetem Robotismus ist Individualität. Verwechseln sollten wir Individualität bitte niemals mit Individualismus. Auch dieser -ismus ist, wie alle Ismen, einfach nur eine Nachahmung von etwas Ursprünglichem.

Individualismus finden wir, ebenso wie Robotismus, unter anderem beim Fan-Verhalten, bei der Abhängigkeit von Markenwaren und bei der Anhängerschaft für politische, sportliche oder religiöse Gruppierungen.

An der Gruppenzugehörigkeit ist in diesem Zusammenhang nichts Verkehrtes, solange daraus keine Hörigkeit entsteht und die Person ihren freien Willen behält, damit ihre Individualität.

Das Verfolgen gemeinsamer Ziele hat also noch lange nichts mit Robotismus zu tun.

Wenn wir genauer hinschauen, werden wir die menschlichen Roboter ganz schnell erkennen, sei es an ihrem Drogenkonsum oder einem einer Sucht ähnlichen Verhalten.

Individualität ist unbedingt wert gefördert zu werden. Leider finden wir statt dessen häufig Abwertungen wie „Eigenbrödler" oder „Stubenhocker", geäußert von Eltern und von Erziehern. Auch Begriffe wie „Eierkopf" und „Streber" sind dazu angetan Individualität zu unterdrücken.

Unsere gleichschaltenden Schul- sowie Lehrsysteme mit ihrem übermäßigen Leistungsdruck und den psycho-unlogisch geschulten Lehrern sind bestenfalls dazu geeignet Individualismus hervorzubringen und diesen zu fördern.

Werte Eltern, denkt bitte niemals, ihr hättet mit einem Baby nur eine „kleine Seele" vor euch. Unterschätzt niemals den immensen Erfahrungsschatz, den dieser werdende Erwachsene bereits bei sich tragen kann.

Beobachtet gut und lasst wachsen. Jeder erzieherische Übereifer kann für ein neues Leben nur schädlich sein. Kinder müssen sich hereintasten dürfen, in die neuen Verhältnisse des ebenfalls als neu zu bezeichnenden Familienverbandes mit der vielleicht gravierend veränderten Umgebung. Selbst, wenn Großeltern als eigene Enkel oder dergleichen wiederkommen, müssen sie sich erst wieder der Familieneinheit völlig neu zuwenden.

Die Zeit, die der kleine Mensch in der Eltern-Kind-Beziehung, genannt Familie, zubringt, wirkt prägend für diesen neuen Abschnitt des Aufenthaltes auf der Erde als lebendiges, menschliches Wesen.

Schenkt dem wieder einmal neuen Menschlein Aufmerksamkeit und liebevolle Zuwendung.

Achtet mit Bedacht auf seine vernünftige Ernährung und gewährt ihm unbedingt ausreichend Schlaf.

Ihr werdet sehen, der Mensch wächst auch und gerade, ohne die Strenge von erzieherischen Zwangsmaßnahmen und cholerischen Wutausbrüchen. zu einem selbstständigen Wesen heran.

Lasst dem Kind einfach einen gewissen Freiraum. Zeigt ihm, dass es dennoch Grenzen im Verlaufe des Leben gibt!

Natürlich sollten sich Erzieher weder auf der Nase herumtanzen lassen noch sollten sie das Kind als Sklaven halten.

Eine einfache, aufrechte Beziehung, von Mensch zu Mensch, gewährt sowohl dem Kind als auch den Elternteilen ausreichend Entwicklungsfreiheit im Laufe des Heranwachsens.

Eines der wichtigsten Kulturgüter ist die Sprache. Ihre Nutzung, als Mittel zur Kommunikation, ist seit sehr langer Zeit außerordentlich wichtig.

Um dabei keine Verwirrung aufkommen zu lassen ist es entscheidend, wirklich überaus wichtig, schon mit dem Baby vernünftig zu sprechen.

Eltern die eine „Babysprache" verwenden, werden von dem kleinen Menschen nicht ernst genommen. Das Kind fragt sich höchstens, in welchem Hottentotten-Stamm es diesmal wohl gelandet ist.

Die Benutzung der Sprache, in Wort und Schrift, ist immer wieder anfällig für Missverständnisse.

Deshalb legt euch, liebe Eltern, liebe Großeltern, geehrte Pädagogen, ein Bedeutungs-Wörterbuch zu (nicht nur einen Rechtschreib-Duden).

Ich habe, in meiner Zeit als Helfer und Seelsorger, oft feststellen müssen, dass gestandene Menschenbilder, ob männlich oder weiblich, die einfachsten Worte nicht definieren konnten. Über missverstandene Wörter hätten sie sogar einen Streit vom Zaum gebrochen.

Ein Bedeutungs-Wörterbuch kann tatsächlich Beziehungen retten, weil damit das Verstehen füreinander sowie für die gemeinsame Sprechweise, als Form der Kommunikation, enorm angehoben wird. Nicht jedes Wort hat nämlich für jemand anderen die gleiche Bedeutung. Zudem gibt es gleichlautende Wörter, die etliche, verschiedene Bedeutungen tragen.

Bitte, liebe Eltern, habt Verständnis, wenn die Seele, die Person selbst, den kleinen Körper noch nicht vollständig zu kontrollieren vermag.

Falscher Ehrgeiz bringt das Wesen leicht etwas durcheinander.

Die Devise heißt: Wachsen lassen. Besonders Gärtner sind, meiner Meinung nach, hervorragende Erzieher!

Gärtner kümmern sich um ihre Pflanzen, wie sich Menschen um ihresgleichen kümmern sollten.

Ihre Pflanzen werden in gute Erde gesetzt, sie werden mit Bedacht hinreichend gedüngt, gegossen und optimalen Lichtverhältnissen ausgesetzt.

Gegebenenfalls werden Fehltriebe abgeschnitten oder Wucherungen vorsichtig entfernt. Gärtner bewahren ihre Schützlinge außerdem vor Ungeziefer.

Warum wird der heranwachsende Mensch nur manchmal so brutal überfordert?

Mit nur geringem Zeitverlust, von einem Leben zum nächsten, muss sich die Person auf total veränderte Zustände einstellen.

Gerade war sie noch ein Erwachsener mit Haus, Auto, Familie, Beruf und Geld auf der Bank und nur etwa neun Monate später wird die gleiche Person in eine Wiege gelegt, muss gewickelt werden, bekommt bei Bedarf, statt eines Steak, die Brust der Mutter zur Ernährung.

Ein Wesen, das diesen Übergang nicht halbwegs bewusst nachvollziehen kann, wird garantiert ein wenig verwirrt davon. Erst im Laufe einer geraumen Zeit fügen sich die Bausteine des Lebens wieder zusammen.

Durch das Heranführen mit einfachen, sinnvollen Spielsachen gelingt der Start ins neue Dasein.

Die dem jeweiligen Altersabschnitt angepassten Lehr- und Lernutensilien fördern auf Gradienten die Entwicklung von Kindern.

Dabei muss unbedingt darauf geachtet werden, dass keine Überfrachtung mit Spielsachen erfolgt. Denn darunter leiden die sich heranbildenden, erst wieder neu zu entwickelnden Fähigkeiten enorm.

Vor allem die Befähigungen zur Konzentration, zum Erkennen von Wichtigkeit, verbunden mit dem Fällen von Entscheidungen bleiben bei zu viel Spielgeräten auf der Strecke.

Kinder müssen von sich aus nach ausgewählten Dingen greifen dürfen, nach Dingen die sie selbst interessieren.

Das sicher durchaus berechtigte Interesse von Vater oder Großvater bezüglich technischer Errungenschaften oder das der wohlwollenden Mutter sowie der Großmutter in Bezug auf Puppen oder Teddybären sollte sich dem Wohl des Kindes fügen. Auch hier gilt, wie so oft: Weniger ist mehr!

Mit dem liebevollen sowie vertrauensvollen Kontakt zu den Eltern gelingt es der Person, sowohl die Denkfähigkeiten erneut zu koordinieren als auch einen gebrauchsfähigen Körper neu zu erschaffen.

Eingeübte Fähigkeiten und Fertigkeiten geben dem Kind Stück für Stück die Möglichkeit zurück, am Leben teilzuhaben. Auf diese Art und Weise findet der Mensch wieder einmal seinen Platz in der Gesellschaft.

Übrigens können wir niemals festlegen, wie lange ein Neustart, vom Verlassen des alten Körpers hin zu einem neuen Leben, tatsächlich braucht.

Dogmatische Betrachtungsweisen sollten wir ganz schnell ad acta legen.

Im Verlaufe vieler Spiritueller Rückführungen sind mir Abläufe begegnet, die von wenigen Minuten oder Stunden bis zu vielen Jahrhunderten reichen.

Es kommt immer darauf an, mit welchem Grad an Bewusstheit ein Mensch stirbt oder vielleicht plötzlich, durch unglückliche Ereignisse, zu Tode kommt und vor allem, welche Beschlüsse er zu fassen in der Lage ist.

Ausschließlich bewusstes Dasein ermöglicht es dem frei gewordenen Geistigen Wesen, sich nach dem Tode in Ruhe umzusehen und einen ihm angemessenen Familienverbund zu finden.

Ziemlich weit herabgesetztes Bewusstsein schränkt die Wahlmöglichkeiten immer mehr ein.

Nur eines sollten wir bei all unseren Überlegungen niemals außer Acht lassen: Die so genannten karmischen Verbindungen oder Verstrickungen.

Entweder das Wesen, das Geistige sowie das menschliche, stellt sich seinem Karma, um eine Lösung herbei zu führen, oder es versucht jeglichen Kontakt mit den daran beteiligten Personen zu vermeiden.

Selbstverständlich gelingt die Strategie des Vermeidens so gut wie nie. Denn, wenn in diesem Leben Konflikte vorübergehend unterdrückt werden können, in einem der nächsten prallen die Kontrahenten garantiert wieder aufeinander.

Das Karma, als die ausführende Kraft des Gesetzes von Ursache und Wirkung, verlangt nach einer Lösung, einer Loslösung.

Kinder und Jugendliche haben noch ziemlich leichten Zugriff auf frühere Leben. Vor allem der Verstand von Kindern wird von den gesellschaftlichen Zwängen noch nicht so sehr in Anspruch genommen.

Auch ist das jetzige Leben des Kindes noch nicht so belastet von Ereignissen mit herabgesetztem Bewusstsein (Bewusstlosigkeit bei Krankheiten, Unfällen, Operationen, Drogen, Verlusten, ...).

Die „schrecklichen Phantasien", von Ungeheuern, von Gerippen und ähnlichen Erscheinungen, die häufig in Alpträumen auftauchen, denen besonders kleine Kinder im Alter von etwa drei bis sechs Jahren ausgesetzt sind, haben einen durchaus realen Ursprung in den vergangenen Leben.

Psychologen nennen dieses Alter die „magische Phase". Auch eine „magische Logik" bestimmt das Verhalten in diesem Alter. Zusammenhänge werden sehr ernst genommen, die für Erwachsene nicht unbedingt nachvollziehbar sind.

„Der Ball will schlafen, weil er unter den Schrank gerollt ist." oder „Die Mutter ist krank, weil ich böse war." oder „Wolken regnen, weil der Gott traurig ist."

Die „magische Logik" begleitet Kinder angeblich ohne den ersichtlichen Grund.

Doch dabei wird von dem Kind einfach die Gesetzmäßigkeit von „Ursache und Wirkung" spielerisch durchdacht.

Verständnis und das wohlwollende Verstehen der Eltern hilft dem Kind mit den Unwägbarkeiten der Lebensumstände umzugehen.

Ohne noch mehr Panikreaktionen auszulösen können besonnene Erwachsene jeder aufkommenden Angst entgegenwirken.

Das Wissen von Eltern und Großeltern, in Bezug auf frühere Leben, ist für das Kind sicherlich hilfreich.

Die meisten der „Phantasieprodukte" sind Geschehnisse der Vergangenheit mit sehr wirklichem Hintergrund. Gepaart werden diese meist, mit den kreativen Neuschöpfungen von künstlerisch begabten, geistigen Wesenheiten.

Kinder durchleben in dem frühen Alter, von drei bis sechs, vergangene Dramen und Tode. Speziell ihre Träume zielen darauf ab diese aufzuarbeiten.

Die Kinder spielen auch Berufe aus früheren Leben nach. Ihr Lieblingsspielzeug lässt manchmal darauf schließen, in welchem Berufsfeld sie einmal erfolgreich waren. Die frühen Berufswünsche können aber auch sehr schnell wechseln, wenn TAO, die Seele, etliche Leben durchstreift.

Eltern sollten deshalb auch gar nicht versuchen ein Kind zu schnell auf eines der Phänomene festzulegen. Ruhiges Beobachten und das sanfte Fördern von Fähigkeiten bewirken mehr als das Hineinzwängen in eine Form.

Womöglich soll nur das elterliche Prestigedenken, aus dem Egoismus heraus, befriedigt werden.

Etwa bis zum Ende der Pubertät dauern die „flash-backs" an. Bis dahin blitzt ab und zu einmal die Vergangenheit durch. Mehr oder weniger bewusst zeigt sie sich und wirkt ins jetzige Leben herein.

Bis dahin wirken diese sich aber auch meistens weniger problematisch aus, da die körperliche Konstitution und die geistige Verfassung noch recht flexibel reagieren und sich leichter regenerieren als bei den meisten Erwachsenen.

Ausnahmen beständigen hierbei die Regel. So genannt ererbte Krankheiten, die beispielsweise bereits im Babyalter oder bei Kindern durchbrechen, können so intensiv wirksam werden, dass der junge Körper extreme Langzeitschäden davon trägt oder gar getötet wird.

Warum verlassen etliche Babys bereits im Kindbett ihre Körper?
Haben sie sich beim Wiedereintritt irgendwie verirrt? Entgehen sie dadurch vielleicht größeren Schwierigkeiten in späteren Lebensabschnitten? Haben sie eine Vorahnung von dem was sie erwartet?

Besonders problematisch wirken sich Fernsehen und Internet, mit vor Brutalität strotzenden Filmen, auf das kindliche Gemüt aus.
Alte, uralte Erlebnisse werden durch Filme restimuliert und finden leichteren Zugang zur Gegenwart.
Die vorgetäuschte oder auch echte Ernsthaftigkeit der Themen in den Flimmerkisten und auf den Computerbildschirmen beschleunigt das Erwachsenwerden und raubt Kindern die unbeschwerte Zeit der Kindheit.
Die Vielzahl der gelieferten Bilder stört zudem die eigene Bildproduktion, hervorgerufen durch den menschlichen Verstand. Die Befähigung zur Phantasie wird zerstört, sie bleibt auf der Strecke.
Dadurch vermindert sich der Zugriff von Personen auf die eigenen geistigen Eindrucksbilder.

Auch die Kontrolle über die Bestien aus der Vergangenheit wird verhindert.

Durch diese Medien kann sich ein erfolgreicher Überfall noch verheerender auf das gegenwärtige Leben auswirken.

Während meiner Zeit in Frankreich begegnete mir der schockierende Fall eines jungen Mannes, der nachts ständig von Monstern und Ungeheuern attackiert wurde.
Die ständige Angst beeinträchtigte nicht nur seinen Schlaf sondern auch sein Eheleben.

Während weniger Spiritueller Rückführungen konnte das Problem aus der Welt geschafft werden.

Wir fanden nämlich eine problematische Situation in seiner Kindheit, die mit einer fiebrigen Erkrankung und dem Schauen eines Fernsehfilmes zu tun hatte. Die Szene sah folgendermaßen aus: Der Junge war ziemlich schwer erkrankt, hatte hohes Fieber und wurde von seinen Eltern liebevoll umsorgt. Sie hatten ihn mit ins Wohnzimmer genommen, um ihn zu betreuen.
Allerdings schauten sie einen Fernsehfilm, während er zwischen ihnen lag. Es war ein Horrorfilm mit dem Blutsauger Dracula und anderen Ungeheuern.
Diese Bilder nahm der Junge in seinem Zustand eines herab gesenkten Bewusstseins wahr. Sie prägten sich tief in seinen Verstand ein. Er verlor total den Faden zur Realität des Ereignisses. Er vergaß zudem einfach die Herkunft der Bilder.

Nach mehrmaligem Durchgang durch das Geschehen wurde ihm zunehmend bewusster, dass alles nur ein Film aus seiner Kindheit war.
Er sah sich selbst von außerhalb, bei seinen Eltern. Er spürte deutlich seinen kranken Zustand und entdeckte schließlich den angeschalteten Fernseher.
Die schrecklichen Bilder offenbarten sich als der Fernsehfilm.

Die dargestellten Monster hatten absolut nichts mit seiner Gegenwart zu tun.

Sie konnten in die Vergangenheit verbannt, in das Schattenreich von vorgegaukelten Phantasmen geschickt werden.

Eltern sind gefordert, entweder das Fernsehen für Kinder ganz zu unterbinden oder zumindest die mehr „kindgerechten" Sendungen mit dem Kind zusammen auszuwählen. Das Ähnliche gilt für den Umgang mit Computern.

Wesentlich geschickter, als sich von fremden Bildern berieseln zu lassen, ist der Einsatz von Tonträgern und von guten Büchern.

Diese regen die Phantasie an, bringen bei den Hörern oder Lesern die eigenen Bilder hervor und stärken so die Vorstellungskraft.

Genau hier finden wir den Ansatz, der dem werdenden Erwachsenen seinen Weg in eine von ihm selbst gestaltbare Zukunft ebnet: Seine energiereiche Kraft zur Vorstellung.

Die Kraft des Denkens, die Fähigkeit zur Imagination und damit verbunden das zukunftsorientierte Stecken von Zielen, ist die wichtigste Möglichkeit, wie die Fesseln der Vergangenheit zeitweilig abgestreift werden können.

Je intensiver eine Person zukunftsorientiert denkt, desto größer ist ihre Chance den „Monstern" der Vergangenheit zu entgehen.

Bisher hat wohl alles so geklungen, als wären wir ohne die hilfreiche Spirituelle Rückführung hoffnungslos der Vergangenheit ausgeliefert. Das so zu sehen ist nicht wahr!

Jeder der es geschafft hat ein neues Leben zu kreieren, hat auch die Fähigkeit mitgebracht in diesem Dasein einen eigenständigen Weg zu gehen.

Einzig die widrigen Umstände, die ihn treffen können oder denen er sich ohne es zu ahnen aussetzt, öffnen der belastenden Vergangenheit einen Durchgang zur Gegenwart.

Bereits eine gesunde Lebensführung, die Kräftigung der Energie zum Leben, ist ein Garant, um im jetzigen Leben stabil zu bleiben.

Manchmal wirkt auch eine Reise oder gar der Umzug in ein fernes Land wahre Wunder. Besonders Auswanderer können ein Lied davon singen, wie erfolgreich sie plötzlich wurden, nachdem sie einen derartigen „Tapetenwechsel" vollzogen hatten.

Auch ein schlechtes Karma muss nicht zwangsläufig zu einem von Problemen beladenen Leben führen.

Schädliche Handlungen in früheren Leben erzeugen zumeist eher ein Bedürfnis nach Wiedergutmachung. Der mögliche Ausgleich während der gegenwärtigen Existenz wird angestrebt.

So fand ich, während Spiritueller Rückführungen, in einem der früheren Leben, einen Richter, der deshalb in diese Rolle geschlüpft war, weil er in mehreren vorausgegangenen Leben ein rechter Hallodri und Raufbold war.

Er ging keiner Schlägerei aus dem Wege und hat bei der Gelegenheit sogar einige Gegner totgeschlagen. Für solche Verhaltensweisen musste er selbstverständlich in den Kerker. Letztendlich brachte ihn seine Lebensführung an den Galgen.

Als besonders strenger Richter hat er den Spieß umgedreht und dafür gesorgt, dass andere ihr Leben lassen mussten. Diese Strenge wurde ihm allerdings auch zum Verhängnis. Er wurde in einem Racheakt in die Luft gesprengt.

Im jetzigen Leben kam der Mensch zu mir, weil er unklare Gliederschmerzen hatte und Ärzte nichts finden konnten.

Seine vielfältigen Symptome waren eindeutig auf die Sprengung zurückzuführen. Die Person verließ mich völlig beschwerdefrei und um einige Erfahrungen reicher.

Die Freiheit in Bezug auf Denken und Handeln ist jedem Wesen mitgegeben. Dies beinhaltet auch die freie Wahl von Gut, Böse oder Unentschieden. Erst das Bewusstsein für angerichtete Schäden, bei der Person selbst, bei der TAO-Seele, lässt eine bewertende Bestrafung sinnvoll erscheinen. Dabei ist das Wesen schon von sich aus bestrebt, sich zurückzuhalten oder den Schaden zu beheben.

Kinder haben zumeist ein sehr ausgeprägtes Rechtsempfinden, das allerdings durch Be- und Abwertungen aus der sozialen Umgebung und darüber hinaus durch Selbstabwertung in arge Mitleidenschaft gezogen werden kann.

Der Weg zu kriminellen Handlungen führt immer über den Werteverlust – erst zu sich selbst und dann zu den Werten der Mitmenschen. Wertlosigkeit, der Mangel an Selbstwertgefühl, ist besonders bei den bereits kriminell auffällig gewordenen Personen deutlich feststellbar.

Eine Gesellschaft, die es fertig bringt, ihre straffällig gewordenen Bürger noch weiter in Abwertungen hinein zu stürzen, muss sich nicht wundern, wenn Täter zu Wiederholungstätern werden und dadurch die Zahl der Kriminellen immer mehr zunimmt.

Abwertung und ganz besonders Selbstabwertung schädigen die Person in ihren seelischen Grundfesten. Das ursprüngliche, fast grenzenlose Vertrauen, das ein Kind mit in das neue Leben bringt, kann enorm erschüttert werden, wenn jemand es nicht ernst genug nimmt.
Jede Abwertung, ob im Elternhaus oder dann vor allem später in der Schule, vermindert das Selbstwertgefühl.

Sobald die Person beginnt, sich selbst für wertlos zu halten, wird das Tor für kriminelle Handlungen aufgestoßen.

Im Laufe Spiritueller Rückführungen wird dieser Irrweg verlassen oder sogar umgekehrt. Die Person gewinnt wieder an Wert und zieht sich geradezu an den eigenen Haaren aus dem Sumpf der Niedertracht.

Dies ist ein Vorgang der zunehmenden Bewusstwerdung, zum eigenen Selbst und zu den Mitmenschen sowie zu deren Wertvorstellungen.

Unser System zur Aufnahme von Wissen, genannt „Schule", bis hin zur „Universität", wirkt sich für so manche Menschen ausgesprochen belastend aus. Dabei ist es weniger die weitgehend gut gemeinte Vermittlung von Lehrmeinungen, als vielmehr depressiv machende Arten der Wertung, die bei herab gesenktem Bewusstsein, wie bei Krankheiten oder bei bedrückenden Verunglimpfungen, zu Suggestionen führen.

Speziell einer meiner Rat- und Hilfesuchenden stolperte viele Sitzungen lang immer wieder über sein graues Schulhaus, über einige Mitarbeiter des Lehrkörpers und seine herabwürdigende Schülersituation.
Er fühlte sich völlig fehl am Platze, beziehungsweise: „Ich habe das Gefühl im falschen Film zu sein."
Seine früheren Leben, in denen er teilweise sehr erfolgreich war, als Architekt, als Komponist und überhaupt als Künstler, waren für ihn ein so großer Verlust, dass er in diesem Leben absolut nicht zurecht kam.
Seine künstlerischen Fähigkeiten wurden entweder gar nicht beachtet oder einfach abgewertet.
Das Umfeld, in dem er aufwuchs, war nicht im mindesten dazu angetan, ihm den Sprung in den erneuten Erfolg zu ermöglichen.

Abwertung auf Abwertung drückte ihn immer weiter nach unten. Schließlich hatte er sich aufgegeben. Er griff nach der Flasche und glaubte selbst nicht mehr an seine Befähigungen.

Mit Hilfe der Spirituellen Rückführungen knüpfte mein Rat- und Hilfesuchender ein wenig an seine früheren Triumphe an. Zwar gelang ihm der große Wurf in diesem Leben noch nicht, doch endlich hatte er wieder Ziele und Wünsche und er wurde frei von Drogen.

Die Größe der Persönlichkeit konnte erkannt, wieder hergestellt und stabilisiert werden.

Von dieser Basis aus, wuchs nun, etwas verspätet, ein neuer Mensch heran, mit gesteigerter Kreativität und der positiven Idee, dass das Leben voller Möglichkeiten steckt.

Sein Raum für das Denken hatte sich ungeheuer vergrößert. Die Aufnahme von Wissen fiel ihm nun ebenfalls wesentlich leichter.

Ich bin überzeugt, in Kürze oder in absehbarer Zeit wird sich diese Person wieder zu alter Größe entwickeln.

Das Geheimnis vom Erwachsenwerden finden wir in unseren Überlieferungen.

Zu früheren Zeiten gab es die „Alten Weisen", die sowohl den Kindern als auch den Jugendlichen und dem ganzen Familienclan vorstanden.

Diese „Alten" hatten einen gesammelten Schatz an Wissen zur Verfügung und gaben diesen bei Bedarf oder als Lehrmeister an ausgewählte Jüngere und an nächste Generationen weiter. Die Weisheit und das Alter waren in jener, weit zurück liegenden Vergangenheit untrennbar miteinander verbunden.

Zum Glück gibt es Naturvölker, die noch immer nach diesem Prinzip leben, von denen wir eine Menge lernen können.

Heutzutage sind wir von Geburt an in verschiedene, hinterhältige Systeme der Abwertung verstrickt.

Es beginnt meist mit der unwürdigen, von Technik verseuchten Atmosphäre im Kreissaal und der Umgebung im Krankenhaus.

Auch der berühmt berüchtigte, lieblose Klaps auf den Po, eine total unnötige Zeremonie, steht einer abermals angekommenen, noch immer hochwertigen Persönlichkeit wirklich nicht zu.

Die ärztliche sowie pflegerische Behandlung in so manchen Krankenhäusern erinnert sowieso eher an Mastviehhaltung als an einen Ort der Genesung.

Hat die Person, als Baby oder als kleiner, jetzt neuer Mensch, die ersten unfairen Praktiken über sich ergehen lassen (müssen), so folgen im Kreise der Familie weitere Seltsamkeiten mit noch mehr Verwirrcharakter.

Angefangen von der Babysprache, die eine Sprechweise der Erwachsenen ohne Verständnis für die angesprochene Persönlichkeit darstellt, über egozentrische Bevormundungen durch Eltern oder Großeltern, bis hin zu der irre verquerten Vorstellung, dass Babys und Kleinkinder noch keine Eigenständigkeit besitzen und erst herangezüchtet und zurechtgebogen werden müssen.

Dazu gesellt sich das Bild, das vom Gros unserer Ärzteschaft vertreten wird: Ein genetisch vorgeprägter, per allerlei Hormonen gesteuerter, biologisch-technischer Maschinenmensch.

In diesem Bild wird die Seele, als vollwertiger Ansprechpartner, überhaupt nicht berücksichtigt.

Niemand von uns ist ausschließlich ein biologisches System aus Fleisch und Blut, aus Knochen, Innereien, Drüsen, Nerven und dem Gehirn.

Wir benutzen diese Art eines Körpers lediglich, um in dem dreidimensionalen, physikalisch bipolaren Universum tätig werden zu können und beweglich zu sein.

Leider wächst der junge Mensch zur Zeit immer weiter in das Gedankengut von Leuten hinein, die der Seele eine nur untergeordnete Rolle zuweisen.

Deren Blick richtet sich auf die Hardware. Sie werten sowohl die hochwertige Software (den Verstand) ab, als auch den verantwortlichen Programmierer (die TAO-Seele).

Seine Eltern sind von dieser Denkweise ebenso infiziert wie ErzieherInnen in Kinder-Bewahranstalten und PädagogInnen an den Schulen. Die beiden zuletzt genannten Personengruppen erhalten sogar staatlich gestützte Ausbildungen mit solchen entsprechenden Lehrinhalten.
Im Rahmen dieser Bildungsmaßnahmen bleibt die Persönlichkeit der Kinder, als Wiedergeborene, mehr und mehr auf der Strecke.

Die mit Absicht gesteuerten Mechanismen der Abwertung schlagen über den Heranwachsenden wie Wogen des Wahnsinns zusammen.

Je weniger sich eine Person dem System anpasst, desto deutlicher wird sie abgestempelt und läuft mit dem Makel des Andersseins gegen Wände.
Ab und zu geraten diese Menschen in die Fänge von Leuten, die mit Psychopraktiken ihr Geld verdienen.
Von diesen „Therapeuten" werden sie dann erst richtig in Verwirrung gestürzt oder per Drogen zurechtgestutzt und gleichgeschaltet.

Andere Leute flüchten sich, um ein wenig mehr vom Leben zu haben, in selbst gestrickte, alltägliche Banalitäten.

Mit oberflächlichen Vergnügungen bestreiten sie ihr Leben. Oft verlieren sie sich in vorgeblich effektivem und planvollem aber trotzdem hektischem Arbeitsstress oder in extremen Sportaktivitäten.

Wieder andere begehen langsam wirkende Selbstmordaktionen: Per fehlgeleiteten Fress- und/oder Sexorgien oder mit gesellschaftlich akzeptierten „Softdrogen", wie Alkohol, Nikotin und Coffein, sowie mit Medikamenten oder mit „harten Drogen" verkürzen sie ihre Lebenserwartung.
Besonders gequälte, sich selbst missachtende Typen ziehen den schnelleren Tod vor, den vorgeblich selbstbestimmten Sofortausstieg.

Und nochmals andere, mit höherem Selbstwert ausgestattete Menschen, setzen sich entschieden durch. Diese verwirklichen sich tatsächlich selbst, in all ihrer Kreativität und persönlichen Vielfalt. Ihr starkes Ego setzt sich über viele der Abwertungsmechanismen einfach hinweg.

Bewertung und Abwertung werden in unserer konfusen Gesellschaft wie ein und dasselbe benutzt.
Dabei ist das Bewerten eher zur Abgrenzung von schädlich oder unschädlich, gut oder schlecht, positiv oder negativ gedacht.

Doch im Rahmen von Schul- und Lehrsystemen, bis hin zu den Universitäten, enthalten die gradierten Bewertungen oder Notengebungen immer den Ruch von Abwertungen.
Aus eigener Erfahrung und aus den Beobachtungen sowohl bei meinen als auch bei fremden Kindern kann ich dies sehr gut beurteilen: Jeder der mit einer Note schlechter als „sehr gut" oder „gut" bewertet wird, fühlt sich bereits als minderwertig und wird manchmal von der Lehrerschaft auch so behandelt. Allein schon die Bezeichnung „befriedigend" für die Note 3 klingt wie: „Na ja, …, gerade noch."

Diese Betrachtungsweisen setzen sich auch in die Welt der Wirtschaft hinein fort. Bei Bewerbungen, wie um Ausbildungsstellen und dergleichen, gelten immer wieder diese Wertstellungen.

Die geradezu extrem notwendig gewordenen Schülerhilfsstellen, die immer dann Hochkonjunktur haben, wenn es Zeugnisse gibt, können ein Lied davon singen.

Der Wert einer Persönlichkeit darf einfach niemals mit Noten bedacht werden. Jeder Mensch kann sich im Laufe seiner Entwicklung x-fach neu entscheiden und verändern.
Wer weiß, wie oft sich mehr oder minder freie Wesenheiten in den letzten paar Millionen Jahren ständig umentschieden haben!?

Gerade in Kindheit und Jugend spielen veränderbare Positionen im Leben eine große Rolle, zur Orientierung mit immer anderen Betrachtungsmöglichkeiten.
Ausgerechnet in dieser Zeit erfolgt eine entscheidende Festlegung durch die zu starren Lehr- und Ausbildungssysteme. Nicht selten wird eine Entscheidung für das gesamte Leben getroffen, die die Person letztlich sehr unglücklich werden lassen kann.
Außerdem hat sie die Schule nie gelehrt breitflächig oder dreidimensional zu denken.
Eine überwiegend lineare Denkweise wirkt sich auf den Lebenslauf insofern aus, als der Blick sich nicht so richtig nach rechts oder links wenden kann.
Die Vielzahl der Möglichkeiten eröffnen sich erst, wenn jemand bereit und in der Lage ist, über einen engen Horizont hinaus zu schauen.

Was dann im Alter um 35 bis 45 Jahren als „Midlife-Krise" bezeichnet wird, ist nichts anderes als der Versuch eines Ausbruchs, aus vorgezeichneten, viel zu engen Bahnen.

Ganz schlimm wirkt sich ein extrem auf Sicherheit orientiertes Denkschema bei einer Person aus.

Das Sicherheitsdenken schürt erst recht die Ängste der verschiedensten Arten. Diese Ängste schleichen sich heimlich still und leise aus der Vergangenheit in die Gegenwart und beeinträchtigen den Ablauf eines Lebens entscheidend. Über die Schiene des „gesichert sein wollen um jeden Preis", wirkt das Leben immer bedrohlicher.

Speziell Versicherungen und die Banken, auch politische Parteien, öffentliche Verwaltungen und die Kirchen schlagen daraus Kapital.

Der „gesicherte Mensch" verfängt sich selbst in einem Netz von möglichen Verlusten.

Jeder der Verluste schmerzt ungeheuer. Das fängt beim Geld an, geht über materielle Dinge, wie Autos und Häuser, über lieb gewonnene Haustiere und endet bei einem geliebten Menschen. Wenn ein Mensch so jemanden verliert, trifft ihn ein heftiger Schmerz.

Ein ganz besonders nahe gehender, sehr persönlicher Verlust zerreißt geradezu das Herz.

In den Spirituellen Rückführungen stelle ich immer wieder fest, dass Leute mit verlorenen Dingen sowie mit Wesen sehr, sehr eng verbunden sein können.

Hier ein Beispiel: Eine Frau hatte in diesem Leben eine sehr enge Bindung zu ihrem Pferd, das sie wegen Geldmangel aufgeben musste.

Auf ihrem Weg zurück, hinein in die früheren Leben, streiften wir auch dieses Geschehnis der jüngeren Vergangenheit.

Erst nachdem sie sich geistig von ihrem Freund, dem Pferd, verabschiedet hatte, konnten wir mit der Sitzung fortfahren.

Sogar der Verlust von Gegenständen in der unmittelbaren Gegenwart kann so viel Energie binden, in der Form von Aufmerksamkeit, dass eine Spirituelle Rückführung nicht sofort funktioniert: Trotz intensiver Bemühungen konnten wir nicht mit einer Spirituellen Rückführung fortfahren, weil eine Frau ihre lieb gewonnene Kette noch nicht wieder gefunden hatte.

Per Rückführung gelang es, das Ereignis des Verlustes zu rekonstruieren, so dass die Dame ihre Kette nach dieser Sitzung tatsächlich wiederfand.

Sicherheit, Sicherheit, Sicherheit! Das Streben nach Sicherheit bringt Personen in die Gefahr, von Verlusten überwältigt zu werden. Sicherheitsdenken bringt kleine, in sich zurückgezogene Menschen hervor.

Übe das Loslassen! Bei den Spirituellen Rückführungen erfährt der Rat- und Hilfesuchende wovon er loslassen soll.

Auch etliche andere Praktiken, insbesondere der fernöstlichen Philosophien, zeigen den Weg in die richtige Richtung.

Mit so gut wie keiner (oder fällt mir gerade keine ein) kann man allerdings den Weg bis zum Ende gehen, weil auch dort jedermann an seine nahe oder weit zurück liegende Vergangenheit gefesselt ist.

Zwei Schritte nach vorne und dann einer oder zwei oder gar drei Schritte wieder zurück, so ist beim Loslassen die weltweit übliche Gangart, sowohl im Orient als auch im Okzident.

Als Trost sollen dann die Worte gelten: „Die Zeit heilt alle Wunden!" Ich kann mir jedoch nicht vorstellen, wie die Zeit das machen soll.

Aus meinen vielfältigen Erfahrungen mit Spirituellen Rückführungen muss ich leider sagen: Im Laufe einer langen Zeit können Wunden sogar noch sehr viel klaffender und schmerzhafter werden.

Ihr nichtbewusstes Potenzial wirkt auch dann, wenn jemand meint, die Heilung wäre längst geschehen.

In dem „Kochtopf", unter dem auf solche „Wunden" gehaltenen Deckel, brodelt es munter weiter.

Jemand kann von Glück sagen, wenn er sich, bei einem sich entladenden Überdruck, nicht auch noch die Finger verbrennt.

Zu dieser Unfähigkeit, mit in der Zeit gebundenen Aufmerksamkeitsanteilen umzugehen, die alten Energien zu entladen, fügen Menschen die permanente, gegenseitige Abwertung in so ziemlich allen Lebenslagen.

Vor allem die an das System bestens angepassten Leute sorgen mit Vehemenz dafür, dass es immer und überall ein absichtlich inszeniertes Oben und ein Unten gibt, ein gesellschaftliches Gefälle mit Druck, Überdruck und mit Unterdrückung.

Mit ihren Techniken der Verwaltung, über Finanzämter, Arbeitsämter (jetzt Agenturen), Krankenkassen (jetzt Gesundheitskassen) und dem Rentensystem und Ähnlichem, konstruieren die Angepassten sozio-politische Systeme, die ihre Mitmenschen zu funktionierenden Ameisen degradieren.

Mit Propagandamethoden werden Menschen eingefangen. Dies zieht sich vom Elternhaus über die Schule bis ins Berufsleben herein.

Was wir brauchen ist eine demokratischere Freiheit in den Denkweisen, im Mitreden und beim Handeln.

Dabei wünsche ich mir erst einmal freiere, wirklich unabhängige Medien, die den Politikern, den Wirtschaftsmagnaten und ... auf die Finger sehen können. Notfalls sollten deren Mitarbeiter auch mal mit aller Macht draufklopfen dürfen.

Besonders auffällig geschieht Unterdrückung in Japan, einem Land mit einer extrem hohen Selbstmordrate.

Der Einzelne wird dort total dem Gemeinwohl untergeordnet oder dem, was die Führenden als solches hinstellen und seit Jahrhunderten propagieren.

Das Individuum gilt nichts, ist nur dazu da, seiner Firma und dem Land zu dienen.

Im zweiten Weltkrieg war es der japanische Gott-Kaiser, dem die Kamikaze-Flieger voller religiöser Überzeugung im Sturzflug ihr Leben opferten.

Jeder Opfergang für irgendeine imaginäre Sache oder Idee(-ologie) ist eine der tragischsten Abwertungen, der sich jemand überhaupt aussetzen kann.

Opfer zu sein, sich selbst zum Opfer zu machen oder machen zu lassen, bedeutet sich selbst unterzuordnen, sich selbst klein zu machen und zu erniedrigen.

So geschehen bei einem jungen Mann, der immer das Empfinden hatte: „Alle anderen nutzen mich immer nur aus!"

Er konnte und wollte sich aber auch nicht wehren. Genau diese Position wurde von seinen Mitmenschen erkannt und schamlos ausgenutzt.

Die Spirituellen Rückführungen brachten ihn, über mehrere ähnlich gelagerte Zwischenstationen, in die Vergangenheit, zum alljährlichen Frühlingsfest für die neu erwachende Fruchtbarkeit, bei den Azteken, im heutigen Mexiko.

Der gefiederte Schlangengott Quetzalcoatl verlangte wieder einmal nach einem Menschenopfer, wie jedes Jahr, damit das Überleben des Volkes gesichert sei. Diesmal hatte man ihn ausgewählt.

Als getreuer Anhänger des Gottes fühlte er sich sogar hoch geehrt, in seinem Namen sterben zu dürfen. Demütig ergab er sich in sein Schicksal.

Der Tag der Opferung war gekommen. Sein Bewusstsein war durch eine Art Wein gedämpft worden.

Er stieg unter dumpfen Trommelklängen die Treppen der großen Pyramide hinauf. Oben angekommen legte es sich gehorsam auf den Opferstein. Nackt und bloß ergab er sich in sein Schicksal – zum Wohle des ganzen Volkes.

Der hohe Priester erhob seinen Dolch aus Obsidian, einem geschärften Stein, sprach einige unverständliche Beschwörungsworte und ... in diesem Moment erkannte das Opferlamm schlagartig die wahnwitzige Unsinnigkeit der ganzen Scharade.

Doch zu spät! Der Dolch des Priesters öffnete seinen Brustkorb. Er schnitt das noch zuckende Herz heraus.

Es blieb dem Geopferten, meinem Rat- und Hilfesuchenden, nichts anderes übrig, als diesen zerstörten Leib aufzugeben, ihn zu verlassen.

Noch während er sich vom Körper löste, bemerkte er das hämische Lächeln des Priesters und seiner Gefolgsleute. Die Kerle wussten ganz genau, dass sein Tod nicht nötig gewesen wäre.

Jedoch dort, hoch oben, unter der goldenen Sonnenscheibe, weit über den Köpfen der anderen Menschen, sah keiner der Untenstehenden dieses Grinsen voller Überheblichkeit.

Im Verlauf mehrerer Spiritueller Rückführungen empfand der junge Mann verschiedene Emotionen: Von tiefer Ergebenheit und Opferbereitschaft über Traurigkeit bis zur Angst. Schließlich Wut, Zorn und Hass auf die Priesterschaft und letztendlich einfach Langeweile.

Wahrhaft gelangweilt fühlte er sich, als er erkannte, dass dieses Stück seiner Vergangenheit wirklich nur in diese Zeit gehörte, mit seiner Gegenwart absolut nichts mehr zu tun hatte.

Seine Einstellung zum Leben und zu seinen Mitmenschen veränderte sich rapide.

Endlich konnte er sich durchsetzen und persönliche Stabilität beweisen. Mobbing und unterdrückerische Attacken hörten dadurch auf.

Der hohe Priester der alten Zeit war übrigens in der Gegenwart sein Großvater, ein sehr herrschsüchtiger, bestimmender Mensch.
Nach den Spirituellen Rückführungen verlor allerdings dessen Verhalten an Schärfe gegenüber seinem Enkel. Die beiden verstanden sich plötzlich viel besser. Gegenseitige Achtung kehrte ein.
Der junge Mann hegte auch, trotzdem er ihn als Priester erkannt hatte, keinerlei Groll gegenüber dem alten Herren.

Das Erwachsenwerden bedeutet in unserer Gesellschaft offensichtlich lediglich: Dem Druck und der Abwertung immer mehr erliegen.
Bis zu „guter Letzt" noch ein angepasster Mensch mehr, dem Gefüge dient.

Die verschiedenen Arten oder Formen des „Mobbing" durchziehen unsere gesellschaftlichen Strukturen wie Fangstricke. In keiner Lebenslage können wir im Grunde sicher davor sein.
Wir geraten oft und oft in Konflikt mit Menschen und Institutionen, die versuchen das freie Individuum zu verdummen und klein zu machen.

Ich kann jedoch versichern: Wir sind keine Opferlämmer, keine Ameisen, keine Lemminge und keine Nummern in der Kartei irgendeines Amtes.

Niemand, wirklich niemand darf berechtigt sein, andere Menschen für verrückt zu erklären.
Dumpf machende Psychodrogen zu verabreichen sollte unbedingt noch heute untersagt werden.

Keiner hat das Recht, jemand ohne Gerichtsbeschluss seiner geistigen sowie sozialen Freiheit zu berauben oder an ihm kriminelle Praktiken zu verüben.

Die Kinder und Jugendlichen sind noch verhältnismäßig unbelastet von all den negativen Wertstellungen, die uns Erwachsenen so oft begegnen.

So ist es die sternenhohe Verantwortung einer jeden reifen Persönlichkeit, sich selbst die eigenen Glaubenssätze mit Unterdrückung und Abwertung bewusst zu machen und deren Auswirkungen zu erkennen.

Sodann sollte jedermann versuchen sie abzuschütteln. Unter keinen Umständen macht es Sinn sie weiterzugeben.

Die Abschirmung unserer Kinder, vor all dieser Unterdrückung und vor diesen wahrhaft verbrecherischen Vorgängen, in privaten sowie in gesellschaftlichen Bereichen, dient letztlich unserem eigenen Schutz.

Denn in all den nächsten Leben werden wir wieder damit konfrontiert werden, was wir jetzt verbessert haben oder welchen Herausforderungen wir heute aus dem Weg gegangen sind!

Die Kinder der Wiedergeburt können sich zwar nicht oder noch nicht an all die Länder erinnern, die sie bereits durchwandert haben.

Dennoch kann ich mit Fug und Recht behaupten: Zu allen Zeiten waren Reisen und der Handel mit fernen Ländern üblich.

Auch kriegerische Feldzüge führten Menschen um den halben Globus. Auswanderer und Flüchtlinge zogen rund um die Welt.

Die wieder und immer wieder geborenen Kinder reisten andauernd mit und bevölkern seitdem den ganzen Planeten.

Was mag wohl mit dem amerikanischen oder russischen Soldaten geschehen sein, der in Europa gefallen ist?

Welcher germanische Volksstamm hat doch gleich zur Zeit der großen Völkerwanderung in Nordafrika gehaust? Es waren die Vandalen! Wer denkt eigentlich, sie wären nun alle verschwunden?

Wie viele englische Kolonisten sind wohl weltweit verstorben und wurden dort ganz sicher nicht als Engländer wiedergeboren. Dafür waren die englischen Ladies gar nicht geburtsfreudig genug.

Ich kenne beispielsweise einen „ursprünglichen" Italiener, der dann mehrmals als Chinese in China lebte, dort wieder als ein Italiener geboren wurde und der heute als Deutscher in Deutschland lebt.

Wer kann sich vorstellen, warum sich viele deutsche Staatsbürger ungerecht behandelt fühlen, wenn man ihnen pauschal die Judenvernichtung vorwirft?

Schließlich sind genügend „vernichtete" Juden heute selbst wieder deutsch.

Und die in Deutschland gefallenen Amerikaner, Franzosen, Engländer, Russen oder welchem Volk sie alle angehörten, wollen sich dieses Verbrechen natürlich auch nicht anhängen lassen.

Wer heute die „Ausländer raus"-Parolen in die Landschaft plärrt, ist vermutlich in seiner Vergangenheit so oft schon selbst ein verhasster Ausländer gewesen, dass er eine verfluchte Wut alleine schon auf dieses Wort entwickelt hat.

Menschliche Verrücktheiten wie: Rassenreinheit, Schwarz oder Weiß mit der gegenseitigen Diskriminierung, Glaubenskrieger und ... haben nichts zu tun mit der Realität.

In der Erkenntnis der Wiedergeburt sind wir alle ganz einfach Geistige Wesen, die sich das Recht heraus nehmen, menschliche Körper zu steuern.

Ein junger Türke, der heute in Deutschland lebt, hat während der Spirituellen Rückführungen erkannt, dass er auf einigen Umwegen endlich wieder in seiner Heimat gelandet ist.

Und zwar, nachdem er in dem letzten Weltkrieg als Deutscher in der Türkei zu Tode kam.

Ein anderer Mensch fiel als christlicher Kreuzritter in einer Schlacht um Jerusalem. Als mohammedanischer Wüstensohn wurde er wieder geboren. Sein Weg führte ihn weiter nach Afrika hinein.

Am Rande einer Wüste verendete er an einem Schlangenbiss. Wieder geboren wurde er in einem afrikanischen Dorf. Einige Leben verbrachte er als Neger beziehungsweise wechselweise als Negerin und wurde schließlich als Sklavin nach Amerika verschleppt.

Dort starb sie/er eines natürlichen Todes und kam als weißer Junge wieder zur Welt.

Nach einigem Hin und Her wurde er als amerikanischer Soldat im ersten Weltkrieg in Europa getötet. Später haben ihn die Nazis als deutschen Juden in Auschwitz vergast.

Wollt ihr mehr erfahren, über all die Ausländer und Inländer, über Christen und Andersgläubige, über Männer und Frauen?

Ja wirklich! Auch die Leben von Mann und Frau sind jederzeit austauschbar, zumindest im Lichte der Wiedergeburt.

Niemand sollte sich dabei einbilden, bei dieser Sache eine große Mitbestimmung zu haben.

In dem derzeitigen, schwächlichen Geisteszustand, in dem wir uns fast alle zur Zeit befinden, werden wir dermaßen davon überrascht wieder geboren zu werden, dass wir selten völlig bewusst mitbekommen wie unser künftiges Geschlecht sich gestaltet.

Deshalb sieht es so oder so ähnlich aus: Wenn jemand einmal als ein Mensch gestorben ist, hat er/sie eine reelle Chance von 1 zu 1 in welchem Geschlecht er/sie sich bei der Geburt wiederfindet. Immerhin wiederum als ein Mensch! Denn wesentlich höher ist diese Wahrscheinlichkeit, bei einer Geburt von Mensch zu Mensch.

Es gibt denn doch Wesenheiten, die ziemlich oft in demselben Geschlecht ankommen. Das hat vielleicht etwas mit dem karmischen Zustand zu tun. Dies kann ich aber nicht bestätigen. Dafür fehlen mir die konkreten Daten.

Zu mir kam einmal eine hochschwangere Frau, die unbedingt wissen wollte, mit was für einem Wesen sie schwanger war. Sie hatte nämlich das Gefühl als würde sich in ihrem Inneren eine Art Kampf abspielen.

Auch in ihren Träumen verfolgte sie dieses Bild immer wieder. Während ihrer Spirituellen Rückführung bestätigte sich ihre Wahrnehmung.

Zwei Wesenheiten stritten sich tatsächlich um die Übernahme des Babykörpers und versuchten auch das „Mutterwesen" auf ihre jeweilige Seite zu ziehen.

Sie beobachtete ein Wesen mit eindeutig weiblicher Signatur und eines das eher männlich wirkte.

Ihr Zwist spielte sich in einem geistigen Umfeld ab, das von dichten, wabernden Nebelschlieren durchzogen war.

Einmal schob sich das männliche Wesen nach vorne und dann wieder das weibliche.

Glücklicherweise wirkte keines dieser Geistwesen übermäßig aggressiv oder gar böse, wie die Mutter in ihrer Angst angenommen hatte. Sie stritten sich einfach darum, wer nun geboren werden sollte.

Die Mutter freundete sich vorrangig mit dem „Mädchen" an. Es war lieb und nett und entsprach eher der werdenden Mutter. Zum Ende der Spirituellen Rückführung umarmten sie sich.

Es hatte den Anschein, als würde daraus eine enge Verbindung werden. Der „Junge" hatte sich zurückgezogen.

„Doch erstens kommt es anders und zweitens als man denkt."

Diese scherzhaft gemeinte Redensart sollte sich wieder mal bewahrheiten.

Die Frau gebar nämlich einen eindeutigen Jungen, der auch im Laufe des Heranwachsens einer blieb.

Eine Frau, die sich nicht geliebt fühlte, weil ihr Herr Vater sich eigentlich einen Jungen gewünscht hätte, versuchte diese Problematik in ihren Spirituellen Rückführungen zu lösen. Leider war ihr Vater bereits verstorben, so konnte sie mit ihm kein klärendes Gespräch mehr führen.

Statt dessen bauten sich bei ihr heftige Emotionen auf, die sich gegen ihre Mutter und die Mitmenschen in ihrer Umgebung richteten. Zudem verlangte sie geradezu nach Zuneigung und Liebe mit intensiver Anbindung.

Beim Blick in ihre weite Vergangenheit fanden wir eine Enttäuschung nach der anderen, die ihr als Frau von Männern zugefügt wurden, vom Ehemann, dem Vater oder von vernichtenden, todbringenden Soldaten.

Deshalb schwenkte sie in jüngerer Vergangenheit um. Sie nahm selbst die Rollen von Männern an.

Die Linie der Enttäuschungen setzte sich trotzdem fort. So geriet sie weiterhin in den gleichgearteten Strudel. Ihr bewusstes Sein litt zunehmend.

Die Wahl des gegenwärtigen Frauenkörpers wurde somit nicht mehr bei vollem Bewusstsein getroffen. Dennoch litt sie glücklicherweise selbst nicht unter der Wahl.

Wer weiß was ihr Vater der Neuzeit, sicherlich nicht bewusst, trotz allem dazu beigetragen hat. Karmische Zusammenhänge lassen sich hier ebenfalls nicht ausschließen.

Aus der ursächlich angelegten Verunsicherung resultieren häufig die späteren sexuellen Fehlstellungen.

Die Geschlechterrolle des Mannes oder die Rolle einer Frau kann von einigen Persönlichkeiten einfach nicht akzeptiert werden.

Dies kommt eben daher, weil das Spiel in einigen Leben davor schließlich ganz anders ausgesehen hat.

Ein Baby wird voller Zuversicht wieder einmal geboren. Es denkt: „Holla, da bin ich! Ich der große … - die Frauen liegen mir zu Füßen oder – Moment mal – sind es nicht die Männer die da liegen? Oder liege ich selbst als Mann, als Frau …?"

Es kann ganz schön verwirrend sein, wenn einem die früheren Leben um die Ohren fliegen.

Als Kind geht man später noch recht spielerisch damit um. Da verkleidet sich der Junge als Mädchen und das Mädchen spielt mit den Spielsachen, die einem Jungen zugedacht wären.

Schwierig wird es erst in der Pubertät, wenn gewisse unbestimmte Erwartungen und Verhaltensmuster an die nunmehr Jugendlichen heran getragen werden.

Frühere Gesellschaften hatten recht klare Rollenverteilungen vorgegeben, für ihre jungen Leute, die Heranwachsenen. Initiationen, Einweihungsriten, ließen die Jungen zu Männern und die Mädchen zu Frauen werden.

Doch heute!? Männer heiraten Männer, Frauen ziehen mit ihren Freundinnen und Geschlechtsgenossinnen gemeinsam ihre Kinder auf.

Die Rollen von Mann und/oder Frau verschwimmen im gesellschaftlichen Allerlei oder im Einerlei der Geschlechter.

Ich will mir hier nicht anmaßen zu sagen, dass irgendwelche Lebensformen besser oder schlechter sind oder gewesen sind. Schließlich gab es zu allen Zeiten Ausbrecher aus den Zwängen der Gesellschaft.

So gibt es Überlieferungen von einer Frau die als Pharao regierte. Hatschepsut musste sich bei den öffentlichen Auftritten als Mann verkleiden, um von ihren Untertanen akzeptiert zu werden.

Eine Jeanne d'Arc, die „Jungfrau von Orléans" genannt, führte Männer in den Krieg. Sie trug dazu bei, die Engländer aus Frankreich zu vertreiben.

Katharina, genannt „die Große", stand dem russischen Großreich ein Leben lang als erfolgreiche Monarchin vor.

Eine Erzählung erwähnt sogar eine Päpstin, die eine Zeit lang alle Männer getäuscht haben soll, aber als sehr spirituell galt. Sie wird aus der Geschichte des Vatikan verbannt, einfach totgeschwiegen.

In jedem dieser Fälle waren es starke Frauen, die sich in der Domäne einer „Männerwelt" behaupteten.

Dabei handelte es sich immer einfach um ein Geistiges Wesen, ein „Ich bin", das sich seiner urwüchsigen, persönlichen Kraft besann und daraus etwas Besonderes schuf.

Die heftige Verwirrung im Geschlechterbrei kommt erst dann richtig zustande, wenn zu sehr ausschließlich Wert auf das Sexuelle gelegt wird.

Sobald sich die Ebenen der Begegnung dem rein Geistigen annähern, wird das bisschen körperliches Geschlecht mit all seinen Konsequenzen unwichtiger.

Wirklich freie Geistige Wesen begegnen sich sowieso nur und ausschließlich außerhalb der körperlichen Sphäre.

Je tiefer Personen im Körperlichen beharren, desto negativer sind die Gefühle mit denen diese operieren.

Hass und Wut, Schmerz und Angst, Traurigkeit und tiefe Apathie, dies sind die Emotionen, die als Gradmesser für negatives Denken und für Verrücktheiten dienen können.

Die geistige Klarheit eines Wesens äußert sich in positiven Emotionen, wie: Harmonische Zufriedenheit, Begeisterung und heitere Gelassenheit.

Richtig und falsch lassen sich manchmal wirklich nur sehr schwer auseinander halten. Gut und Böse sind bei uns Menschen ebenso wie Liebe und Hass nur zwei Seiten ein und derselben Medaille.

Dennoch haben wir die freie Wahl für welche Seite wir uns entscheiden wollen.
Es liegt immer an uns ganz persönlich, wohin das Schiff des Lebens im Meer der Zeit von uns gesteuert wird.

Gebt euch einen Ruck! Schöpft Mut und schaut nach vorne, in die Richtung zur Zukunft, denn:

**Freundschaft statt Feindschaft
sollte unser aller Bestreben sein – zumal wir
uns sicher wieder begegnen werden.**

Besetzungen

In die ähnliche Kerbe, wie die mehr oder weniger offene Möglichkeit, bei der Wahl von Körpern, schlägt die Betrachtung zur Wiedergeburt, in Bezug auf Besetzungen.

Mir sind durchaus schon Menschen begegnet, die, geistig gesehen, nicht alleine zu Spirituellen Rückführungen gekommen sind.

Vererbung, was ist das? So kam ein Mann zu mir, der über die gleichen Symptome klagte wie sein erst kürzlich verstorbener Vater. Er litt unter starken asthmatischen Anfällen. „Sie haben angefangen, kurz nachdem ich von der Beerdigung meines Vaters heim kam.", erklärte er.

Die Spirituelle Rückführung brachte es an den Tag, sein Vater hielt sich immer noch bei ihm auf.

Die entsprechende Seeleneinheit begleitete den Sohn. Leider saß er mitsamt seiner psychischen und somatischen Problematik bei ihm fest.

Mein Rat- und Hilfesuchender führte noch während der Sitzung ein klärendes Gespräch mit seinem Vater. Er überzeugte ihn, dass er, als sein Sohn, alt genug sei und auch ohne seine Hilfe zurecht käme.

Am Ende umarmten sie sich im Geistigen. Der Vater verabschiedete sich und entfernte sich in Liebe.

Sofort fühlte der Mann selbst eine seelische Erleichterung. Sein Atemrhythmus ging ruhig und gleichmäßig. Die asthmatischen Erscheinungen lösten sich auf.

Definiert wird die Aktion einer Besetzung, auch im politischen Bereich, als: Die vorübergehende oder dauerhafte, illegale Besitznahme.

Wer oder was nimmt hier unrechtmäßig Besitz von jemand anderem.

Wir sind, wie wir wissen, selbst die Seele, das „Ich bin", das Geistige Wesen oder TAO. Wir nehmen den Weg durch die Zeit, indem wir uns mehr oder weniger bewusst von Körper zu Körper hangeln.

Als TAO-Seele wären wir auf den Ablauf der Zeit nicht angewiesen. Für uns Selbst gibt es diese Zeitrechnung nicht.

Erst das „Rad des Lebens", auf das wir uns nach der Schaffung von Leben binden ließen oder selbst gebunden haben, ließ den Lauf der Zeit erfahrbar und spürbar werden.

In diesen mittlerweile anscheinend recht brauchbar geregelten Umstand der Übernahme von Körpern, schleicht sich bei einer Besetzung ein anderes TAO-Wesen ein, eine Seele von „außerhalb".

Dies ist eine von mehreren Varianten, die mir in dem Zusammenhang, mit dem Phänomen der Besetzungen, begegnet sind.

Übrigens, hier muss ich mit weit verbreiteten Vorstellungen aufräumen, die uns bezüglich den Geschehnissen nach dem Tode erzählt werden.

Frei gewordene Seelen haben keineswegs immer das Bedürfnis ihrem Himmel zuzustreben, um sich dort mit den voraus gegangenen Wesenheiten zu treffen.

Ich konnte zwar schon öfter bei Beerdigungen beobachten, wie sich Personen nach oben hin entfernten. Doch dort erwartete sie garantiert nur die Leere des All.

Wenn nicht tatsächlich, das sind jetzt Wahrnehmungen aus Spirituellen Rückführungen, dort oben Engel oder Ahnen oder alte Weise auf sie warteten und sie davon überzeugten ins Licht zu gehen. Mit sphärischer Musikbegleitung schweben dann die Seelen in das Fallensystem um den Planeten.

Denn mit etwas Bedauern muss ich euch darüber aufklären: Die Erde ist nicht frei.

Sowohl der Planet selbst ist mit Seelen-Fallen gespickt, als auch seine Umgebung. Somit befinden wir uns in einem kosmischen Gefängnis.

Das Licht ist nichts anderes als der Endpunkt, einer Station, die zu nichts anderem dient, als uns, die großartigen Geistwesen, absichtlich zu verdummen, klein zu machen.

Ein guter Freund hatte in seiner Jugend ganz deutlich diese Erkenntnis.

Bei einem ziemlich schweren Unfall verließ er seinen Körper. Eigentlich hätte er wohl sterben sollen. Jedenfalls lockten ihn hell strahlende Engelswesen und als Verstärkung noch einige Weise Alte.

Er wurde aufgefordert ihnen zu folgen, um ins Licht zu gehen.

Glücklicherweise war mein Freund noch nicht bereit und auch stark genug, um den Lockrufen zu entgehen.

Jedenfalls kehrte er in seinen Körper zurück. So lebte er fast unverletzt weiter.

Ein kleines Wunder, angesichts der Schwere des Zusammenstoßes mit jenem Fahrzeug.

Während einer Spirituellen Rückführung durchlief er den Unfall und die daran anhängenden Ereignisse. So wurde ihm all dies noch wesentlich bewusster.

Dies war das erste Mal, dass auch mir der Zustand unseres Planeten Erde klar wurde: Als gigantisches Gefängnis, für zu stark gewordene, rebellierende Geistige Wesen (mehr darüber beschreibe ich in anderen Büchern).

Also mein Rat: Wenn ihr einmal vorhabt euren Körper zu verlassen, lasst euch ausreichend Zeit, um die Lage zu peilen.

Glaubt nicht den Lockrufen der Engel und dergleichen. Lasst euch nicht von der wunderschönen Musik einschläfern und geht vor allem nie, nie ins Licht.

Entweder ihr nehmt euch ohne große Verzögerung gleich den nächsten Körper oder ihr verzieht euch für längere Zeit auf die Spitze eines Berges.

So gibt es TAO-Seelen, die sich als Hüter von Quellen oder von einer alten Eiche oder von ihrer Sippe oder … eine zeitlang ausruhen.

Dies alles ist viel sinnvoller, als ausgerechnet in die Station mit dem Licht zu geraten, um schließlich total verwirbelt wieder auf Planet Erde entlassen zu werden.

Die gute Nachricht: Das Fallensystem hat mittlerweile Lücken bekommen.

Das Gefängnis wurde von einigen starken Wesen ein wenig geknackt. Es gibt somit die nicht unerhebliche Chance unversehrt wiedergeboren zu werden.

Damit wachsen wir aus den älteren, uns im Geistigen zugefügten Zerstörungen heraus.

Jetzt finden wir erneute Gründe für eine Besetzung. So heften sich Geistwesen an diejenigen, die genügend Energie hatten und vielleicht noch haben, den Fallen auf der Erde oder im Weltall zu entgehen.

Sie wirken regelrecht als Magneten für die weniger starken Seelen. Ihr hohes Energiepotenzial ist wie ein Leuchtfeuer in der Dunkelheit. Es lockt Fremdlinge an.

Speziell die machtvollen Hüter, über Berge, Seen, Quellen, Wälder und vielem mehr, sammeln eine ganze Schar TAO-Wesen um sich. Genau so entstehen die Geschichten von über- oder unterirdischen Königreichen, die von Zwergen, Elfen, Feen und wirklichen Engeln bevölkert werden.

Wie ich aus etlichen Spirituellen Rückführungen, gemeinsam mit meinen Rat- und Hilfesuchenden erfahren durfte, besitzt manches Kind noch die Fähigkeit mit diesen von Geistwesen erschaffenen Anderswelten in Kontakt zu treten.

Problematisch wird es nur, sobald sich fremde Wesenheiten anheften, ohne die Zustimmung des Wirtes zu haben. Das ist dann eine klassische Besetzung.

Oft setzen sich Wesen fest, die aufgrund von geistigem Gleichklang, einer geistigen Resonanz von Gefühlen und Gedanken ähnlich schwingen.
Hier sind karmische Verbindungen, nach dem Gesetz von Ursache und Wirkung, ziemlich entscheidend.

Besetzungen werden manchmal schon aus früheren Leben mitgebracht.
Sie können wieder wirksam werden, geradezu erwachen, weil ähnliche Ereignisse, wie eben zu früheren Zeiten, ihr Dasein restimulieren.

Etwas anderes erlebte ein junges Mädchen: Während eines von ihrer Schule angeregten Praktikums im Krankenhaus versorgte sie einen alten Herren.
Der gute Mensch hatte ein fortgeschrittenes Lungenproblem. Die beiden verstanden sich sehr gut und sie pflegte ihn bis zu seinem Tode.
Nach dieser Zeit litt das Mädchen, an ihrem Lungen… , von dem auch die Ärzte nicht wussten, wie sie es bezeichnen sollten.
Dies zog sich hin bis sie später, als junge Frau, zu mir kam, um sich helfen zu lassen.
So begannen wir ihre Spirituellen Rückführungen mit der entsprechend benannten Problemstellung. Und siehe da, sie war nicht allein.
Zwar war sie nicht vollständig von dem alten Herrn besetzt, doch aufgrund der liebevollen Verbindung hielten sich Aufmerksamkeitsanteile bei ihr auf.
Der Mann selbst hatte längst einen Neustart hingelegt, aber ein Teil seiner Energie hatte bei ihr im Nichtbewussten die Krankheitsbilder hinterlassen.

Mittels Spiritueller Rückführungen fanden wir die Ursache ihrer „Erkrankung". Indem sie den alten Mann in ihrer Vorstellung losließ, sich von ihm einfach trennte, bekam sie die Krankheitsbilder unter Kontrolle.

Sie hatte plötzlich sogar das Gefühl, dass sie damit der anderen Person, die bereits einen neuen Körper bewohnte, ebenso geholfen hatte.

Auch dort lösten sich, wie sie es beschrieb, die Bilder auf, die eine Lungenerkrankung darstellten.

In diesem Falle war der Weg in ihren Verstand, die Möglichkeit zur Loslösung der engen Verbindung, mit ihrem lieb gewonnen Patienten.

Genau so entstehen und verfestigen sich im Laufe der Zeit die engen karmischen Bindekräfte über Liebe und/oder Hass. Auch hier sind anteilige Einheiten des „Ich bin", der Person Selbst, energetisch beteiligt.

In dem gegangenen Beispiel verblieben lediglich Anteile von Aufmerksamkeit bei dem Mädchen. Dieses zurückgelassene Energiepotenzial hatte leider auch die Krankheitsbilder in ihrem Fahrwasser.

Es hätte auch sein können, wie es bei meiner Großmutter der Fall war, dass die Person eine Zeit lang ihre schützenden Hände über jemand anderen gehalten hätte, allerdings ohne ihn dadurch zugleich negativ zu beeinflussen.

Während Zuständen mit herab gesenktem Bewusstsein schleichen sich gerne fremde Seelen ein.

Die Emotionen von Trauer und Apathie, wie sie beispielsweise auf Friedhöfen gang und gäbe sind, gewähren relativ leichten Zugang. Auch schwerste Krankheiten, Unfälle, Hypnosen, Narkosen und Ähnliches öffnen Tür und Tor für Besetzungen.

Dies und mehr habe ich während vieler Spiritueller Rückführungen feststellen dürfen.

Besonders anfällig für Besetzungen sind Menschen unter Drogeneinfluss. Bei denen können sich sogar häufiger wechselnde Persönlichkeiten einstellen. Das heißt, entweder hat eine einzige Besetzung dran herum gedreht oder verschiedene Wesenheiten geben sich „die Klinke in ihre Hände".

Dass mehrere Wesen sich an eine Person hängen ist gar nicht so selten.

Abhängige von Drogen- oder Medikamenten ziehen darüber hinaus verstärkt die Aufmerksamkeit von ziemlich unangenehmen Geistwesen auf sich. Solche „Dämonen", mit ihren entsprechenden Schwingungsqualitäten, neigen dazu, ihre „Opfer" ständig in Krankheitsbildern zu halten.

Diese schlimmen Wesen, die keine wirklichen Dämonen sind, sondern relativ normale TAO-Seelen, erzeugen zum Beispiel Energiemangel mit Lustlosigkeit, Müdigkeit und Erschöpfung. Auch körperlicher Schmerz, Wutanfälle und heftiger Zorn können von den „Anderen" hervorgerufen werden.

Ihre Spezialität sind auch Traurigkeit mit Verzweiflung bis hin zu schweren Depressionen mit Schlaflosigkeit und sogar Selbstmordgedanken.

Die fremden Eindringlinge rechnen sich dadurch womöglich sogar aus, nach dem Selbstmord bessere Chancen für die Gewinnung eines neuen, eigenen Körpers zu haben.

Über das „Stimmen hören" lassen sich manche Leute regelrecht steuern.

Die Schizophrenie (Persönlichkeitsspaltung) ist gleichfalls ein deutliches Anzeichen dafür, dass noch andere, fremde Seelen den einen Körper für sich nutzen.

Die Gefühle wie „nicht ganz da sein", „nicht im eigenen Körper sein" oder noch klarer „nicht ganz man selbst sein" sind Hinweise auf Fremdbesetzungen.

Manche der Geistwesen können ausgesprochen lästig sein oder gar bösartig werden, wenn man sie abschütteln möchte.

In der Mythologie kennt man solche Wesen als Aufhocker oder Aufhucker. Es sind koboldartige Druckgeist, die den Menschen auf die Schultern oder den Rücken springen und ihren Gang mit jedem Schritt schwerer werden lassen.

Seine Ursprünge hat der Glaube an die Aufhocker jedoch in der Furcht vor Wiedergängern, den Untoten. Alte Berichte über Aufhocker sprechen eindeutig von „aufhuckenden Leichen" und nicht von Kobolden oder Gespenstern.

Im Gegensatz zum Nachzehrer, der sein Grab nicht verlassen musste, wenn er den Lebenden Schaden zufügen wollte, stiegen andere Untote, ähnlich den Vampiren, heraus und raubten den Menschen die Lebenskraft.

All diese Mythen tragen die Erkenntnis in sich, dass schon immer Besetzungen vorgekommen sein müssen, zumindest so lange es Aufzeichnungen gibt.

Während der von mir geführten Spirituellen Rückführungen zeigten sich diese anhaftenden Geistwesen nicht direkt.
Sie erschienen eher symbolisiert durch feurige Farbgebungen oder durch phantastische Bilder.
Riesige Augen oder gigantische Rachen sowie wirbelnde Schlangenkörper und vieles mehr taten sich auf, mit der Absicht uns abzuschrecken. Oftmals hatten wir den Eindruck, die Hölle hätte sich aufgetan.
Dadurch sollten wir vom weiteren Vordringen abgehalten werden.

Nach mehreren Durchgängen wurden diese fremden Einflüsse allerdings immer schwächer.

Meine Rat- und Hilfesuchenden fühlten sich dann irgendwie befreit und erleichtert.

Im Anschluss an solche Maßnahmen zeigten sich die Wesen nicht mehr. Zudem hatten sich allerlei Krankheitsbilder aufgelöst, als wären sie nie dagewesen.

Nur durch eine bequem ausgeführte Konfrontation, über eine gewisse Zeit, wird diesen geistigen Erscheinungen ihr Potenzial genommen. Sie ziehen sich erst zurück, werden dann schwach und schwächer und lösen sich schließlich auf.

Solche Geistigen Wesenheiten können nicht existieren, wenn man ihnen keine erneute Energie zukommen lässt.

Ängste und Proteste sind Träger beziehungsweise Transformatoren solcher Energien. In diesen Arten der Aufmerksamkeit suhlt sich das Böse.

Deshalb: Solange Du vor dem „Teufel" und seinen „Dämonen" Angst hast oder den Protest gegen sie aufrecht erhältst, werden sie Macht ausüben können, wird es die dunklen Mächte dieser Art überhaupt weiterhin geben.

Trotz anderer Hinweise oder eigener Wahrnehmungen: Sich von Besetzungen durch Fremde zu lösen, ist keine Bekämpfung von Teufeln oder Dämonen.

Die anderen TAO-Seelen brauchen nur den Hinweis zur Loslösung und dann zur Wiedergeburt. Sie sollten einfach eigene Körper finden, um abermals ein eigenständiges Leben führen zu können.

Manchmal muss dazu einfach die eigene Energie konfrontiert und transformiert werden. Denn sie gibt dem Besetzer die Kraft, um sich bei jemandem zu halten.

Loslassen bedeutet hier: Energetische Umwandlung oder Umpolung.

Ehedem aufgebaute Hass-Energie bedingt dafür die Verstärkung der Liebes-Energie.

Es muss zumindest die gleiche Intensität erreicht werden, um im Gleichstand Ruhe einkehren zu lassen.

Bei den gleichen oder ähnlichen Arten von Wellen, die gegeneinander gerichtet werden, ergibt sich physikalisch gesehen eine destruktive Interferenz. Und bei noch mehr Liebe löst sich der Hass zunehmend auf.

Der Weltenlehrer, Jesus Christus, gab seinen Jüngern den entsprechenden Auftrag. Der Jünger Matthäus schrieb (in 10:1 und 10:8): „Und als er seine zwölf Jünger herangerufen hatte, gab er ihnen Vollmacht über unreine Geister, sie auszutreiben und jede Krankheit und jedes Gebrechen zu heilen. Heilt Kranke, weckt Tote auf, reinigt Aussätzige, treibt Dämonen aus! Umsonst habt ihr empfangen, umsonst gebt."

So wie ich den Prediger von Liebe und Gewaltlosigkeit, Jesus Christus, verstehe, hat er zur Austreibung von Dämonen keineswegs einen heftigen Gewaltakt gemeint, sondern eben den vordem beschriebenen Einsatz von Liebes-Energie.

Genau so sehe ich auch die Wirkungsweisen schamanischer Reinigungsrituale, die „Schall und Rauch" beinhalten, Gesang oder Instrumente und Räucherwerk aus eigens gesammelten und getrockneten Kräutern.

Allein schon ihre Liebe zur Natur und zu den Wirkstoffen daraus, lässt das Herz eines jeden Mitmenschen höher schlagen.

Ein leichter Trancezustand schaltet außerdem die verstandesmäßige Analytik aus. Das bewusste Sein von Menschen wird gestärkt, für die reinigende Liebe.

Die von ihren Besetzungen befreiten Menschen kommen wieder in ihre eigene Kraft. Jetzt ist die Eigenverantwortung gefragt.

Um erneute Besetzungen künftig zu vermeiden, um sich nicht abermals als Opfer anzubieten, ist die Person gefordert ihren Lebenswandel zu überdenken und gegebenenfalls umzustellen.

Die vollständige Heilwerdung liegt bei jedem selbst, bei seiner Art und Weise des Denkens, des Handelns und in seiner Lebensweise.

Wichtig ist mir, noch zu erwähnen, dass es Orte gibt, an denen Seelen oder die Aufmerksamkeitsanteile von Seelen längere Zeit hängen geblieben sind. Auch dies ist eine Art von Besetzung.

Eine Frau kam zu mir und beklagte sich über die ungerechte Behandlung, die sie dauernd von ihren Kollegen und ihrem Chef erfährt. Es sei, als würden sie ihr nie zuhören. Sie fühlte sich geschnitten. Was sie denn dagegen tun könne, wollte sie dringend wissen.

Mit dieser konkreten Fragestellung eröffneten wir eine Spirituelle Rückführung.

Auf dem Weg in die Vergangenheit gelangten wir an einen düsteren Ort. Sie befand sich in einer Burg. Es war Nacht und nur der Mond erhellte die Szene. Sie ging einen langen Gang mit vielen hohen, schweren Holztüren entlang. All die Türen waren verschlossen. Zumindest konnte sie keine davon öffnen, so sehr sie sich auch mühte.

Nach mehreren von mir geführten Durchgängen wurde ihr klar: Sie war nicht materiell. In einem Geistkörper bewegte sie sich durch diesen Gang, und zwar immer und immer wieder.

Es war, als wäre sie in der Burg wie in einer Zeitschleife gefangen.

Kein Wunder, dass man sie auch in der Gegenwart nicht hörte, nicht einmal als vollwertiges Mitglied in der Gesellschaft wahrnahm.

Nachdem wir die in diesem Gang gebundene Energie gelöst hatten, veränderte sich ihr Leben gravierend.

Sie wurde von ihren Mitmenschen ganz anders behandelt. Jetzt war sie wieder vollständig dabei.

Wer weiß wie man das Gespenst einmal bezeichnet hat, das durch diese Burg gegeistert ist. Sofern es für andere Menschen überhaupt wahrnehmbar war.

Jedenfalls handelte es sich hierbei eindeutig um die geistige Besetzung eines uralten Gemäuers durch die Aufmerksamkeitsanteile der Person, die in der Gegenwart zu mir zur Spirituellen Rückführung kam.

Aller Wahrscheinlichkeit nach läuft sie dort jetzt nicht mehr herum.

Eventuell gibt es aber noch mehr Geistererscheinungen in dieser Burg. Doch zumindest sie konnte sich aus dem Klammergriff eines vergangenen Ereignisses lösen. Dies obwohl bis heute nicht geklärt ist, was sie ursprünglich an den Ort gebunden hatte.

Wiederum eine Frau, was aber keinen statistischen Wert hat, erzählte mir ihre Träume der letzten Nächte, in denen sie sich als Burgfräulein sah.

Ihre Mutter hatte sie verstoßen und einkerkern lassen, weil sie einen neuen Mann heiraten wollte.

Diese intensiven Träume erschienen mir eine Spirituelle Rückführung wert.

Im Verlaufe der Sitzung, es war nur die eine nötig, gelangten wir wirklich auf eine Burganlage. Dort saß sie erst im Verlies, wurde aber dann, auf Betreiben des neuen Burgherren, der Mitleid mit ihr hatte, ins Turmzimmer umgesiedelt.

Von dort hatte sie zwar einen herrlichen Blick über den Wald, der die Anlage umgab. Doch recht viel glücklicher machte sie das auch nicht.

So beschloss sie eines Tages den Freitod. Sie stieg auf die Zinnen des Turmes und ließ sich, mit dem Blick zur Burg, rückwärts fallen.

In einer weiteren Sequenz begegnete sie sich selbst wieder. Es war wesentlich näher an der Gegenwart, als sie geradezu bewusst die Bewohner und auch die Besucher der Burganlage erschreckte. Als bösartige Geistererscheinung zog sie sogar am Tage durch die Burg.

Noch während der Spirituellen Rückführung ergötzte sie sich am Erschrecken der Leute. Mehrmals musste sie über ihre Streiche lachen.

Trotzdem stimmte sie mit mir überein, dass sie ihre Energie in der Gegenwart sinnvoller einsetzen könne, als ausgerechnet als Burggeist.

Deshalb erlösten wir sie schnellstens von dem Schicksal als Gespenst.

Burgen, Schlösser, Tempel und Häuser, ebenso wie Parks und Wälder werden, öfter als man meint, von geistigen Besetzern durchstreift.

Dies sind keineswegs die vordem genannten Hüter der Orte, sondern es sind einfach zurückgelassene Aufmerksamkeitsanteile die nur darauf „warten" erlöst oder abgelöst zu werden.

Die dort gebundene, gewissermaßen in Ereignissen verlorene Energie kommt, nach den Spirituellen Rückführungen, den Rat- und Hilfesuchenden in der Gegenwart zugute.

Übrigens, entgegen anders lautender Aussagen, sind die Besetzer von Orten keine „verlorenen Seelen" oder dergleichen. Es sind lediglich Anteile von Aufmerksamkeit, also Anschauungen, Betrachtungen und Sichtweisen, die in der Vergangenheit noch immer aktiv sind.

Durch das Ändern dieser Anschauungen, Betrachtungen und Sichtweisen gelingt es dem Rat- und Hilfesuchenden ein anderes Bild zur Vergangenheit zu entwickeln.

Plötzlich erscheint das damals Erlebte weniger schwer und unproblematischer. Warum soll man sich also noch länger damit belasten? Der Umschwung zur Gegenwart her gelingt.

Ein anderes altes Geschehnis bereitete einer ganzen Familie schlaflose Nächte: Es dauerte lange bis sich eine Geschichte alter Art bemerkbar machte.

Zirka zweihundert Jahre verhielt sich die energetische Aufladung ruhig. Aus einem unerfindlichen Grunde wurde das Schlachtfeld des vergangenen Krieges wieder lebendig. Besonders die Töchter und deren Hund wurden von den negativen Schwingungen beeinträchtigt.

Zur Klärung des Falles wurde ich als Ganzheitlicher Seelsorger hinzugezogen. Mit dem Pendel und mit einer leichteren Art der Rückführungen fand ich bald heraus, dass direkt auf dem Hügel, mehr oder minder im Garten des Hauses, ein Kampf stattgefunden hatte. Es war in einem größeren Krieg nur eine kleine Schlacht, die aber etliche Tote gefordert hatte.

Kaum hatten wir diese Erkenntnis gewonnen, wurden die Einflüsse auch schon schwächer. Wenige Tage später hatte die negative Energie keine Ladung mehr, wie ich auch mit dem Pendel feststellen konnte.

Ein weiteres Beispiel: Im dem Keller eines Hauses geschahen seltsame Dinge. Dies reichte von leise schlurfenden Geräuschen bis hin zum Schlagen von kaputten Uhren, die der Hausherr erst noch reparieren wollte. Auch breitete sich der süße Geruch von Verwesung im Keller aus.

Mit dem Pendel ermittelte ich einen alten Schrank als Ausgangspunkt der irren Erscheinungen.

Der wurde, nach Aussage des Hausherrn, schon ewig nicht mehr geöffnet. Andere Bewohner des Hauses fragten sich, aufgrund meiner Aktionen, ob wohl eine Leiche in dem Schrank versteckt sei.

Der Hausherr hatte zum Glück einen Schlüsselbund, an dem sich ein Schlüssel befand, der für den Schrank passte. So sperrte er ihn mit klopfendem Herzen auf.

Kaum hatte er die Türe geöffnet, nahmen seine Kinder und ich, die wir vor Neugier fast platzten, einen huschenden Schatten wahr, Leichengeruch schlug uns entgegen.

Alles verflüchtigte sich innerhalb kurzer Zeit, nachdem dessen Anwesenheit von uns erkannt wurde. Eine echte Leiche fanden wir nicht.

Beim anderen Versuch einer Austreibung versagte ich kläglich: Eine alte Frau bat mich, sie von einem dunkel wirkenden Schattenwesen, einem als männlich erscheinenden Geist zu befreien.

Er störte das Fernsehbild und ließ dort Gesichter erscheinen. Dazu beklagte sie sich über unangenehme Belästigungen im Wohnzimmer und sogar im Schlaf. Ihre Katze reagierte ebenfalls auf seine Anwesenheit.

Bei meinem Versuch ihn mittels tibetanischer Klangschalen und Räucherung zu verscheuchen hatte ich das deutliche Gefühl, er wirke irgendwie belustigt. Die Maßnahmen schienen dem Wesen sogar zu gefallen.

In einem Zimmer hatte die Frau eine Puppensammlung. Dort wollte ich ihm alleine begegnen. Nach einiger Zeit begann mich eine der Puppen zu fixieren. Sie sah mich freundlich an! Ich erkannte, hier befand sich eine Wesenheit die einfach einsam war.

So riet ich schließlich dazu, den guten Geist zu akzeptieren, mit ihm einfach Frieden zu schließen. Damit konnte ich die alte Dame etwas beruhigen und auch bei dem Wesen kehrte Ruhe ein. Der Besetzer wurde weniger aufdringlich.

An antiken oder mittelalterlichen Orten hat sich auch so manches ereignet. Es fand offensichtlich in den alten Steinen seinen Niederschlag. Dies offenbarte sich immer wieder feinfühligen Menschen.

Urplötzlich fanden sie den Zugang zur Vergangenheit. Bilder zeigten sich und Geschehnisse liefen wie Filme ab.

Diese Arten von Besetzung haben allerdings eine andere Qualität als die, die unmittelbar mit Geistigen Einheiten zu tun haben. Hier wird das Gedankengut von mehreren Menschen aufgenommen.

Die Umgebung speichert deren meistens emotional geladenen Inhalt.

Sogar, wenn alte Häuser bereits abgerissen wurden, trägt der Ort den gedanklichen Wert der Ereignisse.

Das tiefe Leid und die Traumata Getöteter oder Verstorbener lassen die Orte negativ strahlen.

Ähnliches gilt ebenso für alte Kleidungsstücke, persönliche Bilder oder Gegenstände.

Eine solche Art der Ausstrahlung können besonders sensitiv veranlagte Wesen (Menschen oder Tiere) wahrnehmen sowie auch davon beeinflusst werden.

Mittels der Hilfe durch Spirituelle Rückführungen können die Menschen gestärkt und stabiliert werden.

Damit in der Gedankenwelt von Menschen weder die Besetzer selbst, noch ihre Energien oder Bilder andocken können, muss dort aufgeräumt werden.

Die Möglichkeiten zur Übernahme sind besonders deshalb gegeben, weil wir:
1) als Geistige Wesen ständig in Verbindung miteinander stehen
2) über die karmischen Netzwerke eng versponnen sind
3) eine bis in die weite Vergangenheit reichende, gleiche und damit übereinstimmende Erlebnisstruktur haben.

Erst mit Spirituellen Rückführungen gelingt der unmittelbare Zugriff auf solche geistigen Bindungen. Mit ihnen wird eine endgültige Loslösung erreicht.

Erzählungen
und
Erfahrungen

aus verschiedenen Spirituellen Rückführungen

Zufall, Schicksal, Kismet

Unser Lebensplan gerät aus den Fugen, wenn wir plötzlich und unerwartet mit Unfällen, Krankheiten, Todesereignissen konfrontiert werden.

Aber auch gute Chancen und schicksalhafte Begegnungen lassen uns vorübergehend wanken. Die Orientierung an stabilen Wertvorstellungen, an wissenschaftlichen Daten, am funktionierenden Berufs- und Arbeitsleben und an anderen, gewohnten Mitmenschen funktioniert unvermittelt nicht mehr.

Durch eine halbwegs brauchbare Neuorientierung gelingt es uns mit der Zeit, wieder festen Boden unter die Füße zu bekommen. Dabei greifen Menschen nach den seltsamsten Strohhalmen, die „zufällig" vorbeischwimmen.

Häufig sind es religiöse Gruppierungen, die sich als Retter in der Not anbieten. Dies ist soweit und solange in bester Ordnung, wenn dadurch keine unnötigen Abhängigkeiten entstehen und nicht noch mehr Verwirrung gestiftet wird.

Jeder irgendwie geartete Haltepunkt verleiht persönliche Stabilität und damit Überlebensfähigkeit. Selbst liebe Haustiere vermögen durch ihr verantwortlich machendes Dasein dazu beizutragen.

Auch Lebensrituale, wie das tägliche Zähneputzen oder das gemeinsame Frühstück mit der Familie oder: „Ohne meinen Morgenkaffee bin ich nur ein halber Mensch!", erhöhen die Stabilität im Leben.

Solche Rituale werden manchmal massiv verteidigt. Dies reicht von einfachen Wortgefechten über Wutausbrüche bis hin zu Handgreiflichkeiten.

Verrückt wird es besonders dann, wenn Leute ihre Krankheit, ihr Suchtverhalten oder etwas ähnlich Selbstzerstörerisches zu einem solchen Ritus erheben. Angeblich ist dieses Dasein als „Krüppel" oder dergleichen überlebensnotwendig:

„Oh Gott, meine Rente ist in Gefahr, wenn ich dieses Leiden nicht mehr vorweisen kann!"

Menschen ziehen Mitleid und Aufmerksamkeitsanteile, also Energien, von den anderen auf sich. Sie erhalten etwas aufrecht, was unbedingt zu ihrem Leben zu gehören scheint.

Im Laufe meiner Hilfsangebote erlebte ich es immer wieder, dass mir Leute aus den Maßnahmezyklen getürmt sind, sobald die Spirituellen Rückführungen erste Erfolge gezeigt haben.

Plötzlich gab es viele andere, wichtige Dinge zu tun. Das Problem hatte sich verschlimmert und die Familie hat ... oder die Person hat auf einmal vor der Sitzung Alkohol getrunken oder sie war einfach nicht ausgeschlafen genug oder das Auto ging plötzlich kaputt und ... .

Die Eröffnung einer „Welt der tausend Möglichkeiten" kann Menschen auch überfordern.

So habe ich tatsächlich erlebt, dass unter anderem ein Rat- und Hilfesuchender, dem ich aus seiner Nikotinabhängigkeit heraus helfen konnte, dies besonders deutlich ausdrückte: „Was mache ich jetzt? Ich muss mein Leben total umstellen. Meine alten Kumpel qualmen immer noch wie die Schlote. Da fehlt mir einfach die Lust, mit denen noch großartig Kontakte zu pflegen.

Ich bin sehr viel bewusster geworden, speziell diesem Nervengift gegenüber. Meine Frau freut sich, weil ich nun nicht mehr so oft mit meinen Bekannten abhänge."

Auch das gesellschaftliche Umfeld kann also sehr stark betroffen sein, wenn jemandes alt gewohnte Lebenskonstruktion speziell nach Spirituellen Rückführungen ins Wanken gerät oder gar wegbricht.

Deshalb versuchen die Menschen seit Urzeiten, in ihre Lebenszyklen möglichst berechenbare Faktoren einzuführen, auf die man zumindest wütend sein kann, wenn es im Leben dennoch nicht klappt.

Hellsehen, Kartenlegen, Astrologie, I-Ging und vieles mehr wurde geschaffen, um dem Rätsel Zufall nicht ganz hoffnungslos gegenüber zu stehen.

Und, wenn man gar nicht mehr weiter wusste, gab es ja auch noch die Götter.

Fortuna, die Göttin des Glücks und der Glücksspieler, musste sich stark machen, wenn andere Mächte nicht mehr wirksam schienen.

Alle Religionen haben ihre entsprechenden Gottheiten: Im Indischen spielt der elefantenköpfige Glücksgott Ganesha diese Rolle, der lachende Gott Ebisu ist in ganz Japan bekannt, wobei dort insgesamt die sieben Glücksgötter (Shichi Fukujin) ein Sinnbild für das religiöse Streben nach diesseitigem Wohlergehen sind.

Verwandte der sieben Glücksgötter finden sich in China, dort sind es aber acht daoistische Unsterbliche, die gemeinsam auf einem Boot unterwegs sind, zur Insel der Glückseligkeit.

Bei Germanen und Wikingern wird von drei Quellen erzählt, die sich zu Füßen der Weltenesche Yggdrasil befinden und unterhalb ihrer Wurzeln entspringen.

Dabei handelt es sich um den Urdsbrunnen, den Mimirsbrunnen und Hvergelmir.

Jede dieser Quellen ist auf irgendeine Art und Weise mit dem Schicksal der Weltenesche verknüpft.

Der Urdsbrunnen heißt auch Schicksalsbrunnen. Hier ist die Quelle, an der die Götter ihre Beratungen abhalten. In der Nähe des Brunnens steht der Saal, in dem die drei Nornen Urd, Verdandi und Skuld wohnen. Sie halten die Geschicke der Menschen und der Götter in ihren Händen.

Das Schicksal, das Los, das Omen oder das Kismet, im Islam, ist der Ablauf von Ereignissen im Leben des Menschen, die als von göttlichen Mächten vorherbestimmt, geschickt oder von Zufällen bewirkt empfunden werden.

Den modernen Schicksalsfaktor kennen wir als: Genetik. Einer genetischen Disposition, im Sinne von Zuweisung oder Fügung, und einer entsprechenden Prädisposition, als erblich vorgegebene Tendenz oder eine Veranlagung, können wir kaum ausweichen. Wir sind somit dem genetisch vorgegebenen Material hilflos ausgeliefert.

Die Entscheidungsfreiheit des Menschen ist dadurch entzogen.

Dies alles ist demnach ebenfalls nur ein Abschieben von Eigenverantwortung auf unklare, oft undefinierbare Kräfte und Mächte.

Schicksal, Kismet und Zufälle gibt es nur dann, wenn sich die „Person selbst", das „Ich bin", total aus dem Spiel des Lebens zurückzieht und bestenfalls als Zuschauer am Rande des Spielfeldes steht.

Mit Spirituellen Rückführungen gelingt es tatsächlich die Person Selbst Stück für Stück wieder zum Regisseur im Film ihres Lebens werden zu lassen.

Schicksal, Kismet, Zufall, Karma, Vorsehung? Wie auch immer man sagen will. Es hat alles eine Ursache irgendwo und irgendwann:

In Frankreich betreute ich den Fall eines Mannes, der ungeheure Angst vor Pferden hatte. Dabei war es nicht alleine das Tier selbst, das ihn ängstigte. Schon die Nähe von Pferden ließ in ihm Panik aufkommen.

Im Laufe von Spirituellen Rückführungen fanden wir immer und immer wieder Unfälle und Todessituationen, die unmittelbar mit Pferden zusammenhingen.

Einmal starb er hoch zu Roß im Schlachtgetümmel. Ein anderes Mal überrollte ihn ein Pferdewagen. Dann stürzte er bei einem Ausritt vom Pferd und brach sich das Genick.

Viele solcher Situationen reihten sich über Jahrtausende aneinander. So ist es wohl gar nicht verwunderlich, dass ihm diese großen Vierbeiner nicht ganz geheuer waren.

Erst als wir mit etwas Mühe das allererste Geschehnis auf dieser Kette fanden, löste sich die ganze Ereignisfolge auf.

Es war der absichtliche Sprung in den Freitod, von einer Brücke in den Abgrund, zusammen mit seinem Pferd, um einer Horde grausamer Verfolger zu entgehen.

Nach mehrmaligen Durchgängen, wie bei den Spirituellen Rückführungen üblich, fühlte sich der gute Mann gut darüber.

Er hatte, kaum zwei Tage später, beim Besuch eines Reiterhofes, jegliches Angstgefühl im Umgang mit Pferden verloren. Seine Freundin beobachtete wie er ein Tier liebevoll streichelte, ohne darüber nachzudenken.

Verblüfft fragte sie: „Was machst Du denn?" Er verstand gar nicht warum sie so eine Frage stellte. Sowohl sein Angstgefühl als auch die Erinnerungen daran waren nicht mehr präsent.

Eine andere Person fühlte sich Frauen gegenüber ausgesprochen minderwertig und schuldig.

Die Flucht in den Alkohol verhalf ihm nur noch stärker zu negativen Erlebnissen und zu Abwertungen von Seiten der Frauen.

Dieses Alkoholproblem veranlasste ihn schließlich, zu mir zu kommen.

Diesem Mann hing seine Problematik mit Frauen schon bis vor die Geburt Christi an. Er wurde laufend von den Ehefrauen betrogen und als wertloses Subjekt angesehen. Sogar seine Alkoholsucht schleppte er vom Orient über diverse Aufenthaltsorte am Mittelmeer bis nach Mitteldeutschland, durch alle Zeiten mit sich herum.

Als Ursache der Geschehniskette fanden wir doch tatsächlich einen Fluch: „Ich verfluche Dich, Deine Kinder und Kindeskinder bis in alle Ewigkeit. Auf dass Dir und ihnen das gleiche geschehe, was Du mir angetan hast."

Donnerwetter! Dieser Fluch traf ihn wie ein Hammer. Er wurde ihm von seinem Widersacher mit ungeheurer Emotion nachgeschleudert.

Gerade noch flüchtete er völlig besoffen vom Lager seiner Geliebten, der Ehefrau des anderen.

Die Suggestion brannte sich in seinen Verstand ein, wie mit glühendem Eisen.

Erst einige Leben später, als ihn tatsächlich das erste Mal eine Frau verhöhnte und betrog, rastete das suggerierte Fluchmuster ein.

Von da an ließ es ihn nicht mehr los – bis zur Spirituellen Rückführung. Bis zur vollständigen Bewusstwerdung all dieser Zusammenhänge wirkte der Fluch.

Unmittelbar danach hörte der Mann mit dem übermäßigen Alkoholgenuss auf und sein Verhältnis zu Frauen verbesserte sich schlagartig.

Das war eindeutig kein leichter Weg, den dieser Mensch über so viele Zeit- und Lebenseinheiten hinweg bewältigen musste. Doch es handelt sich, nach meiner Erfahrung, um kein Einzelschicksal, wenn auch mit anderen, sehr verschiedenen Ursachequellen.

Eine Rat- und Hilfesuchende meinte einmal: „Ich komme einfach nicht in die Vergangenheit hinein.

Jedes Mal sehe ich während der Sitzungen, vor meinem geistigen Auge, nur immer mein Zimmer, wie ich es zu Hause habe."

Es stellte sich allerdings heraus, dass sie sehr wohl in die Vergangenheit gehen konnte.

Nur, sie hatte sich die heimische Umgebung in der Gegenwart mit den ähnlichen Gegenständen wieder hergestellt, wie sie es damals auch schon hatte, vor etwa 150 Jahren.

So konnte sie sich jetzt auch ihre Vorliebe für Antiquitäten und Flohmärkte erklären. Treffsicher steuerte sie dort immer auf ganz bestimmte Gegenstände zu.

Zufall? Nein und nochmals nein! Es handelte sich eindeutig um die von ihr selbst gemachte Gegenwart in Form von Fügung, ganz persönlicher Zusammen-Fügung.

Absicht ist Ursache

Wenn wir uns ansehen unter welchem Stern sich alle Geschehnisse abspielen, so entdecken wir, es handelt sich um die Kraft von: Absichten.

Einzig und allein mit ihrer Absicht überleben Todgeweihte ihre schweren Leiden und nur mit Absicht, eigener und der von anderen, kommen kleine Menschen (Babys) zur Welt.

Absichten lassen die Dinge um uns herum entstehen und erhalten sie aufrecht. Würde sich niemand darum kümmern, kein Mensch, dann übernähme die Absicht der Natur das Regime. Auf diese Art und Weise sind die Reste von Kulturen in Urwäldern und unter Wasser verschwunden.

Erst die unbändige Absicht von Entdeckern und deren Helfern brachte zumindest einige Fragmente untergegangener Zivilisationen wieder ans Licht der Öffentlichkeit.

Absichten haben Kolumbus übers Meer fahren lassen und Menschen auf den Mond geschossen.

Hätten wir nur unsere eigene, eindeutig gerichtete Absicht, so würden wir ohne Um-, Ab- und Irrwege jegliches Ziel erreichen können.

Wir würden Tempel bauen, Weltreiche errichten, Kunstwerke schaffen und alle Annehmlichkeiten genießen können, die das Leben zu bieten vermag.

Tun wir es? Die Antwort: Nein! Wir schlagen uns kreuz und quer durchs Leben. Hochs und Tiefs lösen sich ab.

Oder noch schlimmer, wir leben gar nicht richtig unser eigenes Leben. An allen Ecken und Enden, im Schul- genauso wie im Arbeitsleben, treffen wir auf die unfähig oder klein machende Fremdbestimmung.

Andere Menschen oder ganze Systeme schlagen uns in den Bann ihrer Wichtigkeiten.

Resigniert haben sich dadurch viele Mitmenschen auf ein Abstellgleis begeben. Sie kämpfen nur noch ums Überleben.

In diesem Zusammenhang haben sie sich außerdem von dem eingeimpften Sicherheitsdenken platt machen lassen.

Woran liegt es also, dass vieles nicht so voran geht, wie wir es gerne hätten? Die Antwort ist einfach. Es liegt an den: Gegenabsichten.

Aha, andere Leute haben andere Absichten und diese können unsere Absichten unterstützen, neben unseren Absichten parallel laufen, unsere Absichten zur Seite hin abdrängen oder gegen unsere Absichten anstinken.

Soweit erscheint das System insgesamt ganz simpel. Wir müssten also nur zur rechten Zeit die Absichten der Anderen erkennen und schon könnten wir selbst agieren oder mit Gegenmaßnahmen reagieren. Entsprechend könnten wir das eigene Leben einrichten.

Damit würde das Leben zu so einer Art Schachspiel werden. Es wäre hier nur wichtig, weit genug voraus zu denken. Den Gegner erkennen und kennenlernen hieße die Devise.

Etliche Leute mit Gegenabsichten verstecken sich allerdings hinter der Maske von Eltern, Freunden und Beratern mit „gut gemeinten Ratschlägen": „Ich will doch nur Dein bestes." Tatsächlich oder nur vorgetäuscht?

Wie langweilig wäre es doch, würden wir alle unsere Wünsche sofort erfüllt bekommen. „Das wäre das Paradies!" Ist Langeweile paradiesisch?

Ich meine, es wäre die pure Hölle, in die wir uns selbst verbannen würden, sollten wir solche Verhältnisse anstreben. Aus so einer Hölle der Langeweile haben wir uns vor ewigen Zeiten schon einmal befreit. Damals waren wir noch rein geistige Wesen, ohne Fleischkörper oder dergleichen.

Stellt euch bitte vor: Ihr sitzt an einer Bar, schlürft einen Cocktail nach dem anderen und schlagt die damals noch nicht vorhandene Zeit tot. Ihr wisst hier noch nicht einmal was Langeweile bedeutet.

Immerhin habt ihr das bisschen Universum oder aber den Kosmos gerade mit allem Drum und Dran gestaltet. Dieses Universum sollte ein völlig neues Spielfeld mit allerlei Dingen sein, die es anderswo so nicht gab.

So zumindest hatte es sich euer Boss vorgestellt. Ihr konntet euch zurücklehnen. Die Bar ist der Ort an dem ihr zufrieden ausruhen konntet.

Plötzlich tut sich etwas! Ein Typ in bunter Tracht taucht auf. Er tanzt vor euch auf und ab und ruft: „Hallo Leute! Ich weiß jetzt wie wir das Spiel gestalten, damit es richtig toll wird!" Die bereits schal gewordenen Cocktails verlieren ihre Anziehungskraft. Ihr richtet euere Aufmerksamkeit auf den irren Burschen. „Wir brauchen andere Spielfaktoren. Lasst uns noch einmal durchstarten, noch einmal loslegen. Zuerst müssen wir uns dem Vergessen hingeben."

Gesagt getan und gleich umgesetzt. Da ihr wie ein einziges großes Wesen auftretet, geht ihr unmittelbar in Übereinstimmung mit dem Kaspar.

Die Bar löst sich auf. Ihr beginnt den Prozess des Erschaffens von Neuem. Die bunte Gestalt werdet ganz und gar ihr selbst. Er führt euch, ihr führt Es!

So entstanden aus dem Vergessen heraus viele neue Spielfaktoren, viele neue Variationen.

Aus dem paradiesischen Höllendasein der ewigen Langeweile wurde ein einziges buntes Treiben, ein Spiel mit tausenden von Möglichkeiten. Eben unser Kosmos einer Welt der tausend Möglichkeiten.

Zum Beispiel entstand im Laufe der Zeit der größte Feind der eigenen Absicht.

Dies ist keineswegs die Gegenabsicht von etlichen anderen, sondern vielmehr der eigene Zweifel.

Zweifel hat die verruchte Eigenschaft die angestammte, ursprüngliche Absicht zu schwächen.

Sobald sich Zweifelsdenken in ein Tun oder eine Vorgehensweise einschleicht, bleibt der Sieg auf der Strecke.

„Es wäre eine große Überraschung, wenn wir gewinnen würden.", „Eigentlich möchte ich schon gerne gewinnen, aber … ." oder die seltsame olympische Formel: „Dabei sein ist alles!".

Dies sind gedankliche Rücknahmen von Gewinnabsichten, entstanden aus einer gehörigen Portion Zweifel.

Wenn der Zweifel anfängt zu nagen, ist es nicht mehr weit zum vollständigen Absturz.

Dann nämlich wird ein Person sich selbst gegenüber zum Gegner oder sogar zum Feind.

Dann trägt dieses machtvolle Menschwesen Absicht und Gegenabsicht plötzlich in sich selbst.

Nun ist es nur noch eine Frage der Zeit, bis sich ein „Ich bin" selbst vernichtend schlägt.

Sobald jemand zum eigenen Feind geworden ist, bedarf es nur noch eines kleinen Anstoßes von außen und der Mensch kippt um, in: Unfall, Krankheit und Tod.

Jetzt haben wir eine Person vor uns, die vom Leben arg gebeutelt wird, einen Menschen bei dem das Schicksal hart zuschlägt.

Jedoch nicht ein imaginäres Schicksal oder das Leben, nein, dieser Mensch hat sich ganz und gar alleine in seine Lage manövriert. Oder er hat dieses Manöver zugelassen, ohne sich mit aller Kraft dagegen zu stemmen.

Sobald die eigenen Absichten per Zweifel zu Gegenabsichten werden und zudem die Gegenabsichten anderer greifen, wird eine Person lahmgelegt.

Sie wird zum Spielball des schicksalhaften Zufalls. Zufallsprodukte sind dabei allerdings genau dieses: Produzierter, also selbst gemachter Fall.

Spirituelle Rückführungen heben so manchen Zweifel auf. Bereits bestehende Gewissheit wird zu unzweifelhafter Wissensgewissheit.

Die Wirklichkeiten früherer Daseinsformen und -zustände versetzen den Verstand in die Lage Zusammenhänge besser zu verstehen, auch die Entwicklung des Lebens analytisch zu verarbeiten.

Der Mensch nimmt im Fortgang der Spirituellen Rückführungen sein Leben wieder selbst in die Hand.

Er setzt seine Absichten machtvoll durch. Für sich persönlich akzeptiert er die Verantwortlichkeit für sein Tun und er beginnt seine Welt in einem positiven Sinne zu gestalten. Voller Zuversicht geht er ans Werk, zur Gestaltung einer anderen Zukunft.

Der Welt der tausend Möglichkeiten tut es keinen Abbruch, wenn wir Menschen uns nur einen Bruchteil des Möglichen herauspicken oder nur wenig davon für unser Dasein zulassen.

Denn dadurch, wie wir noch sehen werden, erfüllen wir lediglich den Plan, ein Spiel im kosmischen Feld aufrecht zu erhalten.

Dabei spielt es nicht einmal eine Rolle ob wir uns wohl fühlen oder ob es uns schlecht geht.

Als minimalisierte Spielfiguren, die wir im Menschlichen nun einmal sind, haben wir sowieso keine großartig angelegten Fähigkeiten mehr.

Erst Maßnahmen wie Spirituelle Rückführungen, Meditationen oder dergleichen befähigen uns, Stück für Stück unserer geistigen Größe zurück zu gewinnen.

Damit können, nein, müssen wir uns über das bloße, körperlich angelegte Menschsein absichtsvoll hinaus bewegen. Mit Körpern, zumeist fleischlichen, verfangen zu sein, gilt als eine Art Falle, um dem Geistigen die angestammte Macht zu rauben.

Auch dies ist ein Spielfaktor, den wir vor Urzeiten in gemeinsamer Übereinstimmung selbst so bestimmt haben.

Der bedingte Mangel an geistiger Größe lässt das Spiel erst richtig interessant erscheinen. Für wen auch immer?!?

Als wir noch rein geistige Wesen waren sah unsere Welt ganz anders aus.

Um hiervon einen Geschmack zu vermitteln biete ich im Anschluss einen Einblick in weit zurückliegende Verhältnisse an. Wir gehen dabei jedoch schon in Gegebenheiten hinein, in denen der Übergang zur Realisierung unseres heutigen Universum nicht mehr gar so weit entfernt ist.

Die Sphäre Elysia

Per Spiritueller Rückführungen, aus den Erfahrungen etlicher, unterschiedlicher Rat- und Hilfesuchender zusammengetragen, fanden wir eine Art „Lebensform" wie sie heute vermutlich nur noch ganz selten existiert.

Damals, noch vor der Zeitenrechnung, gab es sicherlich sehr viel mehr davon. Vielleicht existierten Tausende oder gar Milliarden, wer weiß dies heute noch?

Ich nenne es das System Elysia oder die Sphäre Elysia, von der wir hier hören. Dies alles spielte sich noch vor dem Ursprung menschlichen Lebens in unserer Galaxis ab. Wohlgemerkt in der Galaxis die wir heute Milchstraße nennen.

Die Elysier sowie ihre „Verwandten" waren aller Voraussicht nach sogar für die Darstellung der Matrix verantwortlich, aus der sich später menschliche oder menschenähnliche Strukturen herauskristallisierten.

Sie entsandten den damals noch ausschließlich geistig geprägten, menschlichen „Samen", die Matrix des Menschlichen, hinaus in das morphologische Feld sehr vieler kosmischer Stern-Systeme, die für eine Weiterentwicklung ziemlich brauchbar erschienen. Dies geschah vor vielen Milliarden Erdjahren.

Einige der „Alten" begleiteten die Sporen und kümmerten sich unmittelbar um deren Wohlergehen oder sie wachten einfach über ihren Untergang. Diese Alten waren Geistwesen deren Erscheinung wir mit den Göttern aus Mythen und Sagen oder mit den Engeln vergleichen würden.

Doch was geschah in der Sphäre Elysia? Auch dort entwickelten die Elysier ein System von Körpern deren Funktion brauchbar erschien. Die hochgeistigen Elysier schufen sich Körper die man als sphärisch bezeichnen könnte.

Diese waren nicht an die Gravitation eines Planeten gebunden. Sie bewegten sich schwebend, wie wir heute sagen würden.

Die bevorzugten geistigen „Körper" waren hochgewachsene Exemplare, jedoch unterschiedlicher Größe, mit im Verhältnis langen Armen und sehr schlanken Fingern und mit ebensolchen Beinen und Füssen.
Der kreierte Kopf hatte die Form einer nach oben spitz zulaufenden Zwiebel.
Diese „Köpfe" der Wesen beherbergten kein Gehirn wie wir es kennen. Ein Sprechmund erübrigte sich sowieso, da jegliche Kommunikation per Telepathie stattfand.

Aus heutiger Sicht wirkten sie zerbrechlich, zart und hell, fast durchscheinend. Ihre Bewegungen wirkten tänzerisch, wie "Blätter im Wind". Von diesen „Körpern" ging ein farbiges, meist bläuliches Strahlen aus, wie die Elysier dies gerade als „modisch" empfanden.

Über alle Himmelskörper hinaus, zur „Reise" im All, innerhalb und außerhalb des sphärischen Systems, benutzten sie schützende Hüllen, wie kleine Raumflugkörper. Sie waren allerdings mit purer Gedankenkraft konstruiert und auch damit gesteuert.

Die überaus mystischen und magischen Kräfte der Elysier machten technische Einrichtungen und Hilfsmittel total überflüssig.
Alles was sich einer von ihnen vorstellen konnte wurde sowohl für ihn als auch für seine Mit-Elysier zur Wirklichkeit.

Die Sphäre in der sie umgingen, wurde von einem Aktionsfeld umschlossen. Auch dieses Feld hielten sie per Geisteskraft aufrecht. Es schirmte sie und all ihr Geschaffenes gegen Fremdeinflüsse ab.

Elysia war durch das Feld weitgehend unauffindbar und damit unangreifbar (was sowieso nur aus der Sicht heutiger Betrachtungsweisen gilt).

Die gesamte Sphäre Elysia war ebenso „zeitlos" wie auch der Rest des damals existierenden Universum.

Der „Schirm" hatte jedoch, von außerhalb betrachtet, Ähnlichkeit mit der Funktion eines schwarzen Loches.
Die gesamte Sphäre wirkte wie energetisch gespeist. Sie sog tatsächlich alle Partikel und Energien in ihrer Umgebung auf und damit verschwanden sie im Nirwana der geistigen Sphäre.
Genau diese, ansonsten wirkungsvolle, „Abschreckung" sollte den Elysiern zum Verhängnis werden.

Die Elysier und ihresgleichen waren individuelle Wandler, freie TAO-Geistwesen die Energie in Neuschöpfungen um-wandeln konnten.
Sie impften zuerst die Milchstraße, dann die Galaxien der Umgebung und schließlich die Weiten des Kosmos mit eini-gen ihrer grandiosen Ideen. Diese verbreiteten sich rasend schnell.
Erstens war das Universum noch sehr viel kleiner als heute und zweitens wirkten die geistigen Kräftebeziehungen geradezu zeitlos aufeinander ein.

Doch irgendwann hatten sie sich entschlossen, sich aus dem Spiel zur fortwährenden Entwicklung des übrigen Uni-versum auszuklinken.

Miteinander schufen sie ihre eigene, relativ kleine Sphä-re, regelten darin die Bahnen von Sonnen, Planeten und Monden und entwickelten die Geistkörper weiter, in liebevol-ler Übereinstimmung mit der Gemeinschaft. Sie galten auch hier als „menschlich".

Die Übereinstimmung der Wesen untereinander war geradezu perfekt. Sie dachten und handelten wie ein einziger großer Geist. Ihr Verhältnis zu den Körpereinheiten vollzog sich liebevoll und mit großem Verständnis.

Für die Elysier waren ihre „Körper" gute Freunde, aus dem gleichen "Holz geschnitzt" beziehungsweise dem geistigen Grundgedanken geschaffen wie alles andere.

Diese Urwesen vereinzelten sich auf diese Art und Weise in Millionen Körperlichen.

Die gewaltigen, schöpferischen Kräfte wirkten dabei noch immer.

Das telepathische Netz, das alle miteinander verband, war für die Elysier eine enorme Macht, insbesondere innerhalb ihrer Sphäre. Ihre Vereinzelung konnte sie nicht entscheidend schwächen.

Jeder Elysier konnte sich sowohl individuell entfalten als auch in Gruppen gestalterisch tätig sein. Immer hatte die gesamte Gemeinschaft Anteil am Erfolg der Unternehmungen.

Ästhetik, Kunst und große Gefühle, Kultur, Wissenschaft, Magie und Mystik durchströmten die Sphäre und die Wesenheiten darin.

Es wäre vermessen, als Unbeteiligter erklären zu wollen, wie sich das Leben der Elysier anfühlte.

Dennoch will ich beispielhaft versuchen darzustellen, wie man es sich in etwa verbildlichen könnte: Man nehme einen dreidimensionalen Film mit allen nur möglichen Wahrnehmungen. Mische die Hochkulturen Europas, Indiens, Chinas und aller Welt, zu einem Gesamtkunstwerk und lasse jedermann an dem Eindruck teilhaben. Dazu können die Wesenheiten eine oder mehrere Rollen übernehmen.

Diese Vorstellung wäre ein ganz kleiner Ausschnitt aus dem Erschaffen, das Elysier ihrer Gesellschaft darzubringen imstande waren.

Dies alles mal viele Millionen einzelne Wesenheiten, über lange, lange „Zeiträume" hinweg, ergab die sphärische Gesamtheit.

Elfen, Feen, Einhörner, Zwerge, Trolle und Drachen, die ganze Welt der Sagen und Legenden wurde in der Sphäre Elysia bereits vorgedacht und hervorgebracht. Die Elysier widmeten sich jedoch ausschließlich dem „Guten".

Das so genannte „Böse", mit Teufeln, schlimmen Dämonen und dergleichen, hat einen anderen Ursprung.

Tausende Male wurden Welten erschaffen und wieder zunichte gemacht. Ein ständiger Fluss des Erschaffens durchströmte die Sphäre und ihre Bewohner. Elysia war eine Welt voller phantasievoller Träumer und phantastischer Träume, die aber an Wirklichkeit nichts zu wünschen übrig ließen.

Bis, ja, bis das große Erwachen kam! Eines unschönen Tages klopfte nämlich der „Tod" an die Außenhülle der Sphäre. Eine völlig fremdartige Macht war in unser Universum und speziell in unsere Galaxis eingedrungen.

Sie kam aus einem ganz anders gestalteten, hochtechnischen Universum. Diese Fremden hatten ihr wohl wesentlich älteres Universum energetisch heruntergewirtschaftet.

So war es deren Glück und unser Unglück, dass sich eine Verbindung auftat. Über einen Riss im Kontinuum öffneten sich unsere Universen lang genug, um die Invasoren durchzulassen.

Doch auf das bevorstehende Unheil will ich nun noch nicht näher eingehen.

Nur so viel: Von da an ging es mit der Entwicklung in unserem, von Geistigkeit erfüllten Universum rasant bergab. Die Übereinstimmung mit Technik raubte uns fast alle Fähigkeiten geistiger Natur.

Der so genannte Fortschritt brachte uns auch fortschreitende Abhängigkeiten, bis in unsere Tage herein.

Wiedergeburt der Seele?

Natürlich nicht! Denn die Seele stirbt nicht. Niemals! Sie kann noch nicht einmal krank sein oder irgendwie verletzt werden.

Was uns, der Seele, zu schaffen macht ist lediglich ein mit Datenschrott beladener, von Viren verseuchter Verstand.

So können wir tatsächlich sehr intensiv mit dem Verstand in Übereinstimmung gehen und uns krank „fühlen" oder einfach so tun als wäre etwas mit uns geschehen.

Unser Verstand ist ein energetisches Konstrukt zur Unterstützung des Seelischen. Er dient der analytischen Beurteilung von Welt- und Gesellschaftsbetrachtungen.

Der individualisierte Verstand gaukelt uns TAO-Wesen manchmal allerlei vor, weil er unvollständige Datensätze hat oder eben von Viren befallen ist.

Wir, die Seele selbst, sind rein und klar und voller Licht und Liebe. Dessen müssen wir uns immer, immer bewusst sein!

Unser göttlicher Ursprung, TAO, hat uns nie aus den „Augen" verloren.

Auch wir sind TAO im göttlichen wie im geistigen Sinne. Als solches „bewegen" wir uns durch den Ablauf der Zeiten und verbinden uns seit neuestem mit Körpern.

Dass diese Körpereinheiten endlich sind, somit sterben können, mussten wir erst realisieren.

Anfangs waren diese Körper für uns wie Spielbälle. Wir blieben außerhalb und steuerten sie in ihre Abenteuer hinein. Marionetten gleich taten sie Dinge, die uns irgendwie belustigten.

Dabei konnte es natürlich auch geschehen, dass sie kaputt gingen. Das war dann bedauerlich aber nicht weiter tragisch. Es gab ja genug Ersatz.

Irgendwann entdeckten einige von uns, dass die Körperlichen mit Emotionen ausgestattet waren die uns selbst noch fremd erschienen. Um an diesen Emotionen teilhaben zu können, verbanden sich Seelen mit Körpern.

Das war der Anfang vom Ende. Unsere Schöpfungen wurden zu faszinierend, um sie einfach dem Sterben zu überlassen.

Die TAO-Seelen erfanden immer neue Möglichkeiten, um die Lebensdauer von Körpern in die Länge zu ziehen. Doch schon bald sind sogar die Ideen der Geistigen an dem Verfall des Materials gescheitert.

Denn bereits vor undenklichen Zeiten, gerade als Zeit begann für uns existent zu erscheinen, hatten wir uns, in der Form eines Naturgesetzes, miteinander darauf geeinigt: Materie hat eine Verfallsdauer.

Dieser einmal geschaffenen Übereinstimmung konnten und mochten wir uns nicht widersetzen.

Jetzt unterliegen eben auch die Körper diesen Gesetzmäßigkeiten. Sie sterben permanent und streben schließlich dem Tode zu.

Spätestens dann sollten die Begleiter, die Seelen, sich von dem unbrauchbaren Gegenstand gelöst haben. Dies gelingt manchmal nur unvollkommen.

Dann bleiben Aufmerksamkeitsanteile, energetische Aspekte, bei dem immer mehr verfallenden Körper.

Sie dienten anfangs der Beobachtung, wurden aber oft auch dort vergessen.

Immerhin verfügten wir über hinreichend Energie, um ein wenig davon entbehren zu können. Außerdem mussten wir uns den neueren Objekten unserer Begierde, denn dazu wurden Körper immer mehr, zuwenden.

Wir waren sogar in der Lage ganze Herden von Körpern zu steuern. In später auftretenden Szenarien schwangen sich einige von uns zu den Göttern ganzer Planten auf.

Diese bestimmten dann das Schicksal von ihren Völkern. Zu ihrer Unterstützung holten die „Götter" oder „Göttinnen" andere Geistwesen herbei.

So entstanden ganze Götterfamilien, die Menschen noch in der Neuzeit verehr(t)en.

Wenn wir nun den Zeitstrahl anschauen, auf dem sich Seelen und Körper aus der Vergangenheit zur Gegenwart herbewegen, dann vollziehen die Seelen einen geradlinigen Verlauf ohne Unterbrechung.

Körper hingegen bewegen sich wie auf einer unregelmäßigen Kurve oder gar in Form von Zacken.

Denn das Leben entsteht, erreicht einen Höhepunkt und fällt dann wieder an, in Richtung Tod.

Diese Zyklen wiederholen sich ständig und werden von Seelen, mittlerweile ebenso ständig, begleitet.

Zacken bilden sich, wenn plötzliche Ereignisse den Tod herbeiführen.

Beim Tode, spätestens dann, verlässt die Seele den Körper. Unmittelbar darauf begibt sie sich auf die Suche nach einem neuen „Transportmittel".

Sie hätte es zwar nicht wirklich nötig, aber es hat sich einfach so ergeben, dass Seelen sich mit Körpern verbinden, eine Art Symbiose eingehen.

Dabei handelt es sich nie um ein auf Gegenseitigkeit gerichtetes Miteinander. Denn ein Körper könnte auch ohne Seele existieren und eine Seele braucht nicht zwangsläufig einen Körper für ihr Dasein.

Aber die Verhältnisse im Spielfeld des Universum haben sich mittlerweile darauf eingerichtet.

Deshalb spricht man in gewissen Kreisen von der Einheit: Körper, Geist und Seele. Dabei frage ich mich jedes Mal: Was verstehen die Leute unter Geist? und Wo ist für sie der Unterschied zur Seele? Ich für meinen Teil gebe diesem unklaren Begriffsduo wenig Spielraum.

Den Geist schreibe ich gerne dem Verstand zu. Während das Geistige Wesen, das wir ursächlich sind, gleichbedeutend ist mit der TAO-Seele.

Sie ist für mich einfach das Göttliche TAO, dem wir als „Göttlicher Funke" ähnlich sein sollen und das wir tatsächlich auch sind.

Somit brauchen wir, die TAO-Seele, die wir sind und nicht haben, keine dieser irgendwie gearteten Wiedergeburten.

Wir befinden uns in beständiger, gleicher Verbindung mit dem Göttlichen TAO.

Damit sind wir, wie Er/Sie/Es, kein auch noch so geringer Bestandteil dieses Universum, weder räumlich noch in Bezug auf die Zeit.

Mittlerweile spricht man sogar bei den menschlichen Wissenschaftlern davon, dass wir uns anscheinend in einem gewaltigen Hologramm befinden, dass alles um uns herum nur eine Projektion ist.

Dazu Professor Kostas Skenderis von der University of Southampton:

„Stellen Sie sich vor, dass alles, was Sie in drei Dimensionen sehen, fühlen und hören und auch unsere Wahrnehmung von Zeit in Wirklichkeit nur einem zweidimensionalen Feld entspringt.

Tatsächlich ist diese Idee mit einem gewöhnlichen Hologramm zu vergleichen, in dem ein dreidimensionales Bild einer zweidimensionalen Quelle bzw. Oberfläche entspringt – etwa eben dem Hologramm auf Ihrer Kreditkarte.

In diesem Falle ist es allerdings nicht das Bild einer Taube oder eines Globus, sondern eben das gesamte Universum."

Wenn wir in einem dreidimensionalen Hologramm leben ist alles möglich. Es gibt nichts total Festes. Das Bild lässt sich mit einem leichten Stoß abändern.

Ist das der Grund, weshalb Spirituelle Rückführungen so unglaublich wirksam sind? Haben wir damit das Hologramm umgewandelt, zum Positiven hin verschoben?

Dann hätten wir noch viel mehr Möglichkeiten. Wir, die ganze Gruppe derer, die Spirituelle Rückführungen betreiben, könnten diese Weltsicht aus den Angeln heben und in eine völlig neue Welt umgestalten.

Bei jeder Spirituellen Rückführung geschieht genau das, nur eben vorrangig für den Einzelnen.

Stellt euch vor, es würden viele, viele solcher Spiritueller Rückführungen stattfinden. Alle hätten das gleiche Ziel: Die Verbesserung der Umstände auf Planet Erde (zumindest auf der Erde!).
Was würde hier wohl geschehen? Was würde im Universum geschehen? Welche Auswirkungen hätte dies auf das Hologramm?

Was also ist dann die Wiedergeburt überhaupt? Eine weitere seltsame Illusion in der „Welt der tausend Möglichkeiten"?
Lassen sich die Zyklen des Lebens sowie des Vergehens bis zum Tode wirklich so deutlich angrenzen? Gibt es vielleicht Überschneidungen?

Gibt es starke Kräfte, die uns alle miteinander verknüpfen, uns in ein Netzwerk weben?

Karmische Bindungen

Das so genannte Karma ist dazu geeignet uns miteinander, füreinander oder gegeneinander zu verflechten.

Es gibt ein gutes und ein schlechtes Karma, wie man so sagt. Was aber ist gut, was schlecht?

Kann das eine Gute nicht für den anderen zum Schlechten gedeihen? Hat das Schlechte immer auch etwas mit dem Bösen zu tun?

Wer öffnet das Tor zum Geheimnis? Wie können wir den Sinn des Karma kennenlernen, ihn wahrzunehmen?

Spirituelle Rückführungen ermöglichen jedermann den Blick hinter die Kulissen und lassen sogar Veränderungen zu. Karmisches Erleben hat in jedem Falle mit Gemeinsamkeit zu tun. Damit ist nicht nur das Miteinander bei Lebewesen gemeint. Auch Einzelgänger oder Eremiten müssen sich nämlich dennoch mit den Verhältnissen ihrer Umgebung, mit der Natur und dergleichen auseinandersetzen.

So ist immer die Konfrontation, als das bequeme Gegenüberstehen, beim Karma entscheidend.

Im weiten Sinne äußert sich karmisches Dasein in Form von Kommunikation sowohl mit den Mitwesen, als auch mit dem eigenen Sein und schließlich mit der ganzen Welt, den kosmischen Gegebenheiten.

Die Wörterbücher lassen uns nicht im Unklaren über den Begriff und dessen Funktion. So steht beispielsweise in Wikipedia in etwa zu lesen:

„**Karma** (Sanskrit: *karman*, Pali: *kamma* „Wirken, Tat")
Das Karma bezeichnet ein spirituelles Konzept, nach dem jede Handlung oder Unterlassung – sowohl physisch als auch psychisch – unweigerlich eine Folge hat.

Diese Folge muss nicht unbedingt im gegenwärtigen Leben sofort wirksam werden. Sie kann sich ebenso erst in zukünftigen Leben manifestieren.

In den indischen Religionen ist die Lehre des Karma eng mit dem Glauben an Samsara, den Kreislauf der Wiedergeburten, verbunden. Damit wirkt diese Bindung, die Gültigkeit des Ursache-Wirkungs-Prinzips, auf geistiger Ebene auch über mehrere Lebensspannen hinweg.

In Hinduismus, Buddhismus und Jainismus bezeichnet der Begriff die Folge jeder Tat (sowie auch jeder Unterlassung) die Rückwirkungen auf den Akteur selbst.
Handlungen, Unterlassungen und entsprechende Gedanken wirken in jeder Hinsicht.

Karma entsteht demnach durch eine übergeordnete Gesetzmäßigkeit, nicht etwa wegen einer Beurteilung durch einen Göttlichen Weltenrichter oder einen Gott: Es geht hier nicht um Göttliche „Gnade" oder um eine „Strafe".

So erzeugt nicht nur „schlechtes" Karma den Kreislauf der Wiedergeburten, sondern gleichermaßen das „Gute".
Letztes Ziel besteht darin: Überhaupt kein Karma mehr zu erzeugen.

In den mitteleuropäischen, spirituellen Lehren kommt der Begriff „Karma" in der Anthroposophie Rudolf Steiners vor. Dort ebenfalls in Verbindung mit der Reinkarnation."

Diese von mir modifizierte Definition, entsprechend der Erkenntnisse, die sich mir aus hunderten von Spirituellen Rückführungen erschlossen haben, lässt uns recht gut wahrnehmen, worauf Karma beruht.
Doch bevor ich Beispiele aus Spirituellen Rückführungen darstelle und erläutere, schauen wir uns gemeinsam an:

Was haben die großen Religionen und Philosophien zum Thema Karma zu sagen.

In Wikipedia finden wir sehr gute, ausführliche Darstellungen zu Hinduismus, Buddhismus und Jainismus.

Hinduismus

Die Vorstellungen von Karma und Samsara bilden eine wichtige Basis für den Hinduismus.

Letztlich soll der ewige Kreislauf der Wiedergeburten, Samsara, überwunden werden.

Entsprechend der Upanishaden gelingt dies speziell über die spirituelle Erkenntnis, dass die Individualseele Atman mit der Weltseele Brahman in ihrem Wesenskern identisch ist.

Jeder Mensch hat demnach seinen eigenen Dharma, zu erfüllen gilt.

Dharma sind einerseits kosmische Gesetze und andererseits soziale Gesetzestexte. Die Erfüllung ist in jedem Falle ausschlaggebend dafür, ob gutes oder schlechtes Karma bewirkt wird.

So gibt es im Hinduismus den allgemein gültigen Sadharana-Dharma, der die Pflichten eines jeden Individuums beinhaltet.

Dort sind Tugenden wie etwa die Gewaltlosigkeit (ahimsa), die Wahrhaftigkeit (satya), Selbstkontrolle (dama), Geduld (ksanti), Mildtätigkeit (danam) und die allgemeine Gastfreundschaft (ahithi) beschrieben.

Diese Tugenden gelten für alle Menschen gleichermaßen, jedoch gibt es keinen einheitlichen Kodex dafür.

Der Svah-Dharma dagegen, schreibt die Pflichten der verschiedenen Schichten der Gesellschaft vor.

Er ist für jeweils eine bestimmte Gruppe maßgeblich. Demnach etwa ist der Dharma eines Kriegers (Kshatriya-Kaste), im Falle eines Krieges notfalls auch zu töten.

Muss ein Krieger einen Feind töten, bewirkt dies möglicherweise kein schlechtes Karma, da er seinen Dharma erfüllt hat, die ihm auferlegte Aufgabe.

Tötet jedoch jemand ausschließlich aus egoistischen Beweggründen, hat dies sehr sicher schlechtes Karma zur Folge.

Die Verknüpfung von Karma mit der Vorstellung im Dharma beinhaltet sehr starke moralische Komponenten sowie darüber hinaus ethische Aspekte.

Diese hinduistische Karma-Theorie erklärt unter anderem auch das Rätsel von anscheinend unverschuldetem Leid und gesellschaftlicher Ungleichheit.

Im Mahabharata, „Der großen Geschichte der Bharatas (indischer Held und König, Ahnherr der Bharatas)", gibt es mehrere Erklärungen zu der Frage, in welchem Zusammenhang die ursächlichen Taten zu dessen Wirkung stehen.

Eine weit verbreitete Überzeugung, nicht nur im Hinduismus, besteht darin, dass die Werke ihre Wirkung automatisch erzeugen.

Es gibt jedoch auch differenzierte Darlegungen. Zwei Ursachen für die Bindung der Seele, nämlich: Nichtwissen (avidya) und Begierde (lobha).

Diese bewirken, dass die Tätigkeit der Sinnesorgane Unruhe verursacht und damit die Trübung der Erkenntnis einhergeht. Dies verhindert die erlösende Einsicht. Die jeweiligen Taten oder Werke heften sich an das Denkorgan, den inneren Sinn: manas (meine Ansicht: Nicht das Gehirn. Eher vergleichbar mit dem Verstand.).

Sie stören den Menschen bei seiner erlösenden Erkenntnis. Dadurch bedingen sie die Beschaffenheit der Verkörperungen (Mahabharata 12).

Zu der Frage, wie sich die Auswirkungen, die Früchte der Taten realisieren, gibt es im hinduistischen Weltbild mehrere Auffassungen:

(1) die Seele verlässt nach dem Tod den Körper und wird in einem neuen, durch Karma bedingten Leib neu geboren.
(2) Die Vergeltung findet teils im Jenseits, teils in der neuen Existenz statt.
(3) Gutes Karma kann eine zeitlich begrenzte Seligkeit im „Himmel" erwirken, schlechtes Karma dagegen einen Aufenthalt in der „Hölle", jedoch nicht als endgültiger Zustand, sondern zum Beispiel im Wechsel mit der Tiergeburt.

Alle guten Werke können religiöse Verdienste (punya) schaffen, die schlechtes Karma abbauen.

Solche besonderen Verdienste erwarten sich Gläubige etwa von religiösen Riten, vom Fasten, von Wallfahrten oder von Geschenken an Brahmanen.
Ebenso hoffen sie durch eine allgemeine Mildtätigkeit (danam) und aus Tempelbauten Karmaabbau zu erfahren.

Der Mensch ist bei den guten Werken frei und für sein Karma unbedingt selbst verantwortlich.

Doch obwohl Karma ein Gesetz von „Ursache und Wirkung" bedeutet, vertrauen besonders Gläubige der Bhakti-Richtungen auch auf die bedingungslose Gnade Gottes, welche die Wirkung von Karma vernichten und den Menschen erretten kann.

Wichtig ist, sowohl in der hinduistischen Betrachtung als auch aus meinem eigenen Erkennen im Umgang mit Spirituellen Rückführungen: Eine vordergründig „schlechte" Tat kann eine gute Wirkung zur Folge haben, wenn die Beweggründe im Nachhinein rein und ohne Eigennutz waren.

Die geschilderten Standpunkte sind die der „Werktätigkeit" (pravritti): Man tut etwas, um eine gute Wirkung zu erzielen.

Die gegensätzliche Strömung besteht in der „Nichttätigkeit" (nivritti). Hierbei besteht der Weg darin, sich aus der Welt zurückzuziehen.

Durch Werk würde man gebunden, durch Wissen (vidya) und Nichttätigkeit (nivritti) dagegen erlöst.

Auf dem Verzicht aller auf Erfolg gerichteten Handlungen beruht demzufolge das Ideal des Gleichmuts. Denn als Ursache des leidvollen Zustands im Leben gilt der „Lebensdurst", der Wille zum Leben und zum Überleben.

Schließlich bringt die Wiedergeburt nur eine neue vergängliche Existenz.

Beide Strömungen, pravritti (Werktätigkeit) und nivritti (Nichttätigkeit), sind im Mahabharata vertreten und werden in der Bhagavad Gita genannt. Dabei gibt Krishna in der Gita dem Yoga der Tat den Vorzug.

So lautet die Antwort Krishnas auf die dementsprechende Frage von Arjuna (Bhagavad Gita 3. 8 – 9):

„Vollzieh das notwend'ge Werk, denn Tun ist besser als nichts tun; selbst die Verrichtungen des Leibs auf einer Tätigkeit beruhn.

Ans Dasein bindet jedes Tun, das nicht geschieht aus Opferpflicht; vollbringe darum zwar ein Werk, doch hänge an demselben nicht."

Buddhismus

Meine Ansicht: „Die buddhistische Karmalehre unterscheidet sich an einigen Stellen gravierend von der, für mich leichter nachvollziehbaren, des Hinduismus.

Ich selbst kann dieser Form und den Inhalten der Betrachtung wenig abgewinnen, wenn ich meine Erfahrungen aus den Spirituellen Rückführungen dagegen halte."

Zu ihrem Verständnis sind die Begriffe „Nicht-Selbst" (Anatta oder Anātman) und „Bedingtes Entstehen" (Paṭiccasamuppāda oder Pratītyasamutpāda) von Bedeutung.

Gemäß der buddhistischen Lehre (Dharma) ist die Vorstellung, es gäbe ein „Ich", eine abgegrenzte Person, also ein Selbst beziehungsweise eine Seele, bereits eine grundlegende Täuschung über das Wesen der Wirklichkeit.

Was Menschen, aus dieser Sicht, als ihr Selbst oder ihre Seele bezeichnen, ist vielmehr ein ständig im Wandel begriffenes Zusammenspiel der fünf Daseins- oder Aneignungsgruppen (Skandhas):

> des materiellen Körpers mit seinen Sinnesorganen,
> der Empfindungen,
> der Wahrnehmung der Welt,
> der Geistesformationen (Interessen, Willensregungen, Sehnsüchte und Tatabsichten) und letztlich
> des Bewusstseins.

Aus diesem ständigen Wandel ergibt sich die Gesetzmäßigkeit des „bedingten Entstehens": Jede Handlung gestaltet demnach die Welt neu, sowohl auf der materiellen als auch auf der geistigen Ebene.

Karma bezieht sich in diesem Sinne speziell auf das Begehren sinnlicher Art.

Daraus entsteht das Anhaften an den Erscheinungen der Welt und die daraus folgenden Gedanken und Taten.

An der Stelle von Karma verwenden buddhistische Autoren auch die Begriffe „Prägungen" und/oder „Samen".

Jegliches Handeln und Denken bewirkt Karma und führt somit zu weiteren Verstrickungen in der Welt.

Auch in der buddhistischen Praxis ist das Ziel: Kein Karma mehr zu erzeugen und somit den Kreislauf der Wiedergeburten (Samsara) hinter sich zu lassen, dem Nirwana zuzustreben.

Nirwana wird erreicht im Loslassen von allen Anhaftungen an die Bedingungen des Samsara.

Folglich könnte die entsprechende mentale und7oder spirituelle Entwicklung schon im jetzigen Leben erreicht werden (Zustand des Arhat).

Nirwana ist gleichbedeutend mit innerer Ruhe und besteht im Freisein von aller Unruhe des Geistes, allen Wünschen und Denkvoraussetzungen.

Nirwana bezeichnet damit einen spezifischen, jedoch ungewöhnlichen und im Samsara weitgehend unbekannten Geisteszustand.

Dieser Zustand wird auch beschrieben als: Bildlos (animitta) sowie richtungslos (apranihita) und sogar unterscheidungslos (ekalakshana).

Der erste Schritt dazu ist die Erkenntnis, dass die Ursache dieses Anhaftens in den Drei Geistesgiften liegt:

> Anhaftung oder Gier (Lobha),
> Zorn oder Hass (Dosa) und
> Unwissenheit oder Verwirrung (Moha).

Die drei Wege zu so genanntem positiven Karma sind demnach:

> Bescheidenheit (Nicht-Anhaften)
> Güte und
> Einsicht.

Entscheidend für die bei einer Handlung (meine Frage: Nicht einer Unterlassung?) erzeugte karmische Prägung ist die der Handlung zugrunde liegende Absicht (Cetana).

Gemäß der buddhistischen Lehre ist hierbei das Denken, bereits als eine Form des Handelns den körperlichen Handlungen und der Rede übergeordnet.

Eigene Ansicht: „Dies kann ich gut verstehen, jedoch konnte ich noch nie eine Auswirkung feststellen.
Die karmische Wirkung setzt nach meinem Kenntnisstand immer eine Ursache voraus, die, vom Ursache-Wirkungs-Prinzips her, gleichartig manifestiert wird.
Also folgt karmisch auf eine Tat oder Handlung ebenfalls etwas Entsprechendes.
Denkenergie die im Denkvorgang verbleibt wird niemals zur physikalischen Oberfläche der Wirklichkeit vordringen (zumindest nicht beim derzeitigen Zustand der Menschheit)."

In der Hinsicht auf die Zeit des Eintritts der Wirkung (Vipaka) können aus der buddhistischen Sichtweise drei unterschiedliche Arten von Karma differenziert werden:

• Zu Lebzeiten reifendes Karma
        (Pali: Ditthadhamma-vedaniya-kamma)

• im nächsten Leben reifendes Karma
        (Pali: Upapajja-vedaniya-kamma)

• in späteren Leben reifendes Karma
        (Pali: Aparapariya-vedaniya-kamma)

Manche Taten können auch ohne Karmawirkung bleiben, falls die zum Eintritt der Wirkung erforderlichen Umstände ausbleiben oder dem beabsichtigten Ziel entgegenwirkende Tendenzen ins Spiel kommen oder, wenn eine eher positive Absicht die negative Auswirkung übertrifft.

In diesem Falle spricht man im Buddhismus von einem wirkungslosen Karma (Pali: Ahosi-kamma).

In den Auswirkungen wird unterschieden zwischen:

- Wiedergeburterzeugendem Karma

(Pali: Janaka-kamma)
das bei der Wiedergeburt oder Reinkarnation
und während des Lebensfortganges
die Daseinsgruppen bedingt,
- unterstützendem Karma

(Pali: Upatthambhaka)
das keine Karmawirkung erzeugt,
sondern diese bloß in Gange hält,
- unterdrückendem Karma

(Pali: Upapilaka)
das dieKarmawirkungen unterdrückt,
sowie
- zerstörendem Karma

(Pali: Upaghataka)
das andere Karmawirkungen übertrifft und
nur selbst zur Wirkung kommt.

So genanntes „absichtsloses Handeln", das irgendwie ohne Planung erfolgt, sammelt, aus buddhistischer Anschauung, umso weniger Karma-Wirkungen an, je weniger Hintergedanken einer Handlung zu Grunde liegen.

Ohne Absicht erzeugtes Leid bleibt dennoch nicht ganz ohne karmische Folgen, weil hier das Geistesgift der Unwissenheit oder Gleichgültigkeit zugrunde liegt.

„Wer andre Wesen quält, die auch nach Wohlsein streben, so wie er selbst, der hat kein Glück im nächsten Leben.

Wer andre Wesen schont, die auch nach Wohlsein streben, so wie er selbst, der findet Glück im nächsten Leben."

Dhammapada, 3. Jahrhundert v. Chr.

„Nicht findet man der Taten „Täter", kein „Wesen", das die Wirkung trifft.

Nur leere Dinge ziehn vorüber: Wer so erkennt, hat rechten Blick.

Und während so die Tat und Wirkung im Gange sind, wurzelbedingt, kann, wie beim Samen und beim Baume, man keinen Anfang je erspähn."

(Vis. XIX) Culakammavibhanga Sutta.

Jainismus

Die Karmalehre des Jainismus weist im Vergleich mit anderen Religionen indischen Ursprungs eine Besonderheit auf: Das Karma wird hier nicht nur als eine auf Handlungen basierende Gesetzmäßigkeit von Ursache und Wirkung verstanden, sondern zudem als etwas Substanzielles aufgefasst.

Die Jains sprechen in diesem Zusammenhang von den feinstofflichen, physisch nicht wahrnehmbaren „Karma-Partikeln" (karma vargana), von „karmischer Materie" (karma pudgala).

Sie unterscheiden zwischen insgesamt 148 Arten, die zwei Hauptkategorien zugeordnet werden.

Diese umfassende Typologie wird besonders ausführlich in der zentralen Lehre, den „Neun Wirklichkeiten" (nava tattvani) beschrieben.

Dies ist ein Leitfaden, dessen Zweck darin liegt, dem Schüler ein theoretisches Verständnis zu vermitteln.

Denn das ist die notwendige Voraussetzung für das erfolgreiche Beschreiten des jainistischen Praxisweges.

In aufeinander folgenden Schritten wird der Praktizierende darüber aufgeklärt, wie der zur Bindung führende Karma-Einfluss zustande kommt.

Außerdem erfährt er, welche Mittel ihm zur Verfügung stehen, diesen Karma-Einfluss aufzuhalten sowie das vorhandene Karma abzubauen.

Das Ziel besteht darin: Dadurch die endgültige Befreiung vom Kreislauf der Wiedergeburten (moksha) zu erlangen.

Die „Neun Wirklichkeiten" stellen die zwei fundamentalen Substanzen (dravya) dar, aus denen im jainistischen Denken der gesamte Kosmos besteht:

1. Bewusstes (jiva), das sich aus einer unendlichen Anzahl individueller Seelen zusammensetzt, und

2. Nicht-Bewusstes (ajiva), das in fünf Kategorien aufgefächert wird:

    (1) Materie (pudgala), zu der auch das Karma zählt,
    (2) Raum (akasha),
    (3) Bewegungsmedium (dharmastikaya),
    (4) Ruhemedium (adharmastikaya), und
    (5) Zeit (kala).

Ein zwischen der karmischen, nichtphysischen Materie und dem Bewusstsein der Seelen herrschendes Spannungsverhältnis hält gemäß dieser Darstellung den Kreislauf der Wiedergeburten (samsara) in Gang.

Unzählige Karmapartikel, die seit ewigen Zeiten das Universum durchdringen, werden von den Seelen durch ihre Handlungen angezogen, die sie aus ihrer Unwissenheit heraus begehen.

Das Karma sammelt sich infolgedessen im Kausalkörper jeder einzelnen Seele an – einer feinstofflichen Hülle, die sie umschließt und in zwei weitere Hüllen mit graduell zunehmendem Dichtegrad eingebunden ist.

Der Begriff der „Unwissenheit" (mithyatva) bezieht sich in diesem Kontext darauf, dass die einzelne Seele durch die Verstrickung in Samsara, der sie von jeher unterworfen ist, ihre wahre Identität vergessen hat.

Die aus der Karma-Bindung resultierende Identifikation mit dem Nicht-Bewussten, insbesondere mit dem Körper und dessen Funktionen, verschleiert die ihr innewohnenden Eigenschaften:

(1) Unbegrenzte Wahrnehmung (anant darshan)
(2) Allwissenheit (ananta jnana)
(3) Unendliche Energie (ananta virya) und
(4) Ewige Glückseligkeit (ananta sukha).

Werden diese Attribute freigesetzt, führt dies graduell zu einem Erlöschen der Unwissenheit und letztlich zu einer Loslösung von den Fesseln des Karma.

Um die zwei möglichen Erscheinungsweisen der Seele voneinander abzuheben, unterscheidet der Jainismus zwischen den Merkmalen „gebunden" (samsari) und „befreit" (mukta).

In ihrem gebundenen Zustand sind die Seelen zur ständigen Wiederkehr in die vier Daseinsbereiche (gatis) gezwungen, in:

a) das Reich der Menschen (manushya)
b) das Reich der Pflanzen und Tiere (tiryancha)
c) den himmlischen Aufenthaltsort der Götter (devaloka) und
d) die sieben Höllen (naraki).

Selbst Berge, Felsen, Hügel, Flüsse, Wiesen, Gräser, Windböen und Stürme sind von unzähligen Seelen bevölkert.

Nach jainistischer Auffassung können Seelen ihr Durchwandern des Samsara ausschließlich in menschlicher Gestalt beenden.
Denn der Mensch bringt als einziges Wesen die Voraussetzungen für die vollständige Erlösung mit.

Die befreiten Seelen, die sich allen Karmas entledigt haben, werden „Siddhas" genannt.
Sie haben ihre ursprünglichen, natürlichen Eigenschaften vollständig, restlos zurückgewonnen und verweilen in ewiger, vollkommener Harmonie in „Siddhashila", dem höchsten Bereich des Kosmos, der jenseits des Samsara liegt und von der Wirkkraft des Karma unberührt ist.
Die Seelen bestehen in dieser formlosen Existenz aus reiner Bewusstheit, und sind frei von jeglicher Gedankenaktivität, Empfindung, Körperlichkeit oder von Willensimpulsen.

Für den praktizierenden Jain gilt es, die Substanzen, aus denen sich das Weltgeschehen zusammensetzt, voneinander unterscheiden zu lernen, um eine Abkehr von allem Nicht-Bewussten einzuleiten und sich dem gereinigten, natürlichen Zustand anzunähern.

Dieser bedeutet in der letzten Konsequenz: Völlige Unabhängigkeit (kaivalya) von allem Materiellen.

Dazu ist es erforderlich, die Ursachen für die Karmabindung zu erkennen, um sie künftig vermeiden zu können.

Neben der Unwissenheit zählen zu diesen Ursachen:

a) fehlende Selbstkontrolle (avirati)
b) Unachtsamkeit (pramada)
c) Leidenschaften (kasaya) wie Gier, Zorn und Hochmut, sowie
d) die Tätigkeiten von Körper, Rede und Geist (yoga).

Auch die diversen Karma-Arten gilt es zu unterscheiden, um ihnen gezielt entgegenzuwirken.

Die zwei Hauptgruppen sind:

• Schädliches Karma (ghati karma), dazu gehören:

1) Jnana-varaniya karma, das die Allwissenheit der Seele trübt

2) Darshana-varaniya karma, das die unbegrenzte Wahrnehmung der Seele verdunkelt

3) Mohniya karma, das die Fähigkeit zu rechter Wahrnehmung und rechtem Verhalten vermindert und dazu führt, dass sich die Seele mit anderen Substanzen identifiziert, sowie

4) Antaraya karma, das die unendliche Energie der Seele schwächt und zudem das Vollbringen guter Taten verhindert.

• Unschädliches Karma (ahgati karma), dazu zählen:

1) Vedniya karma, das Freude und Leid erzeugt und dadurch die ewige Glückseligkeit der Seele verdunkelt

2) Nama karma, das Körperlichkeit erzeugt und dadurch die formlose Existenz der Seele verschleiert

3) Gotra karma, das den Gleichmut der Seele trübt und Kastenzugehörigkeit, Familie, soziale Stellung und Persönlichkeit bestimmt, sowie

4) Ayu karma, das die Lebenszeit bestimmt und damit die Unsterblichkeit der Seele verschleiert.

Nur das schädliche Karma, das sich ausschließlich auf die Seele auswirkt, kann zu Lebzeiten abgebaut werden.

Gelingt dies, erreicht der Praktizierende „Kevala jnana" (Allwissenheit).
Er wird in diesem Zustand „Kevali" (Allwissender), „Arihanta" (Heiliger) oder „Jaina" (Sieger) genannt.

Das unschädliche Karma hält die Funktionen des Körpers aufrecht und wird daher bis zum physischen Tod weiterhin benötigt.
Erst im Sterbeprozess des „Kevali" wird es vollständig abgeworfen.
Dies ist die Phase, in der sich die Seele komplett von der Wiederverkörperung loslöst und zum „Siddha" wird.

Wenn die karmische Materie von der noch unerlösten Seele angezogen wurde, dauert es einen gewissen Zeitraum, bis die Handlung, die für diesen Vorgang verantwortlich war, eine Wirkung hervorbringt.

Solange bleiben die Karmapartikel an der Seele haften. Sie fallen erst dann wieder von ihr ab, wenn die Handlung zur Reife gelangt und damit eine ihr entsprechende Wirkung bringt.

Das kann nach kurzer Zeit geschehen, oder erst weit in der Zukunft, gegebenenfalls in einer späteren Wiedergeburt.

Der Prozess des Austausches, bei dem ständig frische Partikel einströmen und zur Reife gelangte Partikel wieder abfallen, vollzieht sich an der unerlösten Seele in einem permanenten Wechsel. Somit wird sie weiter in die weltlichen Angelegenheiten verwickelt.

Wie lange die karmische Materie an der betroffenen Seele anhaftet und wie viele Karmapartikel in ihren Kausalkörper einströmen, hängt von der Absicht ab, die hinter der jeweiligen Handlung steht.

Je zorniger oder je gieriger die Motivation, umso mehr Karma zieht die Seele auf sich. Entwickelt die Seele hingegen Gleichmut (madhyastha) und Mitgefühl (karuna) hinsichtlich ihrer Handlungen, werden entsprechend weniger Partikel von ihr angezogen.

Ziel ist es also zunächst: Durch Reinigung der Handlungen den Einfluss neuen Karmas zu stoppen.

Zu diesem Zweck sieht der Jainismus die Einhaltung von diversen ethischen Verhaltensregeln und das Üben meditativer Praktiken vor.

Dazu gehören:

• Die „Fünf Achtsamkeiten" (samiti), die dem Schüler vorgeben,

    1) beim Gehen,
    2) beim Sprechen,
    3) beim Almosensammeln,

4) im Umgang mit jedwedem Objekt und
5) bei der Entsorgung von Abfällen achtsam zu sein,
um keinem Wesen zu schaden.

• Die „Drei Einschränkungen" (gupti), die mit der Kontrolle
von   1) Körper,
       2) Rede und
       3) Geist einhergehen.

• Die „Zehn Tugenden" (yati dharma):
       1) Nachsicht,
       2) Bescheidenheit,
       3) Aufrichtigkeit,
       4) Genügsamkeit,
       5) Wahrhaftigkeit,
       6) Selbstkontrolle,
       7) Askese,
       8) Entsagung,
       9) Gleichmut und
       10) Enthaltsamkeit.

• Die „Zwölf Betrachtungen" (bhavna):
       1) Unbeständigkeit,
       2) Schutzlosigkeit,
       3) Wiedergeburt,
       4) die Einsamkeit der Seele,
       5) Getrenntheit von Bewusstem und Nicht-
          Bewusstem,
       6) die Unreinheit des Körpers,
       7) Karmaeinfluss,
       8) Aufhalten des Karmaeinflusses,
       9) Karmaabbau,
       10) Vergänglichkeit der Welt,
       11) Schwierigkeit im Verwirklichen der Drei
          Juwelen (die Seltenheit der Erleuchtung),
       12) Schwierigkeit im Auffinden der richtigen Lehre.

Wurde der Einfluss neuen Karmas zum Stillstand gebracht, muss zudem das bereits angesammelte Karma beseitigt werden.

Dies wird durch die Einhaltung strenger Askese (tapas) bewerkstelligt.

Es gibt im Jainismus zwei Arten von Askese:

• Die äußerliche Askese (bahya tapas) diszipliniert den Körper gegen das Aufkommen von Begierden. Zu den entsprechenden Praktiken gehören:
a) regelmäßiges Fasten,
b) völlige Abstinenz von Essen und Trinken für einen vorgeschriebenen Zeitraum (anashana),
c) weniger zu essen als das Hungergefühl vorgibt (unodari),
d) Einschränkung der Nahrungsaufnahme und des Gebrauchs von materiellen Dingen (vrtti-parisankhyana),
e) völlige Abstinenz von Butter, Milch, Tee, Süßspeisen, Gebratenem, scharfer Nahrung und Säften (rasa-parityaga),
f) gewolltes Aushalten von körperlichen Schmerzen, z. B. barfüßiges Umherwandern in extremer Hitze oder Kälte, oder das Ausreißen von Haaren mit der bloßen Hand (kaya-klesha),
g) Sitzen an einem einsamen Ort in ruhiger Körperhaltung, die Sinne nach innen gewandt (sanlinata).

• Die innerliche Askese (abhyantara tapas) reinigt die Seele. Dazu gehören:
a) das Bereuen schlechter Taten (prayashchitta),
b) Demut gegenüber Mönchen, Nonnen, Lehrern und älteren Menschen (vinaya),
c) selbstloser Dienst an Mönchen, Nonnen, älteren Menschen und Leidenden (vaiyavrata),
d) Studieren der Schriften und aufmerksames Zuhören bei Vorträgen (svadhyaya), Meditation (dhyana),
e) Zurücknehmen der Aktivitäten von Körper, Rede, Geist (kayotsarga).

Wurden durch kontinuierliche Praxis die vier schädlichen Karmaarten beseitigt, tritt der Praktizierende in das Stadium der Allwissenheit (kevala jnana) ein.

Wenn dann zum Zeitpunkt des Todes auch die vier unschädlichen Karmaarten von der Seele abfallen, so erreicht sie „Moksha" („Nirvana"), die endgültige Befreiung von erneuter Wiedergeburt.

Die Seele steigt auf in den obersten Bereich am Scheitelpunkt des Kosmos, um dort für immer in ruhiger Seligkeit zu verharren.

Hat sie dies einmal erreicht, kehrt sie nie wieder in den Kreislauf des Samsara zurück.

Taoismus

Meine Ansicht: „In der Richtung zu spiritueller Erleuchtung oder persönlichem Glück voran zu gelangen, ist äußerst schwierig, ohne dabei Karma zu sammeln.

Wenn jemand dieses Ziel hat, so muss er sein Wissen über Karma zu hohen Ebenen voranbringen. Anderenfalls wird seine Lebensbetrachtung ihn ständig einholen und das Ziel vereiteln.

Karma im Taoismus ist anders als bei Buddhismus, Hinduismus und Jainismus. Hiermit kann ich mich sehr viel leichter identifizieren.

Um das taoistische Karma zu begreifen, muss man zuerst realisieren, dass man weder Buddhismus noch Hinduismus noch Jainismus studiert. Denn deren Konzepte gelten hier nicht.

Die wahre Natur des Karma ist für menschliche Begriffsstrukturen schwer zu begreifen. Menschen sehnen sich nach Recht und Unrecht und Gerechtigkeit.

Dieses Verlangen führt zu dem Wunsch nach einem Universum, das Göttliches Gesetz zur Verfügung stellt, das diese Dinge geradezu beauftragt.

Das Karma für Buddhismus, Hinduismus und Jainismus ist ein Ausdruck dieses Wunsches.

Für Menschen in ihren Gesellschaftsformen ist es sicher vorteilhaft so etwas wie Recht und Gerechtigkeit zu haben und sich in den vorgegebenen Normen richtig zu halten.

Menschen funktionieren besser in einer guten Welt und in der Gegenwart von Gutem als in der Gegenwart des Bösen oder Schlechten.

Tao gibt dies nicht vor, verbreitet keine Regeln. Denn Tao beinhaltet alles, was gut und böse ist, Schöpfung und Zerstörung, Geburt und Tod, Schönheit und Hässlichkeit.

Aus diesem Grund begnügt es sich nicht damit, besonders gut oder schlecht zu sein.

Es liegt an den Menschen, als Teil der sozialen und kriegerischen Sphäre, ihren freien Willen zu nutzen und eine wünschenswerte Welt zu schaffen.

Tao wird es nicht für Dich tun. Es würde den freien Willen verletzen.

Um das Karma, im Sinne des Taoismus, zu verstehen, muss man verstehen, dass das Universum auf der Basis von Wahl und freiem Willen geschaffen wurde. Es ist in der eigentlichen Konstruktion des Universums angelegt.

Das grundlegende Göttliche Gesetz der Wahl und des freien Willens ist das, was vom Tao beauftragt wird und aus dem Tao kommt.

Karma ist die Energie der Wahl. Wir entscheiden wofür sie sich einsetzen lässt.

Es ist somit der wirkungsvolle Treibstoff, der dieses in Polarität befindliche, durch nichts ausschließlich einseitig festgeschriebene Universum, in Bewegung hält."

Wenn Karma nicht nach Gut und Böse belohnt wird, welche Regeln regeln es?

Um diese Frage zu beantworten, müssen wir das 3 Pole Karmic Modell der 4 Aszendenten Taoist Tradition verstehen.

Demzufolge gibt es drei Pole des Karma, darstellbar durch drei Pfosten:

> ein positiver Pol,
> ein Neutralpol und
> ein Negativpol.

Anfangs wollen die Menschen gewöhnlich positiv als gut bezeichnen; neutral als neutral; und negativ als böse.
Diese Betrachtung ist falsch, weil sie die Sphären jongliert und zu Problemen führt.

Karma wird angesammelt, indem jemand Entscheidungen trifft, die in einen vorgestellten Pfosten passen.

Wenn jemand ein positives Karma ansammeln will, dann macht er positive Dinge.
Diese positiven Dinge addieren sich zusammen, um ein positives Karma zu bilden.

Er klettert allmählich den positiven Pol hinauf. Je höher er steigt, desto mehr Kraft wird er haben.

Mathematische Karma-Akkumulation:

Wenn jemand versucht, positives Karma zu akkumulieren, um dennoch daraus eine negative Wahl zu treffen, subtrahiert er dieses Negativ von seinem sonst positiven Karma und verlieren so Macht.

Wenn seine Wahl genügend negativ ist, könnte er am Ende all sein Karma verlieren oder sogar auf den Minuspol, den Negativ-Pfosten, verlagern.

Es ist gleichermaßen möglich, negatives Karma zu akkumulieren und dadurch ebenfalls eine ungeheure Macht zu erwerben.

Wenn aber nun eine böse Person etwas positives macht, verliert diese Person ebenfalls Karma.

Über die meisten seiner Sekten begünstigt der Taoismus die Akkumulation von positivem oder neutralem Karma.

Historisch gesehen sind Adepten (Ein Adept ist jemand, der von einem Meister in eine Kunst oder Wissenschaft tiefer eingeführt worden ist, dessen Lehren studiert hat und sich als Kenner von dessen Philosophie und Erkenntnissen ausweisen kann.), die zu sehr ein großes böses Karma verfolgt haben, von den Meistern und Adepten anderer Schulen getötet worden.

Es sollte einfach vermieden werden, dass sie eine Welt schaffen, die letztlich für das menschliche Überleben schädlich wäre.

Das Karma ist im Taoismus überaus wichtig, denn es gibt der Fähigkeit Raum, bei der Wahl der Möglichkeiten erfolgreich zu sein.

Zum größten Teil, wenn wir ohnmächtig sind und unfähig zu wählen, werden wir nicht in der Lage sein, unseren Zustand zu verbessern und uns selbst im lebendigen Dasein zu bewältigen. Dieser Mangel garantiert Unglück.

Karma macht Aufklärung viel wahrscheinlicher, ist aber keine Voraussetzung, um Erleuchtung zu erreichen.

Karma, im Sinne des Taoismus, ist auch nicht Teil des Belohnungssystems, das letztlich zur Erleuchtung führen soll.

Christentum

Meine Ansicht: „Um hier eine halbwegs brauchbare Antwort zum Thema „Karma" zu finden habe ich wiederum das Internet bemüht und versuche hier möglichst nahe am Kern der Aussagen zu bleiben.

Aufgefallen ist mir: Das Wissen dazu ist sehr eingeschränkt. Die Betrachtung lässt den Schluss zu, dass entweder der Erklärer manches nicht weiß oder es einfach nicht wissen will, weil es vielleicht nicht in sein Weltbild passt.

So fällt beispielsweise die Glaubensvorstellung der Jains völlig unter den Tisch und es wird kein Wort in Bezug auf gnostische Ansichten verloren.

Nun ja, jeder versucht eben sein Glaubensgebäude möglichst stabil zu halten, und sei es indem andere zum Wanken gebracht werden."

Quelle:
https://www.gotquestions.org/Deutsch/karma.html

Frage: Was sagt die Bibel über Karma?

Antwort: Das Karma ist ein theologisches Konzept, das im Buddhismus und Hinduismus gefunden wird. Es ist die Vorstellung, dass die Qualität des Lebens nach der Wiedergeburt davon abhängt, wie man sein vorheriges Leben lebt.

Wenn man im Leben selbstlos, friedfertig oder sogar heilig ist, wird man mit der Wiedergeburt (wieder geboren in einen neuen irdischen Körper) in ein angenehmes Leben belohnt. Aber, wenn man egoistisch und böse ist, wird man in ein weniger angenehmes Leben wiedergeboren.

In anderen Worten, man erntet im nächsten Leben, was man in diesem gesät hat. Karma basiert auf den theologischen Glauben der Wiedergeburt. Die Bibel lehnt die Idee der Wiedergeburt ab; daher wird die Vorstellung von Karma nicht unterstützt.

Hebräer 9,27 sagt:

„Und wie den Menschen bestimmt ist, "einmal" zu sterben, danach aber das Gericht... ."

Dieser kurze Bibelvers macht zwei wichtige Punkte klar, die für Christen die Möglichkeit der Wiedergeburt und des Karmas verneinen.

Erstens wird uns gesagt, dass wir „einmal sterben", soll heißen, dass Menschen nur einmal geboren werden und nur einmal sterben.

Es gibt keinen endlosen Zyklus von Leben und Tod und Wiedergeburt, ein Gedanke der der Wiedergeburtstheorie innewohnt. Zweitens wird uns gesagt, dass wir nach dem Tod vor Gericht gestellt werden, soll heißen, dass es keine zweite Chance gibt, wie es in der Wiedergeburt und beim Karma möglich ist, ein besseres Leben zu leben.

Du bekommst eine Chance Dein Leben gemäß Gottes Plan zu leben und das war's.

Die Bibel spricht viel über Säen und Ernten. Hiob 4,8 sagt:

„Wohl aber habe ich gesehen: Die da Frevel pflügten und Unheil säten, ernteten es auch ein."

Psalm 126,5 sagt:

„Die mit Tränen säen, werden mit Freuden ernten."

Lukas 12,24 sagt:

„Seht die Raben an: sie säen nicht, sie ernten auch nicht, sie haben auch keinen Keller und keine Scheune, und Gott ernährt sie doch. Wie viel besser seid ihr als die Vögel!"

In diesen wie auch in allen anderen Referenzen zu Säen und Ernten, erfolgt die Belohnung für die Handlung in diesem Leben, nicht in einem zukünftigen.

Es findet in der Gegenwart statt und die Referenzen zeigen auf, dass die Frucht, die man ernten wird, den Handlungen, die ausgeübt wurden, angemessen ist.

Aber zusätzlich werden die Taten in diesem Leben auch die Belohnung bzw. Strafe im Leben nach dem Tod beeinflussen. Dieses Leben nach dem Tod ist keine Wiedergeburt oder Reinkarnation in einen anderen Körper auf der Erde. Es ist entweder ewiges Leiden in der Hölle (Matthäus 25,46) oder ewiges Leben im Himmel mit Jesus, der für unsere Sünde gestorben ist, damit wir ewig mit Ihm leben können, wenn wir an Ihn glauben. Das sollte der Fokus in unserem irdischen Leben sein.

Der Apostel Paulus schrieb in Galater 6,8-9:
„Wer auf sein Fleisch sät, der wird von dem Fleisch das Verderben ernten; wer aber auf den Geist sät, der wird von dem Geist das ewige Leben ernten. Lasst uns aber Gutes tun und nicht müde werden; denn zu seiner Zeit werden wir auch ernten, wenn wir nicht nachlassen."

Schlussendlich müssen wir uns immer daran erinnern, dass es Jesus Tod am Kreuz war, wodurch wir ewiges Leben im Himmel ernten dürfen und dass es der Glaube an Jesus ist, was uns das ewige Leben schenkt.

Epheser 2,8-9 sagt uns:
"Denn aus Gnade seid ihr selig geworden durch Glauben, und das nicht aus euch: Gottes Gabe ist es, nicht aus Werken, damit sich nicht jemand rühme."

Daraus sehen wir, dass das Konzept der Reinkarnation und Karma nicht mit der Bibel und ihrer Lehre über Leben, Tod, Säen und Ernten des ewigen Lebens kompatibel ist.

+++++

Ich will hier keinen großen Streit entfachen. Doch es soll auch eine andere Art der Betrachtung zu Wort kommen, um das einseitige „Verneinen" etwas zu relativieren.

Meine Leser sollen sich einfach ihre eigene Meinung bilden dürfen.

Quelle:
https://www.zeitenschrift.com/artikel/reinkarna-
tion-die-grosste-luge-der-kirche

Die größte Lüge der Kirche: 553 n. Chr. wurde die Wiedergeburt von 165 Kirchenleuten verdammt.

Zuvor war sie ein Fundament christlicher Lehre: Auf den Spuren einer Verschwörung.

Die Reinkarnation ist eine Tatsache. Dass sie im heutigen christlichen Glauben nicht mehr existiert, ist einer machthungrigen Frau zu verdanken. Sie ließ all jene Stellen, die in der frühen Bibel auf die Reinkarnation hinwiesen, entfernen.

Eine scheinbar kleine Tat mit epochalen Folgen: Wie anders wohl wäre die Geschichte der letzten 2000 Jahre verlaufen, hätten die Menschen immer gewusst, dass sie selbst es sind, die die Früchte ihrer (Misse-)Taten ernten werden, indem sie in einem kommenden Erdenleben die Suppe auslöffeln müssen, die sie sich eingebrockt haben?!

Am Anfang der Christenheit war die Reinkarnation eine der Säulen im ganzen Glaubensgebäude. Ohne sie hätte (und hat dann auch tatsächlich) das Christentum jeder Logik entbehrt. Wie könnte ein gütiger Gott dem einen Menschen goldene Löffel und dem anderen nur das Hungertuch geben in seinem angeblich einzigen Erdenleben? Frühe Kirchenfürsten und Theologen wie Origenes, Basilides oder der Heilige Gregor lehrten selbstverständlich die Wiederverkörperung der Seele - schließlich stand sie ja auch in der Bibel. Mittlerweile wittern viele Christen Gotteslästerung, erwähnt jemand die Reinkarnation.

Blenden wir zurück ins 6. Jhd. n. Chr., wo sich am Hof des byzantinischen Kaisers Justinian jene diabolische Verschwörung ankündigte, die 1400 Jahre lang die Menschen in falschen Vorstellungen über die Realität von Leben und Tod gefangen hielt.

Noch im Jahrhundert davor war die Reinkarnation unbestrittene Tatsache in der christlichen Kirche. Dafür stritt man sich darüber, wie sehr Jesus Mensch oder Gott gewesen sei.

Nestorius, Abt von Antiochia, war der Ansicht, man dürfe Maria nicht ‚die Mutter Gottes' nennen, schließlich habe sie nur den ‚menschlichen' Jesus geboren.

Doch ein Konzil verurteilte Nestorius als Häretiker (Ketzer), schickte ihn in die Wüste und stellte fest, Jesus sei zur gleichen Zeit menschlich *und* göttlich gewesen.

Einer von Nestorius erbittertsten Gegnern war Eutyches, der wiederum behauptete, Jesus sei *nur* von göttlicher Natur gewesen, weil seine Menschlichkeit in der Göttlichkeit aufgegangen sei. Diese Lehre nennen wir heute *Monophysitismus* (also die Lehre, nach der die zwei Naturen Christi zu einer neuen *gottmenschlichen* verbunden sind.). 451 verurteilte dann das Vierte Allgemeine Konzil den Monophysitismus ebenfalls als Häresie und verfolgte seine Verfechter.

Einer der eifrigsten Häscher war der spätere Kaiser Justinian.

Konzil von 451 unterstreicht Wiedergeburt: Wie schon erwähnt war während dieser religiösen Kontroversen die Wiedergeburt nie ein Diskussionsthema gewesen. Man hielt sie für ein *fundamentales Dogma*, das am Konzil von 451 sogar nochmals bekräftigt wurde.

Wer hätte damals ahnen können, dass sich die christliche Theologie mit der Thronbesteigung Justinians (527) grundlegend ändern sollte und unter welch tiefgreifenden Auswirkungen die nachfolgenden Jahrhunderte deswegen zu leiden hatten.

Die treibende Kraft im Hintergrund war eine Frau: Theodora, die Gattin von Kaiser Justinian. Sie hatte einen steilen sozialen Aufstieg hinter sich - und die Tochter eines Bärenbändigers im Zirkus von Konstantinopel bediente sich dabei der ältesten Waffe der Frau.

Einst war sie eine blutjunge und hübsche Hure, deren Dienste selbst vom Adel gerne in Anspruch genommen wurden. So verfiel auch Hacebolus, der junge Statthalter von Pentapolis, ihren Reizen und nahm Theodora mit sich nach Nordafrika. Doch sie missbrauchte das Vertrauen des Statthalters und häufte sich auf Kosten der Bevölkerung große Reichtümer an.

Als sie in ihrer Raffgier den Bogen überspannte und Hacebolus von Beschwerden des Volkes überhäuft wurde, warf er Theodora aus seinem Palast hinaus und konfiszierte alle ihre Güter. Nur mit den Kleidern auf ihrem Leib kämpfte sie sich nach Alexandria durch.

Vor den Toren der Stadt wurde sie von einem Eremiten namens Eutyches freundlich in dessen Höhle aufgenommen.

Es war jener Eutyches, der den Monophysitismus ins Leben gerufen hatte und nun hier in der Verbannung lebte.

Später sollte sich Theodora dieses gestürzten Mönches erinnern und zur Durchsetzung ihrer finsteren Pläne bedienen. Zurück in Konstantinopel, schlief sie sich zielstrebig die Gesellschaftsleiter hoch.

Sie wurde eine der Konkubinen Justinians, später seine Lieblingskonkubine und schließlich, im Jahre 523, gar seine Frau. Vier Jahre später sollte sie mit ihrem Gatten zusammen die höchste weltliche Macht erringen: die Kaiserkrone.

Der Kaiser – besessen?: Es war jedoch nicht allein weltliche Macht, die solches Unheil vollbrachte. Dahinter wirkten dämonische Kräfte, die ihre Chance sehr wohl erkannten und zu nutzen wussten.

Denn wenn es wohl gelänge, den Menschen ihren Glauben an die karmische Wiedergutmachung ihrer Vergehen und die daraus folgende Wiedergeburt zu nehmen, dann würde man nicht nur ihr Verantwortungsgefühl untergraben, sondern sie auch hilflos und nichtig machen.

Die Menschen würden ihr wahres göttliches Ziel vergessen (dereinst selbst zu einem Gott zu werden) und sich auf die Gnade eines Gottes verlassen.

Sie würden auf eine Erlösung warten, die so niemals kommt, weil sich jeder Mensch nur selbst erlösen kann. Eine solche Menschheit würde sich und die Welt leicht dem Bösen ausliefern.

In Theodora und Justinian hatten die dunklen Mächte zwei Helfer mit großem Einfluss gefunden. Es erstaunt somit nicht, dass man von beiden berichtet, sie seien besessen gewesen.

Der zeitgenössische Geschichtsschreiber Procopius führt in seiner ‚Apocrypha' besonders viele Beispiele an.

So erzählt er von einem Mönch, der nach Konstantinopel reiste, um dem Kaiser ein an Bauern begangenes Unrecht vorzutragen.

Er wurde sofort vorgelassen, doch kaum hatte der Mönch einen Fuß in den Thronsaal gesetzt, als er zusammenzuckte und zurückwich. Er weigerte sich, vor den Kaiser zu treten und stürzte verängstigt in sein Quartier zurück. Dort sagte er dem Kämmerer, er habe den ‚Herrn der Dämonen' auf dem Thron sitzen gesehen und seine Gegenwart sei so schrecklich gewesen, dass er sie nicht habe ertragen können.

Man möge sich daran erinnern, dass zu jener Zeit Hellsichtigkeit sehr weit verbreitet war. Der Dämon, den der Mönch erblickte, war also beileibe nicht sein eigenes Phantasieprodukt, sondern eine Realität der Astralebene, die wir heute in der Regel nicht mehr wahrzunehmen vermögen.

An anderer Stelle zitiert Procopius die Mutter Justinians, die einmal ihren Vertrauten gestanden habe, Justinian sei nicht der Sohn von Sabbatius, ihrem Gatten, noch eines anderen Mannes, sondern er sei von einem Dämon gezeugt worden.

Was immer man von diesen Berichten halten mag - das Vorgehen Theodoras und Justinians war tatsächlich teuflisch.

Um ihre Pläne verwirklichen zu können, musste Theodora zuerst die Westkirche (des gefallenen weströmischen Reiches) unter ihre Kontrolle bringen.

Dazu verhalfen ihr Belisars Armeen, die den byzantinischen Einfluss auf Rom sicherstellten und es der Perfidie Theodoras erlaubten, den Papst abzusetzen. An seine Stelle trat ein Günstling der Kaiserin.

Nachdem sie sich so der Opposition der Westkirche entledigt hatte, konzentrierte sich Theodora wieder auf Konstantinopel und rief mit der Hilfe des ihr hörigen Patriarchen Mennas die Synode der Ostkirche von Konstantinopel (543) zusammen.

Diese *widerrief* die Verurteilung des Monophysitismus und die Bekräftigung der Reinkarnationslehre aus dem Jahre 451. Dies war der erste Todesstoß, den sie der Reinkarnationslehre versetzten.

Die Synode war für die nahezu dreitausend über das ganze Reich verstreuten Bischöfe jedoch nicht bindend. Deshalb wurde ein Konzil einberufen, welches die gefassten Beschlüsse sanktionieren sollte.

Es wurden an alle Bischöfe Einladungsbriefe verschickt. Sie waren jedoch so abgefasst, dass man hoffen konnte, keiner der Bischöfe der Westkirche würde am Konzil teilnehmen.

Papst Virgilius, der Verbündete von Theodora, tadelte die Briefe denn auch auf das Heftigste und bekräftigte dadurch auch noch manchen Bischof, dem Konzil fernzubleiben.

Ein abgekartetes Spiel: Selbst die Kirchenfürsten der Ostkirche schienen der Einladung nicht so recht Folge leisten zu wollen.

So konnte das *Fünfte Allgemeine Konzil* erst zehn Jahre später (553) in Konstantinopel zusammentreten.

Von den über dreitausend Bischöfen waren genau 165 anwesend, darunter nur gerade sechs aus dem Westen.

Theodora war in der Zwischenzeit 39jährig gestorben (547). Doch Justinian war bereits so den dunklen Kräften und dem Ehrgeiz Theodoras verfallen, dass er die unvermeidlichen Schritte zur Vergöttlichung seiner Frau weiterverfolgte.

Auf Druck des Kaisers entschied das Häuflein Bischöfe stellvertretend für die ganze Kirche, dass von nun an die Reinkarnationslehre als Ketzerei zu gelten habe und jeder, der sie vertrete, verdammt sei.

Damit verfluchten sie jedoch auch Männer wie Origenes, den Begründer der Kirchenwissenschaft und Theologie, dessen Schriften Theodora am meisten gefürchtet hatte.

Origenes leitete die berühmte Katechetenschule in Alexandria, wo sich auch die größte Bibliothek des Altertums befand.

Kein Kirchengelehrter nach Origenes konnte jemals wieder auf so umfangreiches Material zurückgreifen, denn die Bibliothek wurde 389 von einem christlichen Glaubensfanatiker, dem Patriarchen Theophilus, in Brand gesteckt.

Diese unglaubliche Schandtat zerstörte wertvollstes Kulturgut und hat die historische Forschung erheblich erschwert.

Vermutlich war genau dies das Motiv von Theophilus Frevel: In dem Feuer gingen nicht zuletzt die Schriften des Urchristentums unter, die einen sehr genauen Einblick in die Anfänge christlicher Lehre gaben und bezeugt hätten, dass die Reinkarnation ein fundamentaler Teil des Christentums war.

Origenes nun lehrte die Präexistenz der Seelen, dass also die Seelen der Menschen schon vor der Entstehung der Welt vorhanden waren.

Für ihn bestand der Sinn allen Lebens in der materiellen Welt darin, dass sich alle Seelen durch viele Inkarnationen hindurch läutern und veredeln, bis alle, durch Befolgen der Gebote Jesu und durch ihre Liebe und Hingabe zu Gott, wieder zurück in die Arme ihres Schöpfers gelangen.

Und zwar alle Seelen, nicht nur jene, die an Jesus glauben.

Origenes schrieb: „Diese Rückkehr zu Gott muss man sich aber nicht als ein plötzliches Geschehen vorstellen, sondern als ein allmähliches, stufenweise im Laufe von *unzähligen* und unendlich langen Zeiträumen sich vollziehendes." (Peri Achon III, 6,6).

Kirche vernichtet Beweise: Wie abgekartet dieses Fünfte Konzil im Grunde war, deutet allein die Tatsache an, dass bedeutende Teile der Konzilakten, die den Fall Origenes betreffen ‚zufälligerweise' verloren gegangen sind.

Dies obwohl man fünfzehn Anathemas (Verfluchungen, Kirchenbann,) gegen den 300 Jahre zuvor verstorbenen Kirchenvater formulierte.

So heißt es an einer Stelle nur: „Wer nicht verflucht... Origenes samt seinen gottlosen Schriften und alle anderen Häretiker, welche verflucht sind von der heiligen katholischen Kirche, ... der sei verflucht."

Die ersten Evangelien enthielten wie die Schriften Origenes oder Basilides viele Informationen, für deren Sicherstellung die heutige Wissenschaft jeden Preis zahlen würde.

Basilides, der um 125 in Alexandria lehrte, soll seine Doktrin von den Aposteln Matthäus und Petrus (durch seinen Schüler Glaucus) erhalten haben.

Dieser frühe Gnostiker hatte 24 Bücher als ‚Interpretationen der Evangelien' geschrieben.

Keines seiner Werke ist heute noch vorhanden. Die Heilige Kirche hatte sie alle verbrannt.

Dabei hätten gerade sie ein uns schätzbares Licht auf die Anfänge des Christentums geworfen, da sie viel früher entstanden waren, als die kanonisierte Bibel, welche 325 im Konzil von Nicaea abgesegnet wurde.

Doch Dekrete und Gesetze allein können einen tief verwurzelten Glauben nicht so leicht ausradieren.

Deshalb dauerte es einige Jahrhunderte, bis die Kirche endlich alle alten christlichen Schriften konfisziert, zerstört oder so stark verfälscht hatte, dass die Lehre der Wiederverkörperung kaum mehr in ihnen zu finden war und nach und nach aus dem Bewusstsein der Menschen schwand. Denn die Lüge von einem einzigen Leben kam vielen raffgierigen und machthungrigen Kirchenfürsten sehr gelegen.

Schon früh gierte die Kirche nach weltlicher Macht, die nicht die ihre sein durfte und verkaufte die Lehren ihres Herrn, um selbst den Herrn spielen zu können. Die Kirche häufte sich ungeheure Reichtümer und riesige Ländereien an und ihre Führer gebärdeten sich wie Fürsten.

Sie hatten die Macht an sich gerissen. Denn wo früher dank der Wiedergeburt die Versöhnung Gottes mit allen Seelen gnadenvoll leuchtete, herrschte nun das Dogma der ewigen Verdammnis mit eiserner Faust.

Seit dem sechsten Jahrhundert hatte jeder Mensch nur noch ein Leben zur Verfügung, das ihn - unter gewissen Umständen - ins Himmelreich führen konnte.

Der Schlüssel dazu war der Glaube an die ‚Erlösertat' von Jesus dem Christus. Und auf Jesus hatte die Kirche das Monopol. Sie war die einzige Mittlerin zwischen Ihm (dem Himmelreich also) und den Menschen.

So stand zum Beispiel zu Zeiten von Franz von Assisi (um die Jahrhundertwende 12./13. Jh.) auf den privaten Besitz einer Bibel die *Todesstrafe*!

Und wer nicht an Jesus glaubte, beziehungsweise an die Kirche als alleinige Stellvertreterin Jesu, fiel der ewigen Verdammnis anheim.

Die Bibel lehrt es noch immer: Die Kirche verrichtete hervorragende Arbeit, als sie die Wiedergeburt aus der christlichen Lehre eliminierte.

Eine solch effektive Verfälschung hätte selbst den Kommunismus stolz gemacht. Doch wie beim Kommunismus war auch in der Kirche schlampig gearbeitet worden.

So entgingen den Augen der federbewehrten ‚Liquidatoren' einige wenige Hinweise auf die Wiedergeburt, die sich noch heute in jeder Bibel finden lassen:

„Der Engel aber sagte zu ihm: Fürchte dich nicht, Zacharias! Dein Gebet ist erhört worden. Deine Frau Elisabeth wird dir einen Sohn gebären: dem sollst du den Namen Johannes geben.

*Große Freude wird dich erfüllen, und auch viele andere werden sich über seine Geburt freuen. Denn er wird groß sein vor dem Herrn. Wein und andere berauschende Getränke wird er nicht trinken, und schon im Mutterleib wird er vom Heiligen Geist erfüllt sein. Viele Israeliten wird er zum Herrn, ihrem Gott, bekehren. **Er wird mit dem Geist und mit der Kraft des Elija dem Herrn vorangehen**, um das Herz der Väter wieder den Kindern zuzuwenden und die Ungehorsamen zur Gerechtigkeit zu führen und so das Volk für den Herrn bereit zu machen. (Lukas 1: 13-17)*

Verschiedentlich wird in der Bibel darauf hingewiesen, dass Johannes der Täufer der wiedergekehrte Prophet Elija sei.

So auch in der Prophezeihung des Maleachi (Maleachi 3: 23), der **vier Jahrhunderte nach Elija** lebte:

„Bevor aber der Tag des Herrn kommt, der große und furchtbare Tag, seht, da sende Ich zu euch den Propheten Elija."

Das Matthäus-Evangelium bezieht sich an drei Stellen auf diese Prophezeiung, die anderen Evangelien an sieben Stellen.

Wie man den Bemerkungen der Jünger entnehmen kann, wurde unter den Juden schon viel über die Rückkehr Elijas und anderer hebräischer Propheten spekuliert.

Als Jesus beispielsweise mit seinen Jüngern vom Berg der Verklärung hinabstieg, fragten sie ihn:

"Warum sagen denn die Schriftgelehrten, Elija müsse zuerst kommen?"

Er gab zur Antwort: *„Ja, Elija kommt, und er wird alles wieder herstellen. Ich sage euch aber:* **Elija ist schon gekommen; doch sie haben ihn nicht erkannt,** *sondern mit ihm gemacht, was sie wollten. Ebenso wird auch der Menschensohn durch sie leiden müssen.* **Da verstanden die Jünger, dass er von Johannes dem Täufer sprach."** (Matthäus 17: 10-13)

Als sie gegangen waren, begann Jesus zu der Menge **über Johannes** zu reden; er sagte: *„… Er ist der, von dem es in der Schrift heißt: Ich sende Meinen Boten vor dir her, er soll den Weg für dich bahnen... Und wenn ihr es gelten lassen wollt:* **Ja, er ist Elija, der wiederkommen soll.** *Wer Ohren hat, der höre!"* (Matthäus 11: 7, 10, 14-15)

Dasselbe steht auch in Markus 9: 11-13 und Lukas 7: 24-35.

„Der Tetrarch Herodes hörte von allem, was geschah, und wusste nicht, was er davon halten sollte.

Denn manche sagten: Johannes ist von den Toten aufer-
standen. Andere meinten: Elija ist wieder erschienen. Wie-
der andere: Einer der alten Propheten ist auferstanden. He-
rodes aber sagte: Johannes habe ich selbst enthaupten las-
sen. Wer ist dann dieser Mann, von dem man mir solche
Dinge erzählt?"
(Lukas 9: 7-9, auch Markus 6: 14-17)

Als Jesus in das Gebiet von Cäsarea Philippi kam, fragte
er seine Jünger: *„Für wen halten die Leute den Menschen-*
sohn?" Sie sagten: *„Die einen für Johannes den Täufer, an-*
dere für Elija, wieder andere für Jeremia oder sonst einen
Propheten."
(Matthäus 16: 13-14; Markus 8: 27-28; Lukas 9: 18-19)

Diese Bibelstellen beweisen, dass die Menschen zu Jesu
Lebzeiten an die Wiedergeburt glaubten.
Deshalb war es für sie klar, dass sich die alten Propheten
erneut inkarnieren (‚in carnere' - ins Fleisch kommen) wür-
den, um Jesus zu helfen.
Somit war Johannes der Täufer in einem früheren Leben
tatsächlich der Prophet Elija gewesen.
Er war auch Ezechiel. Dies allerdings geht nicht aus der
Bibel hervor.

Damals wusste man, dass alle Menschen wiedergeboren
werden: *„Unterwegs sah Jesus einen Mann der seit seiner*
Geburt blind war. Da fragten ihn seine Jünger: Rabbi, wer
hat gesündigt? Er selbst? Oder haben seine Eltern gesün-
digt, so dass er blind geboren wurde? Jesus antwortete:
Weder er noch seine Eltern haben gesündigt, sondern das
Wirken Gottes soll an ihm offenbar werden."
(Johannes 9: 1-3)

Dieser Vorfall belegt, dass die Jünger das Gesetz von
Karma und Reinkarnation kannten.

Denn es ist klar, dass ein Mann, der bereits blind geboren wurde, nicht in diesem Leben gesündigt haben konnte. Jesus bestätigt wiederum, dass Menschen tatsächlich aufgrund Verfehlungen in früheren Leben krank geboren werden können, weist aber darauf hin, dass dieser Mensch nur deswegen blind sei, damit er von Jesus geheilt und an ihm das Wirken Gottes offenbar werden könne.

Reinkarnationslehre bricht die Macht der Kirche: Hätten wir Christen hingegen weiterhin an die Wiedergeburt geglaubt, so wäre die Kirche schnell aller weltlichen Macht enthoben worden.

Dies belegen die Beispiele der hinduistischen und buddhistischen ‚Kirchen', die niemals auch nur annähernd eine solche Machtfülle angestrebt oder besessen hatten wie die katholische. Wir wüssten, dass es eine ewige Verdammnis nicht gibt und jeder Mensch irgendwann zu Gott zurückkehrt.

Und wir wüssten vor allem, dass in Wirklichkeit keine Kirche der Welt uns den Weg zu Gott versperren und Wegezölle fordern kann.

Doch im Mittelalter bestimmte die katholische Kirche, wieviel der Glaube an den Erlöser und die Eintrittskarte ins Paradies zu kosten hatte.

Sie entschied, welcher Geldbetrag einen von der Sünde des Betrugs, Ehebruchs oder noch Schlimmerem freisprach. Und sie verdiente gut dabei. So erstaunt es nicht, dass die Reinkarnation im Konzil zu Lyon (1274) und im Konzil zu Florenz (1439) erneut verurteilt wurde.

Mit dem Ablass presste die Heilige Kirche ihre Schäflein wie reife Zitronen aus. Zur Zeit der Gegenpäpste in Avignon hingen den Jesus-Figuren am Kreuz sogar Geldbeutel um die Hüften - als Zeichen dafür, dass der Herr Geld auch nicht abgeneigt gewesen sei. Welche Häresie!

Es ist diese Krämerseele der Kirche, die noch heute Anekdoten wie jene über den Küster kursieren lässt, der nach der Messe mit einem fleißigen ‚Vergelt's Gott' vom Kirchenvolk Geld einsammelte und - nachdem alle gegangen waren - vor den Altar trat, das Geld in die Luft warf und sagte:

„Lieber Vater, nimm Dir, was Du haben möchtest - den Rest behalte ich!"

+++++

Ich will gar nicht mehr dazu beitragen und mein Karma noch zusätzlich belasten!? - Falls dies überhaupt möglich ist. Liebe Leser findet bitte eure eigenen Wahrheiten.

Gnostik

Wikipedia erklärt zum Gesetz des Karma: Wie in der physikalischen Ebene gibt es Gesetze, Tribunale und Richter, deren Aufgabe es ist, die Einhaltung dieser Gesetze zu gewährleisten.

In der 5. Dimension der Natur, in der Waage-Konstellation, ist das Tribunal der göttlichen Gerechtigkeit für die Verwaltung des Karma und des Dharmas der menschlichen Art zuständig und zeigt uns durch die Vermittlung der göttlichen Boten die Linie des Verhaltens, dem wir entsprechen sollten.
Entsprechend gewichtet setzen wir unsere interne Skala und schaffen die Voraussetzungen, um Perfektion zu erreichen.
Das Erreichen der Perfektion ist der Hauptgrund, warum wir uns noch auf dem Erdplaneten befinden.

Alle von uns, die in unserer Gegenwart existieren, sind verdammt dazu, immer wieder nachzuäffen, was wir in unseren früheren Leben säten, und gleichzeitig zur jetzigen Aussaat, was wir in unseren nächsten Leben ernten.

Wir verstehen das nicht, und deshalb ist die menschliche Art nicht in der Lage, der Kette der Konsequenzen zu entgehen, weil wir fast nie den Grund unserer Leiden kennen.

Wenn eine Person Schande sät und damit anderen schadet, wird diese Person das gleiche ernten, wenn er oder sie wieder in einer neuen Existenz ist. Das ist das Gesetz des Karma.

Das Gesetz des Karma ist das Gesetz, das weise und intelligent die Wirkung mit seiner Ursache verbindet.

Alles Gute oder Böse, das wir in einem unserer Leben getan haben, wird gute oder schlechte Konsequenzen für diese oder kommende Existenzen bringen.
Wir sollten die christlichen Sprichwörter nicht vergessen:
"Derjenige, der Wind sät, wird Stürme ernten.", "Mit dem Stock, mit dem du andere misst, wirst auch du gemessen.", "Auge um Auge. Zahn um Zahn." und "Derjenige, der mit einem eisernen Schwert tötet, wird durch ein eisernes Schwert sterben".

Das Karma-Gesetz regelt die ganze Schöpfung. Es ist unveränderliches wie ein Natur-Gesetz. Dieses Gesetz ist in den Religionen als "Göttliche Gerechtigkeit" bekannt. Derjenige, der gegen ein Gesetz verstößt, schafft Schmerzen für sich selbst.

In der Gnosis wird das Karma-Gesetz mit einer Skala symbolisiert. Die rechte Seite der Skala enthält die guten Taten und heißt DARMA. Die linke Seite der Skala enthält die schlechten Taten und heißt KARMA.

Dieses Gesetz wird auch als "Handlungs- und Konsequenzgesetz" oder als das "Gesetz von Ursache und Wirkung" bezeichnet.

Das Gesetz des Karma wacht und kontrolliert uns jeden Augenblick. Das ist der Grund, warum jegliche Handlung, entweder gut oder schlecht, immer ihre Konsequenzen hat.

Wir müssen für jede schlechte Tat bezahlen und werden für jede gute Tat entschädigt werden.

Gott gab uns freien Willen und wir können alles tun, was wir wollen, aber wir müssen unser Handeln vor der Göttlichen Gerechtigkeit erklären.

Wenn wir in diese Welt kommen, bringen wir, nach gnostischer Überzeugung, unser Schicksal mit. Deshalb sind einige in Luxus und anderen in Schande geboren.

Wenn wir in einem unserer früheren Leben jemanden verletzten, sind wir jetzt diejenigen, die verletzt werden. Wenn wir getötet haben, werden wir jetzt getötet. Wenn wir geraubt haben, werden wir ausgeraubt.

Das ist wie mit dem Stock, mit dem wir andere gemessen haben. Mit dem werden wir jetzt auch gemessen.

Jede Person ist in dem Buch des Karma registriert, im Palast der Göttlichen Gerechtigkeit.

In diesem Palast befindet sich die 5. Dimension der Natur und es ist für den Meister Anubis und die 42 Richter des Gesetzes gerichtet.

Die Gnostiker behaupten: „Es ist möglich, dies auf eine bewusste Weise zu untersuchen, indem man lernt, im astralen Körper zu gehen.

(empfohlen wird hier: http://www.anael.org/en/astral)

Sollte dies gelingen oder jemandem schon einmal gelungen sein, so würde ich mich über eine kurze Nachricht freuen.

Mir liegt ein Kontakt am Herzen. Ich möchte jegliche Art von Erkenntnisfähigkeit kennenlernen."

Weiter mit gnostischem Gedankengut: Um unser Leben konstruktiv zu gestalten und positiv ausrichten zu können, ist es unentbehrlich, das Karma-Gesetz zu verstehen und zu verinnerlichen.

Das Karma ist ein Gesetz der Entschädigung und nicht der Rache. Das Karma ist eher eine Medizin, die uns zu unserem eigenen Nutzen gegeben wird.

Leider protestieren wir, rechtfertigen uns, suchen nach Ausreden und waschen unsere Hände als Pilatus (wie in der christlichen Bibel beschrieben), anstatt uns vor dem ewig lebendigen Gott vor Ehrfurcht zu verbeugen.

Wenn wir protestieren, wird unser Karma nicht verändert; aber es wird immer schwerer.

Wir behaupten die Treue zu unserem Ehepartner, obwohl wir in diesem oder früheren Leben verstorben sind. Wir bitten um Liebe, obwohl wir gnadenlos und grausam gewesen sind. Wir bitten um Verständnis, obwohl wir niemanden verstanden haben. Wir sehnen uns nach Glück, obwohl wir die Ursachen für viele Schandtaten gesetzt haben.

Wir möchten gerne in einem wunderschönen Ort mit vielen Annehmlichkeiten geboren werden, dies obwohl wir in früheren Leben kein Zuhause für unsere Kinder zur Verfügung stellten.

Wir wollen, dass unsere Kinder uns gehorchen, obwohl wir unseren Eltern nie gehorchten. Wir sind nicht gern verleumdet, dies obwohl wir selbst Verleumder waren und der Welt Leid gab.
Mit anderen Worten, wir beanspruchen für uns, was wir anderen nicht gegeben haben. Es ist möglich, dass wir in früheren Leben böse und grausam waren.

Aus diesem Grund verdienen wir das Schlimmste, obwohl wir annehmen, dass wir das Beste bekommen sollten.

Wenn das kosmische Gesetz Karma zu einer Person schicken wird, wird zuerst die Person im Inneren beurteilt.

Wenn die Person Dharma hat, das heißt, die Person hat gute Taten getan, so wird sie nicht dem Leiden unterworfen.

Aber, wenn er oder sie keine kosmischen Fürsprecher hat, wird er oder sie mit Schmerzen und Leiden bezahlen.

Normalerweise haben Leute Träume, die ankündigen, wenn das Karma kommt. Beispielsweise, wenn wir träumen, dass die Polizei uns ins Gefängnis gebracht hat, dass wir nackt sind, dass wir unter dem Regen nass werden und so weiter.

In der Regel, wenn das kosmische Gesetz uns das Karma vorgibt, denken wir, dass wir unschuldig sind, dass wir nichts schulden. Es gibt Leute, die sich sogar blasphemisch gegen die Göttliche Gerechtigkeit machen, die sie "Ungerechtigkeit" nennen.

Aber wir sollten uns immer daran erinnern, dass das kosmische Gesetz den Menschen nur das gibt, was sie tatsächlich verdienen. Jeder wird nach seinen Taten empfangen.

Jetzt können wir verstehen, warum die Gefängnisse voll von "Unschuldigen" Menschen sind, die in diesem Leben nichts falsch gemacht haben, die aber in den früheren Leben schwere Verbrechen begangen haben.

Nach gnostische Auffassung gibt nämlich das Gesetz Gottes nur denen, die es verdienen, jedem nach seinen Taten:

So werden Menschen mit allen Annehmlichkeiten geboren und der Fähigkeit, sich intellektuell vorzubereiten.

Sie können sich Lebensstile leisten, die den Neid anderer hervorrufen.

Andere Leute sind hingegen weniger glücklich, doch sie leiden nicht finanziell. Allerdings gibt es andere, die schrecklich leiden und bitten müssen, um zu bestehen.

Wiederum gibt es Millionäre, die unheilbare Krankheiten erleiden und eventuell wegen eines Geschwürs oder einer anderen Bedingung nicht essen können, was sie wollen.
Es gibt zugleich viele arme Menschen, die eine wunderbare Gesundheit genießen.
Über das Gesetz werden alle entsprechend ihren Fehlern gerichtet.

Wir können das kosmische Gesetz mit einer großen Bank vergleichen:

> Hier, auf der physischen Ebene, haben wir ein Bankkonto und leisten ständig Einzahlungen (dies ist das Äquivalent zu guten Taten). Unser Wert wird erhöht.
> Wenn wir einen Scheck ziehen (dies ist das Äquivalent zum Erstellen oder Bezahlen von Karma) wird der Scheck von der Bank geehrt.
> Wenn wir jeden Tag mehr und mehr Geld abheben (Verletzung der Gesetze Gottes), wird unser Konto abnehmen, bis es in Überziehung gerät.
> Ab diesem Augenblick werden wir anfangen zu leiden. Wir bezahlen den Schmerz, den wir verursacht haben, wiederum mit unserem Schmerz.

Wenn wir schlechte Taten oder KARMA haben, heißt das, wir haben unser kosmisches Kapital verbraucht.
Wenn wir Einzahlungen machen, mit anderen Worten, wir machen gute Taten bei unseren Mitmenschen, so gewinnen wir DHARMA.
Somit sind wir mit unserem Angebot beim kosmischen Tribunal erfolgreich.
Das Ergebnis ist Glück, Gesundheit und Erfolg in unserem Leben.

Islam

Meine Ansicht: „Ähnlich der Denkweisen im Christentum finde ich Aussagen beim Islam. Auch hier will ich mich nicht großartig selbst einbringen.

Lediglich die „Experten" der verschiedenen Anschauungen sind berechtigt sich zu ihrer Themenbetrachtung zu äußern."

Quelle:
http://knowingallah.com/en/articles/allah-is-the-source-of-real-justice/

Karma ist nur ein Begriff, und es fehlt jede Macht und ein Bewusstsein, mit dem man Gerechtigkeit bringen kann.

Der wahre Besitzer der Gerechtigkeit ist der große Allah, der Barmherzige, der Obere und Mächtige.

In indischen Religionen wird angenommen, dass das Karma ein Gesetz von Ursache Und Wirkung ist, dass es dieses Gesetz ist, das die Menschen dazu bringt, die Belohnung ihres Handelns zu erhalten.

Es gibt keinen Glauben an einen Schöpfer, der dieses Gesetz gemacht hat und es aber erzwingt. Das Gesetz des Karma, so wird behauptet, funktioniert von selbst.

Zum Beispiel wird geglaubt, dass, wenn man irgendwelche Handlungen wie Spenden von Geld an gemeinnützige Organisationen ausführt, wird man Glück erleben.

Allerdings kann es natürlich kein metaphysisches Gesetz dieser Art ohne irgendeine Macht oder einen gewissen Willen geben, der die Dinge verursacht.

Eines der am meisten logisch inakzeptablen Aspekte des Karma-Konzeptes ist, zu glauben, dass moralische Werte existieren können, ohne dass jemand sie anwenden muss.

Auch die Gesetze des Menschen haben Behörden und Institutionen, um sie durchzusetzen.

Zum Beispiel ist die Strafe für Diebstahl in den Gesetzen jedes Landes festgelegt. Diese Gesetze funktionieren aber niemals selbst. Es gibt immer Behörden, Institutionen und Beamte, um sie durchzusetzen.

Wenn jemand den Diebstahl begeht, setzen sich die Gesetze nicht in Bewegung, um den Dieb aus eigenem Antrieb ins Gefängnis zu bringen.

Um dies zu tun, wird der Rechtsschutz von den Polizeibeamten, den Richtern, Staatsanwälten und Gerichten durchgeführt. Richter sprechen Recht nach den Gesetzen und der Verbrecher wird für das, was er getan hat, bestraft.

Um zu sagen, dass das Karma ein Gesetz ist, das von selbst arbeitet, wäre noch unlogischer, als zu behaupten, dass die Gesetze eines Landes von sich aus funktionieren, mit Niemandem, um sie durchzusetzen.

Stellen Sie sich vor, dass die Milliarden von Menschen, die bisher auf dieser Erde gelebt haben, ein anderes Leben erhalten werden, indem sie die gerechte Belohnung für alles erhalten, was sie getan haben.

Wer wird in diesem Falle beobachten, wie Sie sich auf der Erde verhalten?

Wer entscheidet, ob Sie Gut oder Schlecht sind? Wer wird entscheiden und ordnen, für Ihr nächstes Leben, in Übereinstimmung mit dem, was Sie in diesem getan haben?

Wenn das Leben, das wir in unserer nächsten Inkarnation haben, davon abhängt, was wir in unserem gegenwärtigen Leben tun, muss es eine Macht geben, die unser Schicksal bestimmt und plant.

In der karmischen Philosophie gibt es aber keine solche Macht. Nach diesem vagen und irrationalen Glauben geschieht alles von selbst.

Außerdem wird auch geglaubt, dass dieses so genannte "Gesetz des Karma" die Menschen gerecht behandelt und ihnen die volle und genaue Belohnung für ihr handeln gibt, ohne irgendetwas zu übersehen oder Fehler zu machen.

Dies obwohl dieses "Gesetz" in der Tat keine Macht hat, Entscheidungen zu treffen oder Urteile zu fällen.

Das sind sehr abergläubische Behauptungen. Jede intelligente Person wird, wenn sie sich über die Sache Gedanken macht, sofort verstehen, wie unlogisch das alles ist.

Manche Menschen, die an Karma glauben, behaupten, dass das "Gesetz des Karma" in Übereinstimmung mit dem Willen Gottes funktioniert.
Mit anderen Worten, dass es Gott ist, der entscheidet, ob wir in diesem Leben ein gutes oder ein schlechtes Karma haben und er die Bedingungen vorbereitet die wir in unserem nächsten Leben haben werden.

Es gibt jedoch eine wichtige Tatsache, das solche Menschen übersehen haben: Es gibt keine Erwähnung der Idee des Karma in der Wahren Religion, die für die Menschheit von Allah gewählt und uns mit dem Qur'an mitgeteilt wurde.

Wie bereits festgestellt, ist die Idee des Karma ein abergläubischer Glaube, der im Qur'an nicht erwähnt wird und der viele Aspekte hat, die mit dem Glauben des Islam in Konflikt stehen.
Darum sollten diejenigen, die an die Existenz Allahs glauben, ihre Zeit nicht verschwenden, um die Karma-Lehre zu untersuchen.

Stattdessen sollten sie einfach den Qur'an studieren, denn: Es ist Allah, der gute Handlungen belohnt und der die Quelle der unendlichen Gerechtigkeit ist.

Weitere Quelle:
http://knowingallah.com/en/articles/reincarnation-according-to-the-idea-of-karma/

Reinkarnation nach der Idee des Karma: Der karmische Glaube sagt, dass, nachdem die Menschen sterben, sie auf die Erde in einem anderen Körper zurückkehren.

Mit anderen Worten bedeutet es Reinkarnation. Das ist ein völlig unbegründeter und abergläubischer Glaube.

Der Glaube an das Karma ist ein wichtiges Element in abergläubischen östlichen Religionen wie dem dekadenten Hinduismus, dem Buddhismus und dem Jainismus.

Karma ist ein Sanskrit-Wort, in der Bedeutung "Aktion" oder "Bewegung".

In indischen Religionen wird das Karma als "Das Gesetz von Ursache und Wirkung" konzipiert.

Nach denen, die an das Karma glauben, werden die Menschen in Zukunft die Konsequenzen von dem erleben, was sie in der Vergangenheit getan haben.

Gut ist vom Guten und Böse vom Bösen. Daraus folgt, dass die Situation, in der Sie heute sind, das Ergebnis der Vergangenheit ist.

Reinkarnation – heißt der Begriff, wonach die Menschen nach dem Tod wieder in die Welt kommen.

Sie folgt aus dem Glauben an das Karma und ist für die indischen Religionen absolut fundamental.

Die Beziehung zwischen Karma und Reinkarnation wird im Buch mit dem Titel *Dinler Tarihi* (Die Geschichte Der Religionen) mit folgenden Worten erklärt:

„Reinkarnation ist der Glaube, dass die Seele nach dem Tode von einem Körper in einen anderen übergeht.

Reinkarnation ist Teil der Philosophie des Karma. Nach diesem Glauben ist eine Seele entweder Hochgeboren oder sie wird geboren in Bezug auf ihren Entwicklungsgrad.

Eine Person kann als Pflanze, als ein Tier, als ein Mensch oder als ein Gott wiedergeboren werden, je nach seinen Handlungen. So sind die Menschen die Architekten ihrer eigenen Schicksals.

Diese Wiedergeburt erfolgt als die Folge von Ursache und Wirkung. Mit der Reinkarnation ist es möglich, dass wir die moralische und spirituelle Belohnung unseres Handelns erhalten.

Das Glück im nächsten Leben hängt vom richtigen Handeln ab.

Jeder Einzelne ist für seine eigene Situation verantwortlich. Es gibt keine Notwendigkeit, den Tod zu fürchten.

Durch kontinuierliche Wiedergeburten erreichen die Menschen ihre Wünsche und genießen die ständige Zufriedenheit. Sie leben im Gott Brahma.“

Wie wir hier sehen, bedeutet der Glaube an das Karma keinen Glauben an das Jenseits.

An Stelle von diesem gibt es einen Glauben an die Wiedergeburt in diese Welt, mit der gleichen Seele, aber in einem neuen Körper.

Dies ist jedoch ein falscher und abergläubischer Glaube, der nicht mit dem übereinstimmt, was Allah uns im Qur'an erzählt.

Ein weiterer fehlerhafter Aspekt dieser Philosophie, der die Aufmerksamkeit fordert, ist der Glaube, dass Menschen als Götter wiedergeboren werden können.

Dies ist der abergläubischste und unrealistischste Anspruch, der jemals in der Geschichte der Menschheit gemacht wurde.

Ein solcher Anspruch ist Polytheismus. Es ist eine offene Verleugnung von Allahs Unteilbarkeit.

Es ist offensichtlich, dass niemand ein Gott sein kann. Es gibt nur einen Gott und Er hat nichts geboren, noch wurde Er selbst geboren.

Allah ist der Herr, der Schöpfer, der Beschützer und der alleinige Gott des ganzen Universum und aller Lebewesen. Er ist einzigartig und hat kein Gleiches.

Unser Herr, Allah, sagt uns das im Qur'an: *"Er ist Allah, absolutes Einssein, Allah, der ewige Erhalter aller, er hat nicht geboren und ist nicht geboren, und niemand ist mit ihm vergleichbar."* (Surat Al-Ikhlas: 1-4)

Diejenigen, die irgendeinen Glauben anders als dies haben, sind von der rechten Straße abgebogen und es wird zu ihrem Nachteil im Leben nach dem Tode sein.

+++++

Eigene Ansicht: „Nachdem ich mich bereits mit dem Zusammenhang zwischen Reinkarnation, Wiedergeburt und Karma und dem Christentum auseinander gesetzt hatte, dachte ich, es könne nicht noch schlimmer kommen.
Doch das eben Beschriebene hat mich eines „Besseren" belehrt. Soviel ... und ... hätte ich in einer Weltreligion nicht vermutet.
Jetzt weiß ich mehr. Ich begreife die brutale Ausdrucks- und Vorgehensweise (nicht nur verbaler Art) gewisser islamistischer Kreise."

Nun soll unbedingt noch jemand zu Wort kommen, der tatsächlich Hinweise gefunden haben will, die den Islam, die Wiedergeburt, auch mit der karmischen Reinkarnation, zusammenführen.

Quelle: Egon Sprengler
http://islam-forum.info/Thema-Hinweise-auf-Rein-
karnation-und-Karma-im-Koran

Der öfter schon angegriffene Herr Egon Sprengler bringt hier Hinweise im Koran, die auf Reinkarnation und Karma hindeuten:

Sure 7 25
"Er sagte: 'Auf ihr werdet ihr leben und auf ihr sterben, und aus ihr werdet ihr (dereinst bei der Auferstehung wieder) hervorgebracht werden."
„Man wird also auf der Erde leben und sterben, und auf der Erde wieder auferstehen."
Klarer Hinweis auf Reinkarnation.

Sure 43 11
"Und (er ist es) der Wasser in einem (begrenzten) Maße vom Himmel hat herabkommen lassen. Und wir erweckten damit ausgedorrtes Land (wieder zum Leben). So werdet ihr (dereinst bei der Auferstehung wieder aus der Erde) hervorgebracht   *werden."*

Wer der Meinung ist, dass, wenn im Koran von Auferstehung die Rede ist, immer ein Leben im Jenseits gemeint ist (wie ein jüngstes Gericht), wird durch diesen Vers eines Besseren belehrt. Dieser Vers besagt eindeutig, dass wir in der Auferstehung aus der Erde hervorgebracht werden, was ein eindeutiger Hinweis auf die Reinkarnation ist.

Sure 78 40
"Wir warnen euch (hiermit) vor einer nahe bevorstehenden Strafe, einem Tag, an dem einer (den Lohn für) die früheren Werke seiner Hände zu sehen bekommt.
Und der Ungläubige sagt: Wäre ich doch (endgültig zu) Erde geworden und nicht zu neuem Leben erweckt!'"

172

In einem Folgeleben erntet man den Lohn für vergangene Leben.

Sünder (Ungläubige) wünschten sich deshalb endgültig im Tode zu bleiben.

Doch ob es ihnen gefällt oder nicht, sie werden in einem zukünftigen Leben für ihre einstigen Untaten zur Rechenschaft gezogen werden.

Es ist hier offensichtlich, dass im Koran das angesprochen wird, was viele unter "Karma" kennen. Die Karmalehre ist offensichtlich im Koran vorhanden.

Ihr würdet euch wundern, wenn ihr Texte von islamischen Gelehrten lesen würdet, die ihr Wissen ausschließlich aus dem Koran haben und Karma und Wiedergeburt so auslegen, als hätten sie sich mit Buddhas Lehren beschäftigt.

Sure 80 21
"Hierauf lässt er ihn sterben und bringt ihn ins Grab."
80 22
„Hierauf erweckt er ihn, wann er will (zu neuem Leben)."
80 23
„Nein! Der Mensch hat (am Ende seines Lebens) (oder: seit es ihn auf der Welt gibt) noch nicht ausgeführt, was Gott ihm befohlen hat."

Der Mensch hat nach seinem Leben seine Lektionen noch nicht gelernt (Erleuchtung erlangt).

Was liegt näher, als ihn diese in folgenden Leben nachholen (lernen) zu lassen.
http://www.koransuren.de/

Antithesen bitte mit Belegen (Manhaj, Quellen, Maddhab,..) widerlegen.

Vielen Dank, Egon Sprengler

Hier eine Antwort aus dem Forum von Herrn Sprengler:

Hallo Egon Sprengler,

die von dir angeführten Verse aus dem Quran sprechen in keinsterweise für eine Reinkarnation. Wer sich ein bisschen mit dem Islam auskennt und ein wenig Wissen darüber besitzt, dem wird das klar sein.

Die Verse, die davon sprechen, dass die Menschen aus der Erde wieder hervorgebracht werden, beziehen sich sehr deutlich auf die Auferstehung im Jenseits.

Wie aus den islamischen Quellen bekannt ist, werden die Menschen dann nämlich von ihren Gräbern (aus der Erde) wieder auferstehen.

"Und in den Sur wird gestoßen, und siehe, sie eilen aus ihren Gräbern zu ihrem Herrn hervor. Sie werden sagen: "O wehe uns! Wer hat uns von unserer Liegestelle erweckt? Das ist es, was der Allerbarmer (uns) verheißen hatte, und die Gesandten sagten doch die Wahrheit." Es wird nur ein einziger Schrei sein, und siehe, sie werden alle vor Uns gebracht werden. Nun, heute wird keine Seele im geringsten ein Unrecht erleiden; und ihr sollt nur für das entlohnt werden, was ihr zu tun pflegtet." (36:51-54)

Es gibt es keinerlei Zweifel daran, dass ein Mensch nach dem Tod erst wieder im Jenseits auferstehen wird und die Menschen werden sich sogar wünschen noch einmal zum Leben zurückgebracht zu werden.

"Wenn dann der Tod an einen von ihnen herantritt, sagt er: "Mein Herr, bringe mich zurück, auf dass ich Gutes tue von dem, was ich unterlassen habe."

Keineswegs, es ist nur ein Wort, das er ausspricht. Und hinter ihnen steht eine Schranke bis zu dem Tage, an dem sie auferweckt werden.

„Wenn dann der Stoß in den Sur erfolgt ist, gibt es zwischen ihnen an jenem Tage keine Verwandtschaftsbande (mehr), und sie werden einander nicht befragen. Dann werden die, deren Waagschalen schwer sind, die Erfolgreichen sein. Jene aber, deren Waagschalen leicht sind, werden die sein, die ihrer selbst verlustig gegangen sind; in Dschahannam werden sie auf ewig bleiben."
(23:103)

Mich würde interessieren, warum du gerne möchtest, dass der Islam eine Reinkarnation lehrt. Hängt das mit deinem Glauben zusammen?

Al Ilmu Noorun - Wissen ist Licht
+++++

Meine Ansicht: „Mich würde ebenfalls interessieren, weshalb die lieben Freunde des Islam sich so vehement gegen Wiedergeburt und Karma wehren, geradezu sperren?

Was haben sie, ähnlich wie die Christen, zu verbergen? Welcher Dämon reitet sie? Welchen Justinian haben sie in ihren Reihen?"

Anthroposophie

Wikipedia: Als Anthroposophie (von altgriechisch *ánthrōpos* „Mensch" und *sophia* „Weisheit") werden eine von Rudolf Steiner (1861–1925) begründete, weltweit vertretene spirituelle und esoterische Weltanschauung sowie der zugehörige Ausbildungs- und Erkenntnisweg bezeichnet.

Die Anthroposophie versucht die Elemente des deutschen Idealismus, der Weltanschauung Goethes, der Gnosis, christlicher Mystik, fernöstlicher Lehren sowie der naturwissenschaftlichen Erkenntnisse zu Steiners Zeit miteinander zu verbinden.

Weithin Wikipedia, Reinkarnation: Das Ich, der unvergängliche „Wesenskern" des Menschen, unterliegt nach Steiner der Reinkarnation, die als „Instrument zur Vollendung des Menschen" dienen soll.

Mit dem Tod hört seiner Darstellung zufolge das Bewusstsein nicht auf, sondern es folgt eine Rückschau auf das vergangene Leben und danach eine dem Fegefeuer vergleichbare Reinigung („Kamaloka"), wobei sich erst der Ätherleib und dann der Astralleib „auflösen".

Auch die alte (neuplatonische) Vorstellung des Aufstiegs der Seele durch die Planetensphären griff Steiner in diesem Zusammenhang auf.
Nach einer zeitweiligen, rein geistigen Existenz fasst demzufolge das Ich den Entschluss zu einer neuen Inkarnation.

Beim Herabstieg durch die Sphären gliedert sich ihm erst ein neuer Astralleib und dann ein neuer Ätherleib an, je nach den Taten und Erlebnissen während der vorangegangenen Inkarnationen oder „Erdenleben". Hier tritt die Idee des Karma auf, jedoch so gewendet, dass das Ich selbst anstrebt, was sich ihm als Konsequenz des in früheren Inkarnationen Getanen und Erlebten ergibt.

Schließlich wählt die herabsteigende Seele ihre künftigen leiblichen Eltern aus und wirkt schon über Generationen im Voraus auf deren Erbanlagen ein.

Zwischen zwei Inkarnationen vergehen dabei gewöhnlich Jahrhunderte, im Allgemeinen ist ein Wechsel des Geschlechts damit verbunden, und auch die ethnische Zugehörigkeit wechselt von Inkarnation zu Inkarnation, so dass im Laufe vieler Verkörperungen alle Aspekte des Menschseins durchlebt werden können.

Steiners Reinkarnationslehre weist Übereinstimmungen mit entsprechenden theosophischen und platonischen Vorstellungen auf, zeichnet sich jedoch durch ein besonders hohes Maß an Systematisierung und durch den Versuch aus, Reinkarnation und Karma in einen christlichen Kontext zu integrieren.

Trotz ihrer Komplexität und auch mancher darin enthaltenen Widersprüche avancierte die Lehre laut dem Historiker Helmut Zander „zum vermutlich wirkungsmächtigsten Reinkarnationsmodell im deutschen Sprachraum".

Von vergleichbaren hinduistischen und buddhistischen Lehren unterscheidet sie sich nach Willmann wie folgt:

> Sie betrachtet das irdische Leben als Möglichkeit, sich zu immer höheren Bewusstseins-Stufen zu entwickeln.

> Sie bejaht die Kontinuität des Ich-Bewusstseins und versucht diese – innerhalb einer Inkarnation, aber auch von Inkarnation zu Inkarnation zu bewahren statt zu überwinden.

Quelle:
https://www.anthroposophie.net/lexikon/db.php?
id=153

Der Inhalt des Karma-Gesetzes besagt nach Steiner: „Alles, was ich in meinem gegenwärtigen Leben kann und tue, steht nicht abgesondert für sich da, als eine Art Wunder, sondern hängt als Wirkung mit den früheren Daseinsformen meiner Seele zusammen, und als Ursache mit die späteren."

"Wir wissen, dass Karma zunächst bedeutet: Die geistige Verursachung eines späteren Ereignisses, einer späteren Eigenschaft oder Fähigkeit des Menschen durch ein Vorhergehendes.

Gleichgültig, ob diese geistige Verursachung auftritt in einem Leben zwischen Geburt und Tod, oder ob sie sich als das große Schicksalsgesetz der Menschheit durch die verschiedenen Erdenleben hindurchzieht, so dass die Ursachen für etwas in einem Leben Geschehendes in einem vorhergehenden oder einem weit zurückliegenden Leben liegen - dieses Gesetz, dieses umfassende Schicksalsgesetz, ist das, was wir Karma nennen ... ."

Das einzelne Leben zeigt in den verschiedensten Arten die Wirkungen des Karma; nur geht die menschliche Lebensbetrachtung gewöhnlich nicht sehr weit.

Die Menschen überschauen gewöhnlich sich selber oder ihren Mitmenschen mit Aufmerksamkeit nur eine kurze Zeit des Lebens, weil ihr Blick nicht durch das geistige Auge geschärft ist.

Theosophie

Rudolf Steiner, Leiter des deutschen Zweiges der Theosophischen Gesellschaft, am Anfang des 20. Jahrhunderts, stimmte mit der internationalen Führung der Gesellschaft und mit mehreren Lehrinhalten, wie etwa dem so genannten *World Teacher Project*, nicht überein.

Steiner verließ die Theosophische Gesellschaft im Jahre 1913, um seine eigene von der Theosophie beeinflusste Philosophie zu fördern die er Anthroposophie nannte. Er ersetzte seine Gruppenaktivitäten durch eine neue Organisation, die Anthroposophe Gesellschaft.

Die große Mehrheit der deutschsprachigen Mitglieder der Theosophischen Gesellschaft trat der neu gebildeten Anthroposophischen Gesellschaft bei.

Wikipedia dazu: Theosophie ist eine Sammlung von mystischen und okkulten Philosophien mit dem Ziel eine unmittelbare Kenntnis von den mutmaßlichen Geheimnissen des Lebens und der Natur, insbesondere der Natur der Gottheit, und dem Ursprung und Zweck des Universum zu erlangen.

Die Theosophie gilt als Teil westlicher Esoterik, die annimmt, dass verborgenes Wissen oder Weisheit aus der alten Vergangenheit einen Weg zur Erleuchtung und Erlösung bietet.

Der Begriff Theosophie ist entlehnt von der griechischen *Theosophie*, die *theos* "Gott" und *sophia* "Weisheit" bedeutet, somit "göttliche Weisheit" verbindet.

Ab dem Ende des 19. Jahrhunderts wurde der Begriff Theosophie allgemein verwendet.

Damit bezog man sich speziell auf die religiös-philosophischen Lehrinhalte der Theosophischen Gesellschaft, die 1875 von Helena Blavatsky, William Quan Judge und Henry Steel Olcot in New York City gegründet wurde.

Blavatskys Hauptarbeit, ihr Buch „The Secret Doctrine" (1888), war eine der Grundlagen der modernen Theosophie.

Ab 2015 waren Mitglieder von Organisationen, die von der Theosophischen Gesellschaft abstammen oder damit zusammenhängen, in mehr als 52 Ländern auf der ganzen Welt aktiv.

Die moderne Theosophie hat auch die Entwicklung anderer mystischer sowie philosophischer und religiöser Bewegungen hervorgerufen oder beeinflusst.

Quelle:
https://anthrowiki.at/Theosophie

Der Mensch ist in der theosophischen Betrachtung eine auf unterschiedliche Art und Weise zusammengesetzte Wesenheit:

Das physische Vehikel: Das physische Körpersystem, durch den sich die menschliche Seele in der physischen Welt bewegt, diese wahrnimmt und an ihr teilnimmt.
Aber der wirkliche Mensch ist nicht der physische Körper.

Der Astralkörper: Er ist der Modellkörper für den physischen Körper.
Somit liefert er sein Muster, eine Matrix, nach dem der physische Körper aufgebaut wird.
Phänomene wie „Phantomschmerz" lassen sich durch den Astralkörper erklären.

Prana - Lebenskraft: Jede Wesenheit kommt mit einem bestimmten Vorrat an Lebenskraft zur Welt.
Und wie sich eine Batterie entleert, wird diese im Laufe des Lebens aufgebraucht.

Kama - Wünsche: Das Sanskritwort „Kama" bedeutet „Wunsch".
Es ist zusammen mit dem Willen die vorwärts treibende Kraft in der menschlichen Konstitution.
Von Natur aus ist Kama zunächst farblos und weder gut noch schlecht, außer in dem Maße, wie es durch den menschlichen Willen in dem täglichen Leben benutzt wird.
Für Kama wird im Kontext mit Wille oft das Symbol von Pferd und Reiter verwendet.
Dies geschieht in dem Sinne, dass der Reiter als Symbol für den Willen gilt, der das Pferd, die wildgewordenen Wünsche, regulieren muss und die Richtung vorgibt.

Manas - Denken: Das Denken ist die Stufe, die für Menschen als Denker die wichtigste ist, da er im Manas seine hauptsächliche Evolution hat.

Was bliebe von einem Menschen ohne seine mentale Tätigkeit noch übrig?

Manas ist der Sitz der menschlichen Seele. Es ist in sich dual, entweder mehr von niederen Wünschen oder von höheren Wünschen beeinflusst.

Buddhi - Unterscheidungskraft: Die Unterscheidungskraft ist im Menschen noch unvollkommen entwickelt.

Buddhi schlägt sich als Intuition in der menschlichen Seele nieder und inspiriert den Menschen zu mehr altruistischen Taten.

Über Buddhi ist die menschliche Seele mit der inneren Göttlichkeit, den inneren geistigen Kern verbunden.

Atman: In Verbindung mit Buddhi finden wir darin die innere Göttlichkeit des Menschen.

Reinkarnation oder die Lehre der Wiedergeburt der menschlichen Seele: Die zyklische Wiedergeburt der Seele um vergangenes Karma (in vergangenen Leben gelegte Ursachen) abzuarbeiten und um sich evolutionsmäßig weiter zu entwickeln.

Durch das Gesetz von Karma wird jede Wesenheit, jedes Individuum, immer wieder dorthin zurückkehren, wo ihre in einem früheren Leben gelegten karmischen Saaten zur Entfaltung gelangen können. Sie wird unweigerlich mit ihren eigenen karmischen Impulsen wieder konfrontiert.

Karma in Verbindung mit der Reinkarnation ist somit die Lehre von der unbedingten Gerechtigkeit.

Karma ist die Lehre von "Ursache und Wirkung" und die Zwillingslehre zur "Reinkarnation".

Jede Handlung ruft eine ihr entsprechende Wirkung hervor. Diese kommt auf ihren Ausgangspunkt, der verursachenden Person zurück.

In der Regel wird dies als "negativ" oder "positiv" erfahren, ist aber letztlich nur die in der ursprünglichen Handlung liegende Charakteristik, die vom Menschen entsprechend empfunden wird.

Da alles in der Natur miteinander verbunden und gegenseitig ineinander greift, werden auch andere Personen und Wesen von den Taten eines Einzelnen beeinflusst. Dies ruft dem enstprechende Rückwirkungen hervor.

Wenn Disteln gesät werden, können nicht Rosen geerntet werden.
Somit liegt im Gesetz von Karma eine tiefgehende Ethik. Karma ist kein Fatalismus, da der Mensch immer einen freien Willen besitzt.

Eigene Erfahrungen

Ich kann keineswegs zu hundert Prozent, bestenfalls zu einem wesentlich geringeren Prozentsatz mit all den Darstellungen und Überlegungen zum Thema „Karma" übereinstimmen.

Die besonders in Indien aufgestellten Dogmen entsprechen überhaupt nicht meinen eigenen Beobachtungen.
Lediglich im chinesischen Taoismus kann ich etliche Ansätze entdecken, die mit meinen Erfahrungen übereinstimmen.
Das Gesetz von „Ursache und Wirkung" erfährt vielfach zu starke Festlegungen und wird zudem ganz schlimm verdreht.

So kann ich immerhin teilweise die Ansichten der Christen und der Islamisten verstehen, wenn sie gegen die Überlegungen zum „Karma" angehen.

Allerdings finde ich deren Argumente manchmal ziemlich haarsträubend. Vor allem, wenn sie im gleichen Atemzug Reinkarnation und Wiedergeburt in einen Topf werfen und dann kräftig umrühren.

Denn zuerst kann Karma nun auch im ablaufenden Leben geklärt werden und sodann beinhalten die unmittelbar weiteren Leben keine zwangsläufige Karmawirkung.

Besonders die vehementen Leugner von Karma sind mir suspekt. Schließlich erkennen wir im Karma tatsächlich eine nachvollziehbare, ausführende Naturkraft, die eindeutig auf dem Gesetz von Ursache und Wirkung beruht.
Lediglich die als unumstößlich und absolut dargestellte Wirkungsweise finde ich überzogen.
Denn auf das menschliche Konstrukt aus Körper, Verstand und Seele bezogen, darf niemals eine dogmatische Anschauung als Maßstab angelegt werden.
Immerhin handelt der Mensch aus seinem freien Willen heraus und kann so, in seiner kreativ schöpferischen Art und Weise, aus jedem karmischen System aussteigen, sich gewissermaßen darüber erheben.

Meine Erfahrungen aus vielen Spirituellen Rückführungen lassen mich etliche, teils sehr unterschiedliche Varianten wahrnehmen. Hier öffnet sich abermals die Welt der tausend Möglichkeiten.

So ist es keineswegs erforderlich, dass Menschen in Pflanzen- oder Tierkörpern wiedergeboren werden müssen, obwohl bestimmte karmische Konstellationen dies so vorzugeben scheinen.

Auch muss ein mit voller Absicht ausgeführter Mord an einem Mitmenschen nicht zur eigenen Ermordung führen.

Wobei keineswegs ausgeschlossen ist, dass sich bei entsprechender Gelegenheit der Ermordete revanchiert.

Dies kann schon bald oder erst viele, viele Leben später sein.

Es muss auch nicht unbedingt wieder ein offensichtliches Tötungsdelikt folgen. Frauen können, ebenso wie Männer, ihren karmischen Partnern das Leben auch anderweitig zur Hölle machen.

Oft und oft gelingt es den Wesenheiten aber nicht, sich aus der Opferrolle zu befreien. Ständig werden sie der Unterdrückung durch andere ausgesetzt.

Sie wehren sich einfach nicht, aus welchen vorgeschobenen Gründen auch immer.

Vielfach werden sogar bei vollem Bewusstsein religiös anmutende Betrachtungsweisen geäußert, weswegen Leute es zulassen, dass ihnen der Garaus gemacht wird.

Jedenfalls ist es eindeutig wahr: Auch diese Art von „sich klein machen" ist etwas, das die Person selbst, ganz ursächlich, genau so gestaltet, indem sie es tut oder zulässt.

Somit ist „Ursache und Wirkung" keineswegs nur ein karmisch vorgegebenes Gesetz, sondern eher das schöpferische Setzen einer Tat oder eben einer Unterlassung, das schließlich eine Wirkung hervorbringt.

Dies gilt allerdings nur, wenn sich der Mensch aus dem Wirrwar von Schicksal, Zufall oder Kismet befreien konnte.

Ansonsten bleibt er ein Gefangener der Gesetzmäßigkeiten, in die er sich über halbe Ewigkeiten verstrickt hat.

Per Spiritueller Rückführungen gelingt es tatsächlich karmisch festgefahrene Situationen zu knacken.

Indem ich den Rat- und Hilfesuchenden an das Ereignis in der Vergangenheit heran führe, das sich als ursächlich oder ursprünglich zeigt, und wir die Situation darin bereinigen, löst sich eine ganze Kette von karmischen Verknüpfungen automatisch auf.

Das Gesetz, das ein Karma hervorruft, erhält auf diese Art und Weise ganz besondere, in keinem irdischen Konzept vorgesehene Auswege.

Hier finden wir durch Spirituelle Rückführungen Zusammenhänge, die sich als praktisch anwendbar herausstellen.

Gewissermaßen sind diese Maßnahmen durchsetzt mit Durchführungsverordnungen zu den verschiedenen Gesetzestexten für den kosmischen Spielverlauf.

Eines habe ich im Laufe der Zeit gelernt: Egal welches karmische Konzept wir auch vorfinden, nichts davon sollte als unabänderlich oder als dogmatisch festgeschrieben betrachtet werden.

Selbstverständlich stimmen viele Leute mit jeweils einem speziellen Konzept überein.

Für diesen Personenkreis kann ich mir sogar vorstellen, dass sich Teile über die Leben hinweg realisieren.

Die Vorstellungskraft von Wesenheiten ist enorm und kann durchaus Realitäten erschaffen, wenn erst einmal auch viele andere in Übereinstimmung mit einem Konzept gegangen sind.

Diese Folgen von Übereinstimmungen haben uns schon ziemlich lange das Leben schwerer gemacht, als es eigentlich sein müsste.

Auch Himmel und Hölle, mit dem vorgeschalteten Fegefeuer, sind solche Arten und Weisen von Betrachtungen. Wir können selbstverständlich auch den Hades oder Walhall oder die Ewigen Jagdgründe hier mit einbeziehen.

Wer sich ganz intensiv mit diesen Vorstellungen verbindet, wird sie sicherlich nach seinem Ableben vorfinden.

Ich habe wahrhaftig Leute durch das Himmelstor in eine andere Welt begleitet, damit diese sich in aller Ruhe auf ihre Wiedergeburt einschwingen konnten.

Jedoch haben sich nach etlichen Spirituellen Rückführungen die Anschauungen relativiert. Die Vorstellung einer Himmelswelt wird dann als phantastischer Wunsch erkannt.
Das soll nun aber nicht heißen, dass ihre Wirklichkeit nur ausgedacht wurde. Nein, im individuellen Kosmos der Person hat sie dennoch ihren festen Platz und wird ihn so lange behalten, bis der Mensch sich bewusst davon trennt.

Der Begriff Phantasie darf auch unter keinen Umständen abgewertet werden. Hiermit bezeichnen wir lediglich eine bestimmte Form des kreativen Denkens.
Ohne die Phantasie gäbe es keinen noch so kleinen Teil des so genannt realen Universum. Sie ist gewissermaßen das Bindemittel von jeglicher physikalischer Realität, zur Wirklichkeit bei den Denkvorgängen.

Übrigens stehen Karma und Wiedergeburt, aus meiner Sicht, keineswegs in so engem Verhältnis zueinander, wie es in den vorgenannten Konzepten immer wieder hervorgehoben oder von anderen verneint wird.

Außerdem sind Reinkarnation und Wiedergeburt nicht einmal in allen Varianten identisch.
Wiedergeburt ist die Wiedergeburt eines neuen Körpers, mit der immer wieder sich verbindenden Seele als „Beifahrer", nichts anderes als das.
Bei der Reinkarnation werden in den indischen Betrachtungen zwangsläufige Stufen eingebaut, die der Seele Pflanzen oder Tiere zuweisen.

Dies ist zwar purer Unsinn – außer man stimmt dennoch damit überein und bindet sich so selbst in dieses System!

Die Wiedergeburt ist an keinerlei Systematik gebunden, wenn wir unsere ureigene Fähigkeit zur Selbstbestimmung anwenden können.

Es gibt keine festen Regeln, weder im Umgang mit der Zeit noch abhängig vom Ort.

Wenn wir dennoch gewissen Vorgaben folgen, liegt es an unser eigenen Folgsamkeit oder Duldsamkeit gegenüber so genannten Obrigkeiten oder dergleichen.

Je weniger jemand von den angeblichen „Notwendigkeiten" weiß, umso freier kann er sich im „Leerraum" zwischen den Leben bewegen.

Ich habe in den Spirituellen Rückführungen schon erlebt, dass eine Frau nach dem Verlassen ihres alt und unbrauchbar gewordenen Körpers mit Freude eine junge Katze übernommen hat.

Erst konnte sie sich noch die nicht immer schmeichelhaften Bemerkungen der so genannten Trauergäste anhören.

Als ihr das ewige Gejammere der einen Leute sowie das Be- und Verurteilen ihrer Person durch andere zu viel wurde, wollte sie sich in Richtung Himmel davon machen.

Doch plötzlich bemerkte sie eine junge Katze im Gebüsch. Dieses Tier zog sie mit seiner überschäumenden Lebendigkeit wie magisch an.

Also hat sich die Frau entschlossen, sich mit dem Kätzchen zu verbinden. Sofort, ohne Verzögerung, sprang nun die Frau durch die Sträucher.

Als Katze hatte sie ein ziemlich angenehmes Leben, mit Familie und Kindern und allem was so zu einem Katzenleben dazu gehört. Bis zu dem Zeitpunkt als sie von einem Auto angefahren wurde.

Ihre Menschen haben diese nun halbtote Katze zum Tierarzt gebracht. Doch der konnte auch nichts mehr für sie tun.

Also landete der Körper bis zur Entsorgung in einer Kühlzelle. Das Letzte was die Frau-Katze während der Spirituellen Rückführung wahrnahm war die Kälte, die den Katzenkörper erstarren ließ.

Um dieses Geschehnis endgültig loszulassen mussten wir noch ein paar Male durch das Erlebte gehen.

Am Ende fühlte sich die Hilfesuchende wohl. Auch ihre Allergie und die Abneigung gegen Katzen aller Arten hatten sich in Wohlgefallen aufgelöst.

Wir sehen: Nicht das Karma hat die Frau dazu bewegt in einen Tierkörper zu schlüpfen. Nicht das Karma war die Ursache für ihre Allergie.

In weiteren Spirituellen Rückführungen führte ich einen jungen Mann an Todesereignisse heran.

So verstarb er beim ersten Male im Mittelalter, als alter Mann, an einer schweren Krankheit.

Dies ist nichts Ungewöhnliches, allerdings auch nicht gerade ein Beispiel für karmische Zusammenhänge.

Faszinierend war der Weg, den die frei gewordene Seele nach dem Ableben nahm.

Er entfernte sich immer mehr von seinem toten Körper und schwebte in Richtung Himmel. Ich dachte, hier wieder einmal einen gläubigen Menschen mit Vorstellungen von einem Himmelreich vor mir zu haben. Doch weit gefehlt!

Das Wesen verließ einfach die Erde, schaute noch einmal auf den blauen Planeten zurück und dann ... näherte es sich einer kleinen, hellen Energieblase. Die Seele schlüpfte erstmals wieder in ihr schon länger erschaffenes Domizil hinein.

Voller Wohlgefühl „lehnte er/es sich zurück". Die Zeit verging ohne entsprechendes Maß.

Mein Rat- und Hilfesuchender hatte nicht das geringste Gefühl für den Ablauf von Zeit.

Doch irgendwann, als die Langeweile zunahm, entschloss er sich zur Wiedergeburt.

Diese Energieblase, im Orbit um den Planeten, finden wir in keinem Konzept von Karma und bei keiner religiös geprägten Beschreibung über Wiedergeburt.

Eindeutige, karmische Zusammenhänge, wie in den beschriebenen Konzepten der Religionen und Philosophien angedacht, hatte ich nur wenige, in meinen vielen Spirituellen Sitzungen.

Ich erinnere mich an eine Situation, in der ein junger Mann auf der Flucht vor seinem Widersacher war.

Der andere hatte guten Grund ihn zu vertreiben, denn der Jüngere war der Liebhaber seiner Frau gewesen.

Zu seinem Glück war er schnell genug, sonst hätte er die Situation vermutlich nicht überlebt.

Doch er war sturzbetrunken, befand sich also in einem Zustand stark herab gesenkten Bewusstseins, und hatte sich bei seinem Lauf durch die Wälder am ganzen Körper heftig schmerzende Schrammen zugezogen.

Der Ältere konnte ihm nicht folgen, so rief er ihm mit mächtiger Stimme einen Fluch hinterher: „… . Ich verfluche Dich und alle Deine Nachkommen bis ans Ende aller Tage!"

Ob der Fluch noch in seinem damaligen Leben gegriffen hat, kann ich nicht mit Bestimmtheit sagen. Immerhin fanden wir noch während der gleichen Sitzung spätere Geschehen die ihm schwer zu schaffen machten.

Seine Schwierigkeit bestand übrigens darin, laufend von den ihn begleitenden Frauen genarrt zu werden.

In arabischer Umgebung fand er sich wieder. Er war verheiratet, mit einer Frau die ihn nur ausnutzte und ansonsten ständig schikanierte. Er hatte Ausschläge am ganzen Körper (seine alten Verletzungen!), war unansehnlich und gebeugt. Die Frau verhöhnte ihn. Er fühlte sich als Versager, weil er keine Kinder zeugen konnte.

Die Spur der Erniedrigungen zog sich über das Mittelalter bis her zur näheren Gegenwart.

In einem Konzentrationslager arbeitete er als Gefangener im Schlamm eines Grabens neben der Straße.

Aufseherin war eine resolute Frau, die alle nur als „die Stute" bezeichneten. Sie hatte nämlich eine bösartige Angewohnheit: Ihre Befehle setzte sie mit harten Fußtritten durch. So mancher Kopf wurde von ihr in dem Graben getreten. Daran starben Menschen sogar.

Genau so erging es meinem Hilfesuchenden. Ein extrem harter Tritt sprengte seine Schädel. Er hörte beim Verlassen des Körpers nur noch das höhnische Lachen der Frau.

Die Spirituellen Rückführungen bereinigten all diese Situationen. In seinem späteren Leben normalisierte sich die Beziehung zu den Frauen gravierend. Er fühlt sich jetzt befreit vom Fluch.

Mir wurde im Laufe meiner Tätigkeit als Spiritueller Rückführer mehr und mehr klar, dass die Karma-Konzepte nie so funktionieren, wie sie propagiert werden.

Die wirklich entscheidenden Bindekräfte im Geistigen sind Liebe und Hass in all ihren Abstufungen und Ausprägungen.

LIEBE und HASS sind die zwei Seiten einer Medaille, die mir begegnet sind, wenn sich Wesenheiten über die Zeiten verstricken.

Kein noch so ausgeklügeltes Punktesystem beziehungsweise jene mathematischen Strukturen, haben die gleiche Wirkkraft wie eben Liebe und/oder Hass.

Den Emotionen wird, auch bei anderen Sichtweisen, eine weitaus stärkere Schaffenskraft zugerechnet, als dem analytischen Denkvermögen eines Verstandes.

Eine junge Frau war zutiefst unglücklich, weil sie einfach nicht herausfinden konnte, welcher junge Mann zu ihr passt.

Nachdem sie davon gehört hatte, dass es karmische Bindungen geben kann, die über lange Zeitabläufe bis zur Gegenwart herein aktiv sind, bat sie mich, ob wir denn nicht ihren Mann aus dem früheren Leben finden könnten, mit dem sie schon einmal glücklich war.

Gesagt, getan: Wir starteten die Sitzung, die darauf gerichtet sein sollte.

Über einige weniger angenehme Ereignisse hinweg, die erst vorher abgeklärt werden mussten, fanden wir jene Geschichte, die der jungen Frau die Augen öffnete.

In früher Zeit des Mittelalters lebte sie gemeinsam mit einem großen und kräftigen Mann in einer Hütte, einsam im Wald. Sie liebten sich sehr.

Während der Mann im Wald auf die Jagd ging, hütete sie das Heim. Es war eine überaus harmonische Verbindung.

Wenige Tage nach der Spirituellen Rückführung begegnete sie einem großen und kräftigen Mann, der ihrem früheren Mann zwar gar nicht ähnlich sah, der aber mit seiner geistigen Signatur genau das Gleiche ausstrahlte. Sie hatte ihren Mann aus der Vergangenheit tatsächlich gefunden.

Glücklicherweise war er gerade nicht anderweitig gebunden. Er lebte lediglich mit seiner Schwester zusammen und unterstützte diese. Es ist durchaus möglich, dass auch darin eine karmische Bindung bestand.

Immerhin konnte die junge Frau ihren „Ex-Mann" zu sich herüber holen. Auf diese Art und Weise wurden sie erneut ein Paar.

Ähnlich verhielt es sich mit einem Pharao, der seine Lieblingsfrau wiederfand sowie mit der Priesterin, ebenfalls ägyptisch, die ihren magischen Partner von damals, in der Gegenwart erneut erkannte.

Natürlich waren es nicht nur hochgestellten Persönlichkeiten, die sich wiederfanden.

Auch „einfache Leute" erkannten in ihrer Umgebung Wesenheiten, mit denen sie schon früher eine Verbindung hatten.

Eine schwerwiegende Problematik tut sich auf, wenn sich Wesen wiederfinden, die bereits anderweitig gebunden sind.

Dann fühlen sich zwei Menschen zwar zueinander hingezogen, doch es ergeht ihnen wie den Königskindern aus der Volksballade: „Es waren zwei Königskinder, die hatten einander so lieb, sie konnten beisammen nicht kommen, das Wasser war viel zu tief."

Nun, Wasser wird sie wohl nicht trennen, sondern einfach der andere Partner, der seinen zur Zeit vorrangigen Anspruch geltend machen wird. Jedenfalls kommen auf diese Art und Weise sicherlich Gründe für so genanntes Fremdgehen zustande.

Die alte Anziehungskraft sollte nämlich nicht unterschätzt werden, sie kann ziemlich heftig sein.

Allerdings ist nicht gesagt, dass gleich eine eheähnliche oder sexuelle Bindung angestrebt wird.

Aus einem früheren Zusammensein können sich in der Gegenwart ebenso Geschwister finden oder es entstehen enge Partnerschaften in der Arbeit und im Geschäftsleben.

Auch frühere Geschwister oder sonstige familiäre Bindungen, wie Mutter oder Vater, können sich in neueren Qualitäten wiederfinden.

Hier gibt es, wie so oft, kein Schema und keinerlei Notwendigkeiten außer die Emotionen: Liebe oder Hass.

Genau so verhält es sich mit einer so genannten Seelenverwandtschaft.

Auch hier sind alle Variationen möglich und auch hier wirken Anziehungskräfte die mit keinem Maß gemessen werden können.

Die Wesen finden sich anhand ihrer seelischen Signatur. Nicht das Aussehen des Körpers oder sein Geschlecht sind entscheidend sondern ausschließlich die Strahlkraft der TAO-Seele.

Bei Zwillingen kommt es darauf an, ob sie eineiig oder mehreiig sind. Bei den Mehreiigen Zwillingen verhält es sich wie bei den üblichen Geschwistern.

Die eineiigen Zwillinge hingegen genießen eine Besonderheit: Sie sind wie zwei Körper, die von nur einer Seele gesteuert werden.

Dies trifft insbesondere dann zu, wenn die Lebensumstände des einen Zwilling fast genauso verlaufen wie die des anderen.

Hier gibt es Beispiele mit gleichen Krankheitsbildern, ziemlich gleichen Berufen, gleichen oder sehr ähnlichen Ehepartnern und vielem mehr das deckungsgleich abläuft, obwohl die Personen in unterschiedlichen Ländern oder anderen Kontinenten aufwachsen und leben.

Seelen die mehrere Körper steuern sind nicht nur nicht selten, sondern dies geschieht öfter als man denkt.

Ein Rat und Hilfe suchender Mann kam zu mir und klagte über depressive Stimmungslagen und einem dringenden Bedürfnis Alkohol zu sich nehmen zu wollen. Dies obwohl er dem Alkohol abgeschworen hatte.

Die Spirituelle Rückführung brachte an den Tag: Der Mann lag, noch während er bei mir in Sitzung war, in Paris unter einer Brücke.

Er war ein Clochard, ein Wohnungs- und Besitzloser, der dem Leben den Rücken gekehrt hatte.

Leider konnte er sich gerade nicht einmal einen Schluck Alkohol leisten. Er war total abgebrannt und deshalb zutiefst depressiv.

Mein Hilfesuchender wusste nun ganz genau, woher seine eigene Stimmung kam. Er bat mich um Hilfe, damit sein anderes Ich wieder auf die Beine kam.

Wir schickten ihm positive Gedanken und den Willen sich zu erheben und ein neues Leben zu beginnen.

Der Mann konnte wirklich noch beobachten, wie sein „Zwilling" sich erhob, neuen Mut fasste und auf Arbeitssuche ging.

Offenbar hatten wir Erfolg, denn die depressiven Erscheinungen meines Rat- und Hilfesuchenden verschwanden und kehrten nie wieder. Auch das Alkoholproblem löste sich in Wohlgefallen auf.

Ein anderer Rat- und Hilfesuchender ließ mich die ganze Tragweite erkennen, mit welchen Fähigkeiten Seelen ausgestattet sind. Hier musste ich so manches über Bord werfen, was mir bis dahin als unglaubhaft erschienen war.

Ich nenne das Ereignis, das Erlebte des guten Freundes: Der Planetenretter.

Er kam zu mir und meinte, er brauche dringend eine Spirituelle Rückführung, weil ihn ein sehr eindringlicher Traum plage. In diesem Traum kauerte er inmitten von Trümmern, in fast völliger Finsternis. Seine Gefühlswelt war negativ geprägt, mit Hilflosigkeit, Unfähigkeit und Wertlosigkeit.

Mein Freund wusste zwar, dass nicht er, in seinem derzeitigen Körper, damit gemeint ist, doch die Traumbilder wirkten sehr real und sie ließen ihn einfach nicht mehr los.

Nach kurzer Überlegung startete ich die Sitzung. Hier war schnelle Hilfe nötig und solange der Traum noch so präsent war, konnten wir direkt anknüpfen.

Ohne große Umwege gelangten wir unmittelbar in das Geschehnis des Traumbildes hinein.

Genau parallel zu seiner derzeitigen Gegenwart erlebte er sich weit entfernt von der Erde, auf einem ganz anderen Planeten.

Ihm drängten sich regelrecht heftige Erinnerungen einer ihm sehr bekannten Wesenheit auf. Schließlich war er dieses Wesen dort draußen wahrhaftig selbst. Dies war ihm bewusst, ebenso bewusst, wie die Tatsache, dass er bei mir im Sessel saß.

Sein anderes Ich war eine Art Gottheit. Der übermittelte Bilder von einer Invasion, die über seinen Planeten hereinbrach. Obwohl er seine Heimatwelt nach Kräften zu retten versuchte wurde er überrannt und all die Lebewesen für die er Verantwortung trug.

Die Fremden waren robotisch, keine lebendigen Wesen. Damit waren sie gegen seine Geisteskräfte so gut wie gefeit.

Mit mächtigen Energiestrahlen beschossen sie alles, was sich bewegte.

Dann schüttelten diese Monster den Planeten regelrecht durch. Überall brach die Kruste auf. Magma quoll hervor und giftige Gase breiteten sich aus.

Jegliche Lebensgrundlage wurde dem Leben entzogen. Nur er selbst, als rein Geistiges Wesen blieb übrig, um das Disaster zu betrauern.

Seine Kräfte waren völlig verbraucht. Er hatte einfach nichts ausrichten können. Auch wusste er nicht, was diese Robowesen eigentlich wollten. Ihm blieb die schiere Angst, dass sie sich noch nicht für immer zurückgezogen hatten.

So kauerte das Gottgleiche Wesen zwischen den Trümmern einer einstmals blühenden Zivilisation.

Mein Freund empfand den Untergang des Planeten als sein eigenes Versagen.

Wir unterbrachen kurz die Sitzung, um uns zu beraten. Nach etwa fünfzehn Minuten nahmen wir den Kontakt wieder auf. Es gelang sofort, als wären wir nie fort gewesen.

Jetzt bemühte sich mein Freund darum, dieses, sein eigenes Ich in der Ferne, mit frischer Energie zu versorgen.

Er sandte seine Kraft hinaus und tatsächlich richtete er den Gott der fernen Welt wieder auf.

Sogleich sah der sich um, fand noch einige Überlebende und half diesen beim Wiederaufbau. Mit der Fähigkeit des großen Geistigen Wesens, das er nun einmal war, begann er den Planeten wieder zu begrünen. Überall wuchs neues Leben heran. Die Krise war vorbei.

In einer späteren Sitzung besuchte mein Freund sein anderes Ich nochmals.

Es hatte sich ungeheuer viel getan. Das Lebendige setzte sich wieder durch und die Zivilisationen begannen sich neu zu entwickeln, zu ordnen.

Alles geschah unter dem wohlwollenden Blick ihres wieder erstarkten Gottes.

Man kann nun sagen was man will, aber ich habe mittlerweile keinerlei Zweifel daran, dass wir selbst diese Götter sind oder zumindest waren, die im Kosmos aktiv sind und ihn noch immer gestalten.

Jedenfalls sind wir keineswegs nur dieses eine Lebewesen, das wir hier meinen zu sein.

Wir, die TAO-Seele, steuern offenbar ungezählte Körper. Sowohl auf Planet Erde als auch darüber hinaus im All, in den Weiten des Universum, leben wir das große Miteinander, bewusst sowie nicht bewusst.

Wir sind dauerhaft verbunden, mit all den anderen Wesen und mit unserem Göttlichen Ursprung.

Ich nenne dieses Dasein, mit all seinen Facetten: TAO, das Geistige, unmittelbar verbunden mit dem Göttlichen TAO.

Ursache und Wirkung

Du selbst bist der Regisseur
in Deinem eigenen Leben.

TAO, die Person selbst, als Geistiges Wesen, ist das alleinige, ursächlich mit Vernunft begabte Prinzip. Es ist das, was als „Boss" im Geschehen der Dinge und Abläufe bewusste und gezielte Wirkungen in diesem Universum hervorrufen kann.

TAO, Du selbst, hast die Macht, die Kräfte Deines Denkens zu einem Bild zu formen sowie den Gestaltungsprozess in Gang zu setzen und dann in Gang zu halten.

Das Gesetz von Ursache und Wirkung bestimmt das Geistige sowie das Leben in diesem Kosmos der physikalischen Naturgesetze.

Aus dem Geistigen Universum „heraus" gilt diese Gesetzmäßigkeit ebenso für das physikalische Universum.

„Dort", im Geistigen Sein, existiert jedoch weder unsere Vorstellung von Raum noch der Ablauf der Zeit.

Deshalb geschehen unsere einmal gedachten, auf Erfüllung gerichteten Abläufe <u>gedankenschnell</u>, ohne jede Zeitverzögerung.

Also, immer und immer wieder dieser Rat:

„Hüte Dich vor Deinen Gedanken,
Wünschen und Träumen,
denn sie könnten erfüllt werden!"

Taoistisches Sprichwort

197

Postulate

Lateinisch postulatum = "Forderung". Dies ist eine Schlussfolgerung, eine Entscheidung oder aber ein Entschluss, der von einer Person aufgrund seiner eigenen Selbstbestimmung gefasst wurde.

Postulieren heißt das Beschließen oder die Entscheidung ein Problem zu lösen oder ein Konzept für die Zukunft aufzustellen. Mit Postulaten können aber auch Schematas der Vergangenheit aufgehoben werden.

Ein Postulat ist immer als solches bekannt. Es kann sowohl auf bewussten als auch auf nichtbewussten Daten aus weiter oder naher Vergangenheit beruhen. Es wird immer in der Gegenwart aufgestellt.

Das Postulat löst Probleme der Vergangenheit, entscheidet über die Probleme oder Beobachtungen der Gegenwart oder stellt ein Konzept für die Zukunft auf.

Die Ganzheitlichen Seelsorger oder Spirituellen Rückführer müssen über diese postulierten Geschichten Bescheid wissen.

Deren Rat- und Hilfesuchenden haben nämlich häufig überhaupt keine Ahnung was sie für ihr Leben alles so per Postulat in die Welt gesetzt haben.

Vieles von dem, wofür sie Hilfe erwarten, ist von ihnen selbst so gewollt.

Krankheitserscheinungen der verschiedensten Art haben ihre Ursache nicht bei irgendwelchen Krankheitserregern wie Viren, Bakterien oder Pilzen, Giftstoffen oder sonstigen Zufallsprodukten.

Selbst Unfälle geschehen nicht so ohne weiteres. Schicksal, Zufall, Gottesurteil oder Kismet sind von den Leuten entweder direkt tatkräftig verursacht oder zumindest, aufgrund von Untätigkeit, nicht verhindert.

Dies gilt sowohl für die eigenen Unfälle als auch für Unfälle die nahen Mitmenschen geschehen.

Auch Krebs, Diabetes, Herzinfarkt oder Schlaganfall ... lassen sich ganz einfach auf die Lebensgestaltung sowie auf Lebensgewohnheiten zurückführen, also auf selbst verursachte Willenserklärungen.

Dabei wirken die nichtbewussten Postulate oftmals sogar noch intensiver als bewusste.

Die selbsttätigen Umprogrammierungen solcher tief sitzender Postulate greifen nicht, wenn die Person deren genaue Ursache nicht kennt und Auswirkungen abwendet.

So macht auch die Empfehlung, per Selbstsuggestion auf das Unterbewusstsein (was auch immer das sein mag!?) einzuwirken, keinen Sinn.

Erst das völlige Bewusstsein in Bezug auf ein ursächliches Ereignis ermöglicht den Zugriff auf die postulierte Willenserklärung.

Mit den Spiegelmeditationen sowie der machtvollen Methode der Spirituellen Rückführungen gelangen wir sogar in tief sitzende Schichten des menschlichen Denkens, des Verstandes.
Der Informationsgehalt im Körpersystem mit seinem Energiefeld lässt offenbar eine Heilwerdung nicht zu.
Deshalb nimmt die Person mit entsprechender Hilfe den bewussten Kontakt auf.
Sie selbst gelangt so mittel- bis langfristig in das unmittelbare HIER und JETZT.
Gemeinsam mit dem Helfer wird die Erleichterung von Informationen bewirkt, die auf solche Postulate zurückzuführen sind.

Für die Vorgänge im Physikalischen stellen sich diese entscheidenden Fragen:

> Bist Du Ursache oder Wirkung beim Leben in diesem Kosmos?

> Hast Du das Leben in Deiner Hand oder hat das Leben Dich im Griff?

Nichts, wirklich gar nichts im Universum, kann Geistige Wesen mitsamt ihrem Verstand erschüttern, wenn diese abermals bewusst erkennen, wie das vordem selbst geschaffene Gesetz von Ursache und Wirkung anzuwenden ist.

Oft genug finden wir eine ziemliche Begriffsverwirrung bezüglich dieser beiden Begriffe bei den Menschen.
So wird doch tatsächlich in den Betrachtungen vieler Leute die Ursache zur Wirkung vertauscht und umgekehrt.

Demnach kannst Du Leute sagen hören: "Ich bin die Wirkung im Leben, weil ich etwas bewirke."

In Wahrheit sollte es natürlich richtig heißen: "Ich bin die Ursache im Leben, weil ich etwas bewirke (oder eben auch verursache)."

Die Wirkungsposition ist die unterordnende Position

Leute machen sich klein, sprechen von sich selbst als: „Wir kleinen Leute" und lassen einfach etwas mit sich geschehen.

Jene „kleinen Leute" beugen sich den „Mächtigen" ohne aufzumucken.
Solche Menschen lassen es somit selbst zu, dass sie in andauernder Unterdrückung leben.

Der von außen zugefügte Druck, ein letztlich zugelassener Druck, diese Art der Suppression, führt nicht selten zu einer krankhaften Depression (psychischer Niedergeschlagenheit).

Menschen lassen es zu, dass man ihnen auf den Kopf spuckt.

Noch schlimmer: Sie fordern die Unterdrückung geradezu heraus, ziehen ihre Unterdrücker wie magisch an.

Die in Unterdrückung lebenden, werden auch oft selbst zu Unterdrückern, indem sie den Druck wie automatisch weitergeben.

Diese Leute sind nicht durch ihre bewussten Handlungen sondern durch ihre Automatismen und besonders durch ihr Nichthandeln dafür verantwortlich, dass sich die Hierarchien von Über-, Unterordnung in unserer Gesellschaft etablieren konnten.

Als Spielfiguren auf einem imaginären Schachbrett des Universum könnte man diese vorgeblich „Kleinen" als die Bauern im Spiel ansehen.

**„Das ist das Verdammte an den kleinen Verhältnissen,
dass sie bemüht sind, die Seele klein zu machen."**

Henrik Ibsen

Die Ursacheposition
ist die machtvolle Position

Diese Position sollte jetzt allerdings auf gar keinen Fall mit der Unterdrückung anderer gleichgesetzt werden. Sie wird jedoch oft genug dafür angesehen.

Kein Mensch in einer wirklich ursächlichen Position, missbraucht seine natürliche Macht automatisch zur Unterdrückung.

Es sind die oben genannten Kleingeister. Ohne eigenen Selbstwert gebärden sie sich als Möchtegern-Herrscher, die dann mit der Macht Schindluder treiben.

Diese Leute wurden zum Beispiel in überhöhte Machtpositionen hinein geboren oder sie wurden irgendwie fremdgesteuert auf entsprechende Posten gehievt, damit andere ihren Nutzen davon haben.

Macht und Ohnmacht stehen sich hier wirklich gegenüber. Der Ohnmächtige ist nämlich völlig machtlos, weil er sich dem Geschehen entzieht.

Dennoch sollte niemand annehmen, dass jemand, der ohnmächtig ist, nichts mehr wahrnimmt. Er ist lediglich zeitweilig nicht ganz bei Bewusstsein.

Hier nun mein Appell an diejenigen, die ihres Bewusstseins mächtig sind: Die Mächtigen haben die Verpflichtung sich um die anderen zu kümmern, damit auch diese wieder am Leben und damit an der Macht teilhaben können.

Wahre Herrscher, wie Könige, Kaiser und dergleichen, sahen sich in früheren Zeiten als Diener ihres Volkes, als „Diener des Staates", wie sich Friedrich der Große, der Preußenkönig, selbst bezeichnete.

Um wahrhafte Ursache zu sein, bedarf es niemals eines entsprechend von anderen vorgeschriebenen Postens.

Der Mensch, der wahrhaft Ursache im Leben ist, verdeutlicht dies in seinem „SoSein".

Weniger in seinen Reden, als vielmehr besonders an seinem Tun wird dies klar, denn:

An ihren Taten sollt ihr sie erkennen.

Als Mensch mit absolut ursächlicher Lebensweise und Lebenskraft bist Du TAO, das Geistige Wesen, das Selbst, ganz und gar das „Ich bin" in reiner spiritueller Betrachtung.

Stabilität und Standfestigkeit in allen Lebenslagen, charakterisieren diese sich selbst bewussten Menschen. Energetisch wahrnehmbare Präsenz im Dasein, eine so genannte „starke Aura" umgibt solche Personen.

Der Grund, warum sich manche Leute davor drücken Ursache zu sein, ist: Die damit eng verbundene, allerdings aufgesetzte, Angst vor der Verantwortung für das Verursachte.

Denn, dies ist tatsächlich eine Gesetzmäßigkeit:

Nur wer bereit ist Verantwortung zu übernehmen, kann auch effektiv ursächlich sein.

Verantwortung zu übernehmen scheint allerdings, besonders im Gefüge der heutigen Gesellschaften, nicht mehr „In" zu sein.

Viele, sehr viele geben Verantwortung gerne ab: An Horoskope, an Talismane, ebenso an Ärzte und Pfleger, an Drogen und Medikamente, an Parteien und Politiker, an den Staat und seine Institutionen, an Banken und Versicherungen, an Gott, mit seinen irdischen Vertretern, und an die Welt.

Wir leben dabei wie blinde und taube Herden-Sklaven in unserem weitgehend verantwortungslosen und damit vorgeblich schuldlosen Dasein.

Wie Lemminge laufen wir gemeinsam in den sicheren Tod. All dies nur, weil es Generationen vor uns auch schon so gemacht haben.

Dafür verantwortlich sind schließlich immer die Anderen. Denen weisen wir auch ganz schnell ihre Schuld zu.

Mangelndes Selbstbewusstsein ist mangelndes Bewusstsein zum eigenen Selbst, als Geistigem Wesen, ist die Ursache für so eine Lebenseinstellung.
Der Begriff „Schuld" wird locker, wie ein Colt an der Hüfte, getragen.

Wer ein falsches oder unbedachtes Wort äußert oder eine andere Überzeugung lebt, wird damit ganz einfach abgeschossen.

Schuldzuweisungen sind üblich und an der Tagesordnung. Mit: "Der, die, das ist schuld." oder direkter: "Du bist schuld!", hat man ganz schnell jemand ausfindig gemacht der hoffentlich überhaupt ein Gewissen hat oder vielleicht gleich ein schlechtes, an das man sich anschließen kann.
Der soll dann mehr Verantwortung für die zugewiesene Schuld tragen als man selbst. Gegen den kann man seinen Zeigefinger strecken.

Diese Person oder Institution muss deswegen noch lange nicht im Unrecht sein. Das Wichtigste ist erst einmal, dass von der eigenen Verantwortlichkeit abgelenkt werden konnte.
Wenn der Angegriffene sich dann nicht einmal angemessen wehrt, sich nicht wehren will oder sich nicht zu wehren vermag, weil er dem Angriff schutzlos ausgeliefert ist, ihn gar nicht erwartet hat, können jene sich sogar noch in einem relativen Recht wähnen.

Die so schnell missbrauchten Begriffe von Schuld und Sühne geraten jedoch zu einer Farce, zu einem Possenspiel, werden sie im blendend hellen Lichte der ursächlichen Verantwortung angestrahlt.

Hinter oder vor dem vorgeschobenen Täter könnte nämlich plötzlich der wahre Unhold zum Vorschein kommen.

Auch der verursachende Täter und das der Wirkung aus-
gesetzte Opfer, erhalten durch diese grelle Beleuchtung eine
ganz andere Beziehung zueinander.

Notwendige Übel in Wirkungspositionen

Die meisten Menschen beugen sich im Verlaufe ihres langen Lebens, den auf sie einströmenden, intensiv beeindru-
ckenden, erzwungenen oder zwanghaften Notwendigkeiten.

Der Begriff: „Notwendig", verdeutlicht bereits die Art und
Weise des Vorgehens. Die zusammengesetzten Worte Not +
wendig bedeuten hier ganz einfach: Aus der Not geborene
Wendigkeit.

Menschen wenden oder winden sich unter dem Druck der
selbst erzeugten oder von außen herangetragenen Nöte.

Diese Art des Handelns ist eine Wirkungsposition erster
Güte. Die Ursache über sein Leben erreicht man so sicher
nicht.

Erst wer der drückenden Not ein Schnippchen schlagen
kann, gewinnt die wahre Ursacheposition zurück.

Dazu muss der Mensch im, für ihn reichlichen, relativ
überlebensfreundlichen, Zustrom von Geld und Gütern auf-
steigen. Er schwimmt sich so tatsächlich frei.

Er schwimmt buchstäblich, als ursächlich handelndes
Wesen, hin zu Überfluss und Wohlstand, um dann verstehen
zu lernen, wie es sich in diesem als befreit erlebten Zustand
dauerhaft lebt.

Sich zu winden ist keineswegs die Art von TAO, den frei-
en Geistern.

Diese Art der Bewegung, weder körperlich noch geistig, entspricht weder dem aufrechten Gang von Menschen noch beinhaltet sie Geradlinigkeit im Leben.

Allerdings gibt es genügend Bestrebungen in unser aller Umfeld, die uns erst in Nöte bringen will und dann in Mangel und Not halten.
Systeme von mehr oder weniger raffiniert aufgebauten Fallen mit ihren Fall- und Fangstricken umgeben jeden von uns.

Ein Beispiel dafür sind zu enge, würgend wirkende Familienbande. So mancher darf sich nicht aus dem Staub seiner Vorfahren erheben, weil er schließlich schon immer zu den kleinen Leuten gehört hat, sich gefälligst nicht einbilden soll etwas Besseres zu sein.

Wer dennoch anfängt, Verantwortung für sein Leben zu übernehmen, ursächlich zu werden, tatkräftig etwas zu bewirken beziehungsweise zu verursachen, wird diese und ähnliche familiäre Bande gehörig strapazieren.

Die nächsten fallenähnlichen Strukturen erwarten Freigeister in den Schul- und Lehrsystemen, mit all ihren vielfach doktrinären, erstarrt wirkenden, teilweise verlogenen oder überzogenen Lehrinhalten.
Was junge Menschen dort über Jahre gelehrt bekommen, ist häufig weltfremd, in der Realität des Lebens nicht anwendbar. Es sollen manchmal nur ideologisch geprägte Lehrpläne erfüllt und ausgeführt werden.
Solche Planvorstellungen haben dann nur sehr wenig mit den Lebensinhalten um uns herum zu tun.
Außerdem wird die Teamfähigkeit untergrabenden, der Individualisierung bis zu Gegnerschaft zuarbeitende Vorgehensweisen tragen entscheidend zu Stagnation und Erstarrung in der Gesellschaft bei.

In diesen menschlich unwürdigen Verhältnissen hat auch Kriminalisierung ihren Ursprung.

Vertreter der Systeme, die Lehrer, wissen oftmals nicht einmal selbst, dass sie an der Harmonisierung des Lebens vorbei lehren.
Während sie sich zwangsläufig den von oben aufgesetzten Plänen beugen, versuchen sie sich einfach mit dem eindeutig verlogenen Satz zu rechtfertigen: „Nicht für die Schule, für das Leben lernt ihr."

Erst, wenn solcherart verbildete Menschen später feststellen müssen, dann möglicherweise schmerzhaft, wie weit sie vom Schulsystem in die Irre geleitet wurden, gehen einigen von ihnen wahrhaftig ganze Kronleuchter auf.

Leider fehlt für solche, direkt aus dem Leben begriffenen Erkenntnisse, häufig der kommunikative Draht, zurück zu den Schulen. Und ob deren Meinung dort noch Gehör finden würde, darf zudem bezweifelt werden.

Die Erzeugung von geistig reduziertem, leicht zu versklavendem, mittels gezielt beabsichtigten Fremdeinflüssen beliebig steuerbarem Menschenmaterial setzt sich im Berufsleben fort.

Im direkten Gegensatz dazu sollten wir vorfinden dürfen: Über sich selbst bestimmende, geradezu universell denkende und selbstständig handelnde Menschen.

Dass dies nicht so ist, verdeutlichen Schlagworte wie: Spezialistentum, Betriebsblindheit, Beamtenmentalität und ähnliche. Wir müssen leider immer wieder wahrnehmen, wie sehr Leute es zulassen, in einem Berufsfeld oder in dem für die Öffentlichkeit bestimmten Bild davon, eingeengt zu werden.

Die Waagschale einer Balkenwaage senkt sich hier, in unserem sozialen Umfeld, in den Gesellschaften der meisten Staaten dieses schönen Planeten, ganz klar zu Ungunsten von Ursache.

Umkehr ist angesagt!

Um tatsächlich wieder Ursache im Leben sein zu können, es zu dürfen, müssen: So genannte lieb gewonnene Gewohnheiten gebrochen, alte, verfilzte Zöpfe abgeschnitten, die verdrehten Denkschleifen entknotet und völlig neue Wege beschritten werden.

Wir müssen die Fehler als solche erkennen, anerkennen und bereit sein, darüber hinaus zu wachsen.

So wie wir Fehler begangen haben oder noch begehen, so sollten wir spätestens von nun an die Fähigkeit nutzen daraus Schlüsse zu ziehen, zu lernen und das Fehlverhalten zuerst mental und dann real zu überwinden.

Unser Denken geht unseren Handlungen immer voraus.

Nicht aus den Fehlern zu lernen, aus eigenen sowie aus fremden, bedeutet nur, in seiner engmaschigen Wirkungsposition stecken zu bleiben.

Wer vollständig Ursache im Leben sein will, darf weder an alter bis uralter Schuld noch an altem Leid und schon gar nicht an alten Verlusten hängen bleiben.

Liebe und Hass
als Fazit zum „Karma"

Ein Herr mittleren Alters kam zu mir. Ziemlich zu Beginn meiner Aktivitäten als Spirituellem Rückführer.

Er hatte damals ein für mich noch kurioses Anliegen: „Ich habe gehört, es ist nicht unwahrscheinlich, dass Familienmitglieder sich immer wieder finden. Sie sollen sogar über mehrere Leben beieinander bleiben. Ich würde gerne wissen, ob ich in diesen Familienverbund, in dem ich mich derzeit befinde, wirklich hinein gehöre. Oder wo sind die Leute zu denen ich eigentlich gehöre?"

Kuriose Betrachtung, ja, aber keineswegs abwegig. Tatsächlich finden sich die Personen von Leben zu Leben immer wieder einmal. Allerdings erfolgt dies in keinem Falle geradlinig oder nach einem vorgegebenen Muster.

Stellt euch einfach mal vor, euer Großvater stirbt und von den Familienmitgliedern ist gerade niemand im gebärfähigen Alter oder bereits schwanger.

Der Großvater wird kaum so lange warten, bis eine Frau heranwächst, die dann seine Mutter werden könnte.

Vorausgesetzt er ist nicht ins Licht gegangen, wird er sich halbwegs bewusst einfach auf die Suche nach einem geeigneten Pärchen oder nach einem neuen Babykörper begeben. Auf dem relativ einfachsten Wege wird er sich wieder gebären lassen.

Je geringer die Stufe der Bewusstheit ist, umso hektischer, unüberlegter wird er nach einem neuen Körper schnappen.

Manchmal kommt es dann wahrhaftig vor, dass das nächstbeste Tier von jemandem übernommen wird. Dies ist aber die Ausnahme.

Der Tierkörper wird auch ganz schnell wieder verlassen, wenn sich dazu die Gelegenheit bietet.

Dies allein schon deshalb, weil etliche Tiere, als Rasse, von entweder einer Seeleneinheit oder kollektiv von mehreren Seelen gesteuert werden.

So haben die meisten Tiere, als Einzelwesen, keine ausgeprägte Individualität sowie einen schwachen Bewusstseinslevel.

Dadurch können die menschlichen Wesen leicht auch erwachsene Exemplare übernehmen.

Doch auch bei tierischen Körpern hat die Biomasse eine ungeheure Bindekraft. Zudem fühlt sich das Geistige Wesen für den neuen Körper verantwortlich.

Das Verlassen eines Tierkörpers bedingt deshalb, trotz der Überlegenheit des menschlichen Seins, den Tod des Tieres.

Hier ein etwas sonderbares Beispiel dazu, aus einer spirituellen Maßnahme mit einer heute weiblichen Rat- und Hilfesuchenden:

Als Indianer hat sie/er beim Durchqueren einer Wüste in Nevada sein Leben lassen müssen.

Er starb unter sengender Sonne und das Letzte was er sah war ein Geier, der auf einem Fels sitzend auf seinen Tod wartete.

Der Geier war ihm, als sein Totemtier, keineswegs unsympathisch.

Es bestand schließlich eine alte, mystische Verwandtschaft seines Stammes mit dieser Tiergattung.

Deshalb steuerte er unmittelbar, beim Verlassen des verbrauchten menschlichen Körpers, dieses Tier direkt an und übernahm es.

Zusammen mit anderen Geiern labte er sich dann an dem toten Menschenkörper, der einmal seine eigene Behausung war.

Für den ehemaligen Indianer war dies alles ein völlig natürlicher Vorgang, bei dem er keinerlei negative Emotionen hatte.

Als Geier flog er hoch hinaus. Er zog dort seine Kreise. Ihn durchströmte ein Gefühl das er/sie als „erhaben" bezeichnete. Ansonsten lebte er/sie einfach so, wie Geier eben leben.

Erst als ihn der Pfeil eines fremden Indianers von einem kahlen Baum holte, konnte er den gefiederten Freund, der er selbst war, wieder verlassen.

Sein Geierkörper stürzte zu Boden und die indianische Seele entfernte sich, als frei gewordener Geist, nach oben.

Verschiedene meiner Rat- und Hilfesuchenden hatten ähnliche Erlebnisse mit Tieren: Als Schlange in Afrika, als Wolf am Polarkreis, als Hund, als Katze, als Delphin. Möglich wäre jede beliebige Variante.

Eine junge Dame fand sich sogar im Körper eines Grashüpfers wieder, den sie so lange besetzt hielt, bis er von einem Vogel verspeist wurde.

Nicht weniger skurril war die Geschichte eines Mannes, der entdeckte, wie er vor langer, langer Zeit als relativ kleiner, etwa pferdgroßer Saurier existierte.

Seit ich von solchen Verbindungen weiß, bin ich sehr viel respektvoller und auch kommunikativer zu jeder Art von Tieren. Auch zu Insekten!

Ich habe den Eindruck, dass manches Tier, nicht jedes, mich seitdem ebenfalls ganz anders erkennt und annimmt.

Dann gehe ich von der Vermutung aus: Im Körper dieses Tieres parkt eine menschliche Wesenheit.

In diesen speziellen Fällen kann man von einem Tier mit Charakter sprechen.

Vielleicht bekomme ich auch einfach liebevollen Kontakt zu der Seeleneinheit, die dieser Rasse übergeordnet ist.

Ein Mensch, der zu speziellen Tieren gut ist, ob zu einem Hund, einer Katze oder einem Pferd oder irgendeinem anderen Tier, wird von dem überwiegenden Teil der gesamten Tierrasse anerkannt.

Mit dieser Tierart baut sich eine geradezu weltumspannende Zuneigung auf.

Dies trifft natürlich auch beim Gegenteil zu. Herr Huber, der von deutschen Hunden gerne gebissen wurde, wird sich auch vor den australischen Hunden in Acht nehmen müssen – außer er ändert allgemein seine geistige Einstellung zu dieser Art Tiere.

Auch die Ängste vor bestimmten Tieren können sich in den Vorstellungen von Menschen breit machen. Hier wird das morphische Feld energetisch aufgeladen.

Aus diesem Grunde und auf diese Art und Weise wurden die Wölfe, Bären und Luchse in einigen Gegenden fast ausgerottet.

Das System der Reinkarnation, wie es besonders in Indien propagiert wird, mit dem fest gefügten Regelwerk für die Wiedergeburt, ist zwar eine recht nette Vorstellung, jedoch die Praxis sieht völlig anders aus.

Niemand wird wegen irgendwelcher Vergehen zu einem Tierwesen degradiert.

Ebenso wenig wie Leute immer wieder der gleichen Kaste angehören, nur weil dies angeblich vor ewigen Zeiten schon so war.

Das Kastenwesen oder -unwesen in Indien würde einen ganz schön kräftigen Schlag erhalten, wenn auch dort die Wahrheit über die Wiedergeburt an den Tag kommen würde.

Die in diesem Leben Reichen und Mächtigen der oberen Kasten haben ganz und gar kein karmisches Recht auf ihre Position.

Wie auf der restlichen Welt auch, so sind bestimmte, feste Vorgaben, für die Geburt in einem neuen Körper, nicht erkennbar.

Bestimmend für einen Wiedereintritt in entsprechende Körper ist, in allererster Linie, der Grad der persönlichen Bewusstheit von Wesen.

Die Höhe des BewusstSeins, damit das Verhalten im Umgang mit der Verantwortung und in der Ethik, bestimmen das Spiel des Lebens.

Jedes Wesen, in seiner charakteristischen Persönlichkeit, hat immer wieder die Chance zu einem völligen Neubeginn. Dies im Verlaufe eines Lebens oder in mehreren Leben.

Die Taten eines Menschen rächen sich sowohl durch die seelische Verbindung zu den Opfern als auch durch das eigene schlechte Gewissen.

Es gibt einfach keine ungesühnten Taten. Alles Tun wirkt sich im Laufe der Zeit irgendwie aus.

Allerdings geschieht dies eher in der Selbsterschaffung einer eigenen, weniger lebenswerten Zukunft, in die jemand sich hinein manövriert oder wieder hinein geboren wird, als durch eine übergeordnete Schicksals-Gerechtigkeit.

Manchmal habe ich sogar erlebt, dass sich Menschen als Täter definieren und aus diesem Bildnis heraus wie ihre Unterdrücker agieren. Obwohl sie in Wirklichkeit die bedauernswerten Opfer des Geschehens waren.

Die kraftvolle, überwältigende Art, des eigentlich wirkenden Täters, hat in dem Geschehen das Opfer energetisch umgedreht.

Auf diese Art und Weise wurden Geistwesen zu mächtigen, alles vernichtenden Blitzeschleuderern, obwohl sie vorher per elektrischen Anwendungen eingefangen, klein gemacht und ausgebeutet wurden.

Der einzige Weg ein so genanntes „schlechtes Karma" zu erfahren, besteht darin, wenn jemand beim Begehen einer „bösen Tat" ebenfalls schwer verletzt oder getötet wurde.

Dabei ist aber das, was ihnen durch andere Leute angetan wurde, weitaus ausschlaggebender für den weiteren Weg durch die Zeit, als die begangene, eigentliche Untat.

Ein Mörder, der bei seinem Tun in den Rücken gestochen wurde, hatte in den späteren Leben mehr über andauernde, belastende Rückenschmerzen geklagt, als sich Gedanken um den Mord zu machen.
Für seine Tat hatte er sich schließlich vor dem Mord schon hinreichend eigene Entschuldigungen und Rechtfertigungen zurecht gelegt, damit er die Schwelle zur kriminellen Handlung überwinden konnte.

Jeder Kriminelle wird bei einigem Nachbohren genau erklären können, warum er dies oder das so und nicht anders tun musste.
Dabei überschneiden sich die nachvollziehbaren Realitäten mit den Irrationalitäten, den so genannten Verrücktheiten.

Heute wird zu den jeweils eigenen Betrachtungen auch noch das Instrument der „geistigen Unzurechnungsfähigkeit" den Verbrechern an die Hand gegeben.
Damit unterstützen Kriminelle anderer Art ihre unglücklichen Kollegen, um sie dem staatlichen Zugriff zu entziehen. Dabei können diese sogar noch jede Menge Geld verdienen.

Das Karma, das wir als Mitbürger einer Gesellschaft oder als Mitglied bei einer Religionsgemeinschaft oder dergleichen erleben, beruht darauf, dass wir in den früheren Leben nicht genug getan haben, damit negative Praktiken nicht Fuß fassen konnten, im Umgang miteinander.

Häufig ist es nicht das Tun, sondern unser gemeinschaftliches Unterlassen, die stupide Zuschauermentalität während früherer Leben, das uns unmittelbar, in der Gegenwart, in echte Schwierigkeiten bringt.

Mitläufertum ist nicht die richtige Einstellung zur Lösung von Problemen.

Nicht nur aber gerade euer Schweigen hat uns, alle zusammen, schon oft genug in Schwierigkeiten gebracht!

Ich selbst empfinde mittlerweile eine ungeheure Verantwortung, nicht nur für das eigene Leben.

Wir alle sind für das Leben vieler anderer Menschen und der Lebewesen auf dem Planeten verantwortlich.

Die Erkenntnisse aus den Spirituellen Rückführungen brachten mich sogar zu dem Wissen: Unser Tun auf Planet Erde überträgt sich in den Kosmos hinaus.

Dabei verstehe ich unter dem Begriff „Kosmos" nicht allein das physikalische Universum oder das All, sondern auch die geistige Komponente.

Kosmisch zu denken oder kosmisch zu Sein führt uns unmittelbar an die Betrachtungsweise von TAO heran, Geistig sowie Göttlich.

Erst wer sowohl die eigene als auch die Vergangenheit von anderen korrekt erkennt und anerkennt, kann die Gegenwart vollständig annehmen und dann die Zukunft kreativ gestalten.

Übrigens braucht man sich vermutlich für die allernächsten Generationen noch keine Gedanken machen, dass jemand sich selbst beerben kann.

Dazu müssten zuerst die Gesetze zur Erbschaft völlig neu geschrieben werden und zudem sollte es den Verstorbenen gelingen, als Kinder wieder in ihren Familienverbund geboren zu werden.

Ob dies allerdings wünschenswert wäre, wage ich zu bezweifeln.

Nach meinen eigenen Erkenntnissen sollten wir bei unseren Überlegungen nie außer Acht lassen: Die von den Emotionen Liebe und/oder Hass gesteuerten, karmischen Verbindungen.

Diese beiden, eigentlich gegensätzlichen Kräfte sind lediglich zwei Seiten von ein und derselben Medaille.

Beide wirken außerordentlich kommunikativ und fordern das Zueinander und das Füreinander sowie das Gegeneinander regelrecht heraus.

Im Miteinander verweben sich die Fäden wie von selbst. Sie bilden so ein karmisches Netzwerk.

Es sind die stärksten Bindekräfte sowohl im Kosmos als auch im physikalischen Universum.

Ihre engsten, emotionalen Verbündeten finden wir einerseits in Mitleid und andererseits in Wut oder Zorn.

Entweder das Wesen stellt sich nun seinem Karma, um selbst eine Art Lösung herbei zu führen, oder es versucht, aus Angst oder unter Protest, jeglichen Kontakt mit den daran beteiligten Personen zu vermeiden.

Selbstverständlich gelingt die Strategie des Vermeidens so gut wie nie.

Denn, wenn in diesem Leben Konflikte vorübergehend unterdrückt werden können, in einem der nächsten Leben prallen die Kontrahenten garantiert wieder aufeinander.

Zumal, wie wir wissen, ausgerechnet Angst und Protest sich wie magnetische Polaritäten, entgegen der Zurückweisung auswirken.

Im Gesetz von Ursache und Wirkung heißt somit der Lehrsatz: **„Alles wovor Du Angst hast oder wogegen Du protestierst, davon wirst Du Wirkung."**

Das Karma verlangt auf Grund dessen nach einer Lösung, einer Loslösung. Genau hier habe ich die entsprechende Gesetzmäßigkeit entdeckt.

Es geht nicht um die kleinliche Erbsenzählerei einiger Philosophien, sondern darum den Hass mit Macht zurück zu drängen und der Göttlichen Liebe, also der bedingungslosen Liebe, zum Durchbruch zu verhelfen.

„Liebet eure Feinde!" Diese Forderung des Weltenlehrers Jesus Christus ist zu hundert Prozent der richtige Weg, um karmische Schwierigkeiten aus unserer Welt zu schaffen.

Apostel Matthäus hat diese Worte von Jesus so niedergeschrieben: *"Ihr habt gehört, dass gesagt ist: Du sollst deinen Nächsten lieben und deinen Feind hassen. Ich aber sage euch: Liebet eure Feinde, und betet für die, die euch verfolgen, damit ihr Söhne eures Vaters werdet, der in den Himmeln ist"*

Liebe als verbindende Kraft anzuerkennen dürfte jedem von uns ziemlich leicht fallen.
Mit dem Wort Liebe assoziieren wir auch Zuneigung, Affinität, Einheit und Zusammengehörigkeit.
Hass dagegen verquicken wir eher mit den Begriffen: Abstoßung, Gegensatz, Abwehr und Widerwillen.

Die Chinesen bringen hier jetzt die Symbolik von Yin und Yang ins Spiel. Dabei ordnen sie Liebe dem Yin und Hass dem Yang zu.

Yin und Yang sind zwei Betrachtungsmöglichkeiten derselben Sache. Deshalb wird dafür das Symbol des in sich geschlossenen Rades genommen: Das Rad der Dinge, in dem ein ständiger, fließender Ausgleich stattfindet, der auf einen Wechsel zustrebt.

Es ist ein in sich geschlossenes Rad mit zwei Naben, das aus der im Universum überall wirksamen, entgegengesetzten Polarität besteht und auch den geistigen Kosmos ausdrückt.

Yin, das dunkle Fluidum, und Yang, das helle Fluidum, befinden sich, in diesem Sinnbild für Universum sowie Kosmos, im strömenden, harmonischen Gleichgewicht.

Beide Urgewalten ergänzen sich und lösen einander fließend ab.

Das bipolare Universum würde sich, so die chinesischen Vorstellungen, in einem gewaltigen Chaos befinden, wenn nicht die hohe Vernunft, von mir TAO genannt, sich ordnend einschalten würde.

Entsprechend sind Liebe und Hass beständig im Fluss und erst das Geistige Wesen, als Abbild des Göttlichen TAO, bringt Beständigkeit und Ordnung in dieses Miteinander.

Lasst uns das eine Prinzip: Die Liebe, einmal bei zwischenmenschlichen Beziehungen anschauen.

Zwei Menschen finden sich. Entweder funkt es sofort oder die Zuneigung wird erst mit der Zeit stärker.

Auf einer Basis, die als Magnetismus angesehen wird, nähern sich Personen einander an.

Dr. med. Franz Anton Mesmer hat dafür im 18ten Jahrhundert den Begriff des „animalischen Magnetismus" geprägt, von anderen auch „Mesmerismus" genannt.

Mit Hilfe dieses animalischen, tierischen Magnetismus hat Dr. med. Mesmer damals hypnotisch wirkende Experimente durchgeführt.

Das Bewusstsein wurde dazu abgesenkt. Die beteiligten Personen verloren vollständig die Kontrolle über Körper und Verstand.

Der Vorteil dabei ist, die energetische Kraft des Körpers, zur Freisetzung der Selbstheilung, wird vom Körper selbst in Gang gesetzt.

Deshalb hatte Dr. med. Mesmer auch Erfolge bei der Anwendung seiner Heilungsmethode.

Diese Anziehungskraft von Menschen, lediglich auf der Basis des animalischen Magnetismus, ist die niedere Form von Liebe.

Der Umgang damit hat ausschließlich körperliche, sexuelle Züge. Die Fortpflanzung von Körpern funktioniert mittels dieser Kraft.

Dabei spielen elektrische Phänomene die herausragende Rolle, wie eben auch der Orgasmus.

Wenn der Volksmund von „Liebe macht blind." und „… hat vor lauter Liebe den Verstand verloren." und „… hat seinen Verstand in der Hose.", spricht, dann ist damit die animalische Anziehung gemeint.

Und ebenso wie bei physikalischen Magneten gibt es hierbei Plus und Minus, Anziehung und Abstoßung, nicht unbedingt übereinstimmend mit der Form von Sympathie und Antipathie.

Tatsächlich kann ein unsympathischer Mensch dennoch eine unglaubliche Anziehungskraft ausüben.

Dann erklärt eine Frau zum Beispiel: „Ja, er beschimpft und schlägt mich. Aber ich liebe ihn trotzdem. Ich weiß selbst nicht warum."

Sadismus und Masochismus, die Praktiken des Sado-Maso, entspringen dieser animalischen Art des Zusammenlebens.

Also: Jegliche „Liebe", die in diesem Stadium eines so sehr herabgesenkten Bewusstseins stattfindet, bei der automatisch unser Verstand aussetzt, ist auf der tiefen Ebene des Animalischen angesiedelt.

Diese Kraft verbraucht sich allerdings. Manchmal nimmt sie sehr schnell ab. Sobald der Alltag einkehrt und „der Zucker weg ist", verflacht die tierische Bindung.

Ähnlich einer harten Droge bedarf die Wiederbelebung dieser Kraft immer stärkerer Reize. Bei übermäßiger Beanspruchung hält deren Wirkung weniger lange vor.

Mit zunehmendem Alter ebben die elektrischen Kräfte im Körpersystem mehr und mehr ab.
Dieser völlig normale Vorgang hat etwas mit dem fortwährenden Sterbeprozess zu tun. Er verminderten die Leistungsfähigkeit von Körpern.
Je besser ein Körper ernährt wird, je mehr der Körper fit gehalten wird, desto länger bleibt auch der animalische Magnetismus in Schwung.
Die TAO-Seele, die Person selbst, ist keineswegs betroffen.

Eine Beziehung, die ausschließlich im Banne dieser Art und Weise von Liebe, dieser Anziehungskraft, begründet wird, ist entweder zum Scheitern verurteilt oder zum baldigen Einschlafen.
Maßstab für diese Verbindung ist lediglich der Körper, der eigene oder der des Partners, sowie banale Äußerlichkeiten in dessen Umgebung.
Lässt das Körperliche plötzlich oder mit der Zeit zu wünschen übrig, verlieren sich die Bindungskräfte im Nichts. Zurück bleibt: Eine mehr oder weniger gescheiterte Beziehung.

Erst, wenn wir den Bereich des Tierischen verlassen, gelangen wir zu der Liebe unter Menschen, zur menschlichen Liebe. Erst diese ist mit ihrem Gegensatz, dem Hass, gepaart. Ab hier wirkt auch das Gegenüber von Sympathie und Antipathie.

Die menschliche Liebe findet Worte, wo vorher nur gestöhnt wurde.
Die Liebe zwischen Menschen braucht auch nicht notwendigerweise einen sexuellen Akt.

Hier genügt allein die Nähe des Partners, um zufrieden zu sein. Andere Qualitäten kommen dabei ins Spiel.

Das gegenseitige Vertrauen lässt diese Art von Liebe enorm anwachsen.

Bei aufkommendem Misstrauen stürzt die Zuneigung allerdings ebenso schnell ab.

Häufig endet der Sturz im Bereich des Animalischen, bei blind und bewusstlos machender Eifersucht.

Das Miteinander bei menschlicher Liebesbeziehung findet ihre Erfüllung bereits im gemeinsamen Betrachten der Welt, ihren Schönheiten. In solcher Übereinstimmung und der damit einhergehenden, unterschwelligen Erotik verbinden sich die Menschen.

Dabei ist keineswegs der Körper des Partners ausschlaggebend, sondern hier wirken eher die gefühlvollen Empfindungen, die Intelligenz und die geistigen Einstellungen sowie gemeinsame Interessen anziehend.

Alleine das Bildnis eines schönen Mannes oder einer attraktiven Frau kann für die Beziehung ähnlich erotisierend wirken, wie die Nähe des eigenen Partners.

Jede Emotion, jede Empfindung die mit dem Partner geteilt werden kann und bei der man merkt, dass sie erwidert wird, ist Ausdruck menschlicher Liebe.

Das neckende Wortspiel zwischen Liebenden, eine Geste der Vertrautheit, das angenehme Spüren von Nähe und Zeichen der Zusammengehörigkeit, dies und mehr zeichnet die Liebe zwischen Menschen aus.

Liebende Menschen sind auch bereit wieder aufeinander zuzugehen, obwohl die Meinungsverschiedenheiten eigentlich trennend wirken.

Die Kompromissbereitschaft zeichnet den Menschen aus. Dies offenbart einen Gegensatz zum Tier.

Gespräche kommen wieder in Gang, wenn versucht wird gemeinsame Vorstellungen abzugleichen.

Hier kommt die erste Verbindung in Richtung zum Geistigen zustande. Damit kann eine Verbindung über mehrere Leben hinweg Bestand haben.

Solche, nun karmisch angehauchten Liebesbeziehungen, von Leben zu Leben wiederkehrend, sind, aus der Höhe der Anschauung heraus, selbstverständlich nicht gleich sexuelle Partnerschaften.

Nachdem die Zeitpunkte verschiedener Tode sich immer etwas gegeneinander verschieben, treten an die Stelle von Ehen auch Verbindungen von Eltern zu Kindern, von Geschwistern, von Geschäftspartnern und von Freunden.

Auch die Geschlechter bleiben oft nicht gleich. Zudem bleibt die gegenseitige Liebe nicht unbedingt als solche stabil. Es kann es sein, dass sie erst über ein längeres Miteinander und über Gespräche wiederbelebt wird.

Liebe zwischen Menschen muss sowieso über Kommunikation immer wieder neu belebt werden.

Dies gilt auch für dieses, jetzige Leben. Sterben die Gespräche, stirbt auch die Liebesbeziehung.

Menschliche Liebe wird häufig auch von negativen Emotionen begleitet.

Gram und Trauer, Mitleid, Ängste und Schmerzen tangieren das Liebesverhältnis der menschlichen Wesen.

Auch das heftige Gefühl von Wut oder Zorn spielt eine entscheidende Rolle im Liebesleben von Menschen.

Es kann auf Gespräche entweder wirken wie ein reinigendes Gewitter, das diese wieder in Gang bringt sobald sich die Wolken verzogen haben, oder es pflügt einen tiefen, unüberbrückbaren Graben in die Beziehung.

Eben hier verläuft die Grenzlinie, bei der Liebe in Hass umzuschlagen vermag.

Enttäuschte Liebe mit Täuschung und Verrat sind in den Partnerschaften der ideale Nährboden für den Hass.

Nichts trifft Menschen im Herzen tiefer, als die schlimme Zurückweisung durch einen Geliebten.

Dann gewinnt der Satz an Wahrheitsgehalt: „Soviel Hass kann nur Liebe sein!" Denn, obwohl zutiefst gehasst wird, bleibt immer noch ein Quäntchen von der ehemaligen Liebe übrig.

Besonders, wenn eine Scheidung bevorsteht, kommt oft und oft Hass auf, der von skrupellosen Anwälten auch noch geschürt wird.

Solcher Hass lässt auch so manche Beziehung in einem Ehekrieg, besser Scheidungskrieg, enden.

Die universale oder kosmische Elementarkraft Liebe/Hass setzt sich durch die Zeit fort. Als Liebes- oder Hassbeziehungen verflechten sich Menschen und nun auch Seelen.

Eine Frau hat ihren Bruder in einem früheren Leben umbringen lassen und ein paar Leben später geheiratet.

Könnt ihr euch vorstellen, welcher Konfliktstoff in dieser Ehe nur darauf wartet gezündet zu werden?

Zwei feindliche Brüder (ein geradezu geflügeltes Wort) haben in vergangenen Lebensabschnitten immer wieder gegeneinander gekämpft.

Sie stritten jeweils auf verschiedenen Seiten, innerhalb und außerhalb der eigenen Familienbande. „Gesucht und gefunden!", könnte das Motto dieser Menschen gewesen sein.

Der Ursprung all dieser Geschehnisse war ein mit Hass erfüllter Zweikampf um eine Frau.

Dabei kam einer von den beiden ums Leben, durch einen tragischen Unfall. Danach setzte sich die unendliche Geschichte als eine Reihe von Ereignissen durch die Zeit fort.

Bis sie in der Gegenwart landete, bei mir, zur Spirituellen Rückführung.

Hier endete dann auch die unglückliche Verbindung. Indem ich einen der beiden Brüder zurückführte und er sich das vergangene Ereignis vollständig bewusst machte, durchtrennte dieses Erkennen, die von Hass erfüllte Verknüpfung.

Ohne unterschwelligen Hass und ohne Hader konnten sich, von diesem Zeitpunkt an, die beiden Brüder gegenüber treten.

Ich habe im Verlaufe meiner Arbeiten ganze Familienverbände auf ähnliche Art verflochten gefunden. Sie vernetzten sich über eine halbe Ewigkeit hinweg, mit kleineren oder größeren zeitlichen Abständen.

Vielerlei Gruppenbeziehungen entstanden auf diese Art und Weise, vermutlich sogar ganze Volksstämme, Religionsgemeinschaften und eventuell auch große funktionelle eher zweckbestimmte Gebilde wie Parteien oder Gewerkschaften, vielleicht sogar Rassen.

Gemeinsame Ideen voller Liebe/Hass-Emotionalität verbinden untereinander.

Selbst das Verzeihen ist in diesem karmisch geprägten Umfeld eine versteckte Schuldzuweisungen.

Unter diesem Motto: „Ich weiß zwar, dass Du ein Verbrecher bist, aber ich verzeihe Dir die Taten.", kann sich jemand wunderbar über seine Mitmenschen erheben.

Dadurch tut er so, als wäre er etwas Besonderes, vielleicht eine Art König, der huldvoll begnadigen kann.

Der andere hingegen ist nur ein Staubkorn, das jemand nach Belieben weg pusten kann; außer er/sie verzeiht ihm wieder einmal.

Wenn ihr mal wollt, dass sich ein Menschlein wirklich schlecht und winzig fühlt, dann verzeiht ihm irgendetwas.

Das erteilen von Gnade entlässt den dadurch Begnadigten trotzdem nicht aus der begangenen Tat. In der allgemeinen Betrachtung bleibt er der Missetäter. Unser gesamtes Rechtssystem beruht auf dieser Vorgehensweise.

Lediglich die Vergebung wirkt anders. Sie wirkt wie ein Wegnehmen, ein geben von etwas anderem anstelle der Schuldgefühle.
Gegeben wird bedingungslose Liebe, das universale Lösungsmittel. Damit wird ein Ausstieg ermöglicht, aus den Fangstricken karmischer Fallen heraus.
Mit der bedingungslosen Liebe erheben wir uns und andere über die bipolaren Gesetze des physikalischen Universum hinaus.

Aber Achtung: Die alten, vor ziemlich langer Zeit gesetzten Einpflanzungen, die unsauberes, von Viren verseuchtes Gedankengut sind und wie Denkschleifen funktionieren, wirken perfekt weiter.
Damit halten wir uns selbst in Schach und versklaven uns gegenseitig.
Jeder der jemals frisch dazu kam und irgendwie noch heute kommt, wird sofort in dieses Flechtwerk menschlicher Emotionalitäten integriert.

Die universell wirkenden Emotionen: Liebe und Hass, bestimmen darüber hinaus den geistigen Kosmos von jedermann. Auf dieser Ebene stimmen wir damit überein.
Unsere Vorstellungen haben die Kraft von Klebstoff. Damit halten wir uns in einem Spinnennetz.
Dies allerdings mit dem fatalen Fehler, dass wir selbst die Spinnen sind, die danach trachten, sich und andere im gemeinsamen, karmischen Netz einzuspinnen.

Sollte jemand als Individuum versuchen, sich gewaltsam aus diesem Netzwerk zu befreien, mit List und Tücke oder mit Macht auszubrechen, so wird er mit der entsprechenden Gegengewalt daran gehindert werden. Umso mehr wird er erneut eingesponnen.

Wirklich große Wesenheiten oder Persönlichkeiten, wie zum Beispiel Jesus oder Buddha und eventuell auch Mohammed, wandten deshalb keine Gewaltakte an, sondern eine sanfte Methode der Entfesselung.

Mit hoher, überaus starker Liebesenergie gelang ihnen zumindest eine zeitweilige Befreiung.

Trotzdem wurden viele von diesen Wesen, mit absoluter Sicherheit, wieder Opfer ihres Menschseins.

Vermutlich finden wir einige geistige Führer, nicht gerade die genannten drei, heute als Wirt in einer Kneipe oder als Verkäufer in einem Kaufhaus oder … wieder. Euer Nachbar könnte einer von ihnen sein.

Mit den Mechanismen der Abwertung, der Unterdrückung und der Inszenierung des Implants, als dem geistigen Befehl: „Andere ins Unrecht setzen!", hat die übrige Menschheit bisher noch jeden klein gekriegt.

Zumal die reaktive Grundlage, als Empfänger darauf zu reagieren, in den eingepflanzten Denkschleifen bereits festgeschrieben steht.

Auch die Verbündete menschlicher Liebe, genannt das Mitleid, ist ein überaus kraftvolles Bindemittel innerhalb von Beziehungen.

Die meisten Ehen, die auf „ewig" geschlossen werden, haben nur deshalb lange Bestand, weil die Partner im Verlaufe der Bindung Mitleid füreinander entwickelten: „Wir sind so lang zusammen. Jetzt kann ich ihn/sie doch nicht im Stich lassen. Was würde er/sie denn ohne mich anfangen?"

Solche „Mitleids-Ehen" können wirklich ein ganzes Leben lang halten. Leider ist hier keine Weiterentwicklung der Partner möglich, weil die Bindung sich eben nur auf den Faktor Mitleid bezieht, mit Hilfsbedürftigkeit im Schlepptau.

Der jeweils andere wird auch ständig in der abhängig machenden Bedürftigkeit gehalten, weil es sonst keinen ersichtlichen Grund gibt, um überhaupt noch länger beisammen zu bleiben.

In Staatsgebilden, einer übergeordneten Gesellschaftsform der Menschen, heißt das Mitleid zum Beispiel: Sozialstaatlichkeit oder „Netz der sozialen Sicherheit".

Wer sich einmal in diesem Netz verstrickt hat, ahnt oder weiß wovon ich rede.

Als „sozial schwach" abgestempelt zu werden, vermittelt nicht gerade ein Gefühl von Stärke.

Menschliche Wesen werden dadurch zu einem Spielball von Behördenwillkür und geraten immer mehr in die Mühlen staatlicher Gewalten.

Es erfordert eine ziemliche Kraftanstrengung des Individuums, um nicht mit der Bequemlichkeit der vermeintlich sozialen Einrichtungen übereinzustimmen.

Sich aus den klebrigen Fangstricken des mitleidigen Netzes befreien zu wollen, lässt so manchen der Abhängigen verzweifeln. Letztlich scheint es einfach leichter, anderen die Denkanstrengung und sonstige Arbeit zu überlassen.

Das Staatsgebilde, als Machtinstrument einiger weniger, nutzt das Mittel der mitleidigen Geldverteilung zur Kontrolle der Bürger.

In früheren Zeiten haben sich meistens die Kirchen dieser Möglichkeit zur Einflussnahme bedient.

Im Übrigen gehört auch die Systematik der Entlohnung, des Geldverdienens, zu diesem Instrument.

So genannte Geringverdiener sind heutzutage die Opfer einer Politik des Mangels.

Die Mehrheit der Bürger stimmt sogar noch damit über-ein, wenn „Bedürftige" per mitleidsvollem Geldfluss an verschiedene Verwaltungsapparate gebunden werden.

Denn, so haben sich die Herrscher überlegt, damit werden mögliche Unruheherde in der Bevölkerung schon im Vorfeld befriedet.

Doch wehe, wenn Sand ins Getriebe der Verteilungsmaschinerie gerät. Der bis dahin ruhig gestellte Mitbürger geht dann auf die Barrikaden. Das System des Mitleids schlägt um in Zorn und in Wutanfälle, den Verbündeten des Hasses.

Diese andere Seite der Medaille führt dann beispielsweise zu Streiks, einem vergleichsweise harmlosen Ablassventil für Bürgerzorn. Auf den nächsttieferen Stufen ereignen sich Demonstrationen.

Bei Revolten und Terror begegnen wir bereits dem puren Hass, der dann womöglich Menschenopfer fordert.

Statistisch und auch realistisch betrachtet finden wir gerade bei den „sozial Schwachen", also bei denen die das meiste Mitleid der Gesellschaft erfahren, die größte Gewaltbereitschaft, bis hin zu kriminellen Handlungen aller Arten.

Wohl gemerkt, ich spreche hier nicht davon, dass ehrliche Hilfsbereitschaft unterdrückerisch sei. Im Gegenteil!

Nur, so können wir sehen, in der Vergangenheit sowie in der Gegenwart wurde und wird über den Kanal der Hilfe bösartig Macht ausgeübt. Menschen werden in Abhängigkeiten manövriert und dann darin festgehalten.

Lediglich, wenn nach dem Gesetz des gerechten Ausgleichs gehandelt wird, hat Hilfe niemals den Charakter von Kleinmacherei.

Das Gegenteil: Hilfe die sich jemand verdienen kann, ist etwas sehr Erhebendes.

Dadurch wird die Würde der Person anerkannt, der Respekt bleibt erhalten. Die Person selbst, als TAO-Seele, darf über ganze Lebensabschnitte ursächlich sein und bleiben.

Liebe und Hass, sowie Mitleid und Zorn, schieben uns auf das Rad des Lebens. Sie verflechten uns mit unseren Mitmenschen.

Nach meiner Erfahrung sieht es so aus: Je emotionaler sich solche Beziehungen in der Gegenwart gestalten, desto länger haben sie schon Bestand.
Denn im Laufe der Zeit wuchs das energetische Potenzial mit jeder Begegnung.

Das Thema der „feindlichen Brüder" begegnete mir nochmals: Davon kam einer zur Spirituellen Rückführung. Er war über das Miteinander mit seinem Bruder sehr unglücklich.

Zurück, zurück, zurück – viele Jahre, bis zu einem emotional geladenen Duell mit Schusswaffen.
Mein jetzt Rat- und Hilfesuchender erschoss damals seinen verhassten Widersacher.
Im nächsten Moment beschlichen ihn seltsame, ungewohnte Gedanken: „Mein Gott! Ich habe ihn erschossen. Ich bin verantwortlich für seinen Tod." Mitleid kam auf und Schuldgefühle überwältigten ihn.
Plötzlich erkannte er während der Spirituellen Rückführung, der Geist des in diesem Moment von seinen Gefühlen gesteuerten Gegenspielers, bemächtigte sich seiner Gedankenwelt.
Seitdem hingen die beiden in ständig wechselnden Rollen zusammen.
Vater und Sohn war eine der Beziehungen. Als verfeindete Geschäftsrivalen machten sie sich gegenseitig fertig. Bei Vielem mehr bekämpften sie sich immer wieder, bis zuletzt als Brüder, die sich nicht riechen konnten.

Dazwischen und darum herum gab es noch eine Menge andere Wesenheiten, die auf unterschiedlichste Arten und Weisen miteinander konkurrierten und den Clan samt Freundes-, Feindes- und Bekanntenkreis geradezu perfekt machten.

Über die Spirituellen Rückführungen konnten wir den Hexenkessel energetisch entladen. Dabei löste sich der Besetzer von meinem Rat- und Hilfesuchenden.

Das Verhältnis zwischen den Brüdern und zu verschiedenen Bekannten wurde ausgezeichnet.

Um das Maß voll zu machen muss uns noch etwas ganz Wichtiges bewusst werden:

Emotionen wirken ansteckend.

Wer kennt das Erspüren einer von Emotionen aufgeladenen Atmosphäre direkt um eine Person herum oder in seiner Nähe?

Wir betreten ein Zimmer. Ohne es zu wissen spüren wir: Hier wurde gerade voller Zorn gestritten. Es herrscht die sprichwörtliche „Dicke Luft".

Bei entsprechender Sensibilität brauchen wir zur Wahrnehmung der Emotionen kein Gesicht der Beteiligten sehen. Es braucht nicht einmal mehr jemand im Raum sein.

Die „Dicke Luft" spüren wir fast körperlich. Darüber hinaus scheint das Licht in dem Raum düsterer zu sein als anderswo. Und ... die eigene Stimmung geht sofort ein wenig nach unten (vorausgesetzt wir waren vorher höher).

Emotionen der Trauer und der Angst wirken noch düsterer, noch bedrückender.

Unser eigenes, emotionales Potenzial reagiert sofort auf die von außerhalb heran getragenen Energien und Schwingungen.

Nur dann, wenn wir selbst emotional „am Hund" sind, also ziemlich „schlecht drauf" oder energetisch blockiert, spüren wir die tiefen, schwer wiegenden Emotionen nicht mehr.

Dennoch reagieren wir auch dann, ohne es verhindern zu können, auf die Einflüsse von anderen Menschen.

Vielleicht beeinflusst das Negative uns dann sogar noch intensiver, als die Leute, die „gut drauf" sind, dadurch einfach darüber stehen können.

Ansteckende Gefühle finden wir überall. Sei es in Unternehmen und Betrieben, wo man von einem guten oder einem schlechten Betriebsklima spricht oder in den zwischenmenschlichen Beziehungen.

So etwas merkt man dann, wenn die Luft um jemanden erotisierend knistert oder, wenn mental geladene Gewitterwolken drohenden Streit ankündigen.

Wer offenen Auges gut beobachten kann, der sieht die Wolkenträger schon von Ferne und er spürt deren Energie in ihrer Nähe.

Manchmal habe ich sogar den deutlichen Eindruck, dass das Wetter auf diesem Planeten etwas mit der geistig wirren, insbesondere emotionalen Einstellung der vielen Menschen zu tun hat. Doch das ist Spekulation?!?

Jedoch die menschlichen Körper-Verstand-Systeme reagieren nachweislich und eindeutig auf veränderte und veränderliche Wettersituationen.

Die wetterfühligen Menschen leiden teilweise ganz erheblich unter den stark energiegeladenen, atmosphärischen Erscheinungen.

Warum sollte es nicht auch umgekehrte Phänomene geben, bei denen der Mensch, in seiner geistigen Einzigartigkeit, Einfluss auf Abläufe im Geschehen der Natur nimmt?

Sicher ist jedenfalls, Personen denen per Spirituellen Rückführungen geholfen wurde, verlieren ihre als belastend erscheinende Wetterfühligkeit.

Genauso werden diese Menschen nicht mehr so leicht zu den Opfern der ansteckend wirkenden, negativen Gefühle der Anderen.

Endlich können sie nämlich auch unterscheiden zwischen eigenen und fremden Emotionen.

Sie werden nicht mehr überrumpelt, ungewollt in diesen Strudel fremder Gefühle hineingerissen.

Dieses Mitreißende finden wir übrigens nicht nur bei den negativen Emotionen, sondern ebenso bei positiven, begeisternden Gefühlsausbrüchen.

Mitreißende Musiker, ausdrucksstarke Künstler, brillante Redner, alle Menschen die begeistern können, versprühen ihre eigenen Gefühle und sie nutzen die Emotionen anderer, um ihre Ideen und Vorstellungen an das Volk, die Bürger oder die Fangemeinde weiterzuleiten.

Der Trägerstoff für die Übermittlung von Ideellem ist das eigene Gefühl, das bei anderen auf emotionalen Widerhall stößt.

Je vielschichtiger ein Künstler die Sender-Emotionen in sein Werk projiziert, desto mehr Empfänger werden es ansprechend finden und auch verstehen.

Die Bilder der großen Maler oder Zeichner sind manchmal technisch ganz einfach gestaltet und trotzdem sagen die Betrachter: „Das hat was!"

Die emotionale Aussage kommuniziert dabei mehr als die technisch ausgefeilte Perfektion.

Besonders deutlich wird dies bei herausragenden Musikern. Ihr Auftritt auf der Bühne schürt ungeheuer die Emotionen im Publikum.

Dies kann bis zu tranceähnlichen Zuständen mit Hysterie und völliger Selbstvergessenheit führen.

Weder der Text des Liedes, noch die perfekte musikalische Darbietung bestimmen den Erfolg.

Einzig und allein das Charisma des oder der Künstler kommt rüber. Deren Ausstrahlung, reißt die Massen mit.

Ganz genau so funktioniert der Erfolg eines brillanten Redners. Sobald der berühmte „Funke" überspringt, gelingt die Rede.

Manche der Reden wurden einfach deshalb vom Publikum begeistert angenommen, weil die mitreißende Art des Vortragenden ein Feuer der Begeisterung entzündete, ein emotionales Feuerwerk der Gefühle.

Manche der Künstler, besonders die Musiker, die in der Öffentlichkeit brillieren, begehen einen katastrophalen Fehler: Sie versuchen ihr emotionales Potenzial mittels Drogen künstlich aufzuputschen.

Tatsächlich, es funktioniert! Allerdings nur für ganz kurze Zeit! Der Absturz in ein emotionales Loch ist vorprogrammiert. Dieser Sturz endete schon sehr oft tödlich, körperlich und/oder geistig.

Etliche Musikgruppen, die sich exzessiv den teuflischen Drogen verschrieben hatten, verschwanden nach kurzer Zeit in der Versenkung. Ihre Mitglieder wurden zum Teil zu wandelnden Leichen.

Nicht einmal die Sensationslust der Medien konnte diese hässlichen Drogenzombies wieder auferstehen lassen. Das emotionale Feuerwerk dieser Leute hatte sich auf der Bühne ebenso verbraucht wie im täglichen Leben.

Bei Menschen die auf Drogen sind, dazu rechne ich auch übermäßig Nikotin oder Alkohol und mengenweise Coffein (Kaffee, Tee, Cola, Powerdrinks), bauen sich die negativ geladenen Gefühlswolken, besonders bedrohlich auf.

Mit etwas Übung kann jedermann solche Wolkenmassen wahrnehmen, um Kopf und Körper herum.

Die Drogenpersönlichkeiten werden gesteuert, aus diesen hässlichen, dunklen Massen heraus. Wie Marionetten oder wie Handpuppen gehen sie dann durchs Leben.

Auch manche Medikamente und die Psychopharmaka erzeugen ferngesteuerte Drogenmenschen.

Solchen Menschen geht es vorübergehend gut, denn deren Emotionsladung wird, außerhalb des Körpersystems, als energetisches Monster, in Lauerstellung gehalten.

Die Abhängigkeit von der Droge, die Sucht, ist nichts anderes als die Angst, von diesem Ungeheuer angefallen zu werden. Sobald die Droge abgesetzt wird, schlägt die emotionale Ladung nämlich voll zu.

Im Laufe einer Spirituellen Rückführung hat eine Person, die eigentlich clean, drogenfrei, hätte sein sollen, noch einmal alle Stationen ihrer Abhängigkeit sowie des Entzuges durchlaufen.

Erst nachdem auch in seinem analytischen Verstand eine saubere Situation geschaffen wurde, konnte dieser Mensch wieder völlig differenziert empfinden und auch positive, liebevolle Gefühle für Mitmenschen entwickeln.

Die Liebe in ihren höchsten Qualitätsstufen ist dem Göttlichen TAO so nah, dass die Polarität des physikalischen Universum zunehmend keine Rolle mehr spielt. Somit gibt es hier auch kein direktes Gegenstück.

Doch wo bleibt in dieser Art der Betrachtung etwas wie der teuflische Hass? Spielt sich vielleicht ein Gott als Richter auf? Haben wir hier den berühmt berüchtigten, strafenden Gott mit allen negativen Gefühlsregungen?

Das so genannte Teuflische kam allerdings erst sehr viel später in das „Große kosmische Spiel".

Gut und Böse hatte erst Relevanz als auch Gegnerschaft aktuell wurde.

Diese Unterteilung in gegeneinander antretende Gruppierungen finden wir auf der entsprechenden Spielebene.

Zuvor waren die Spielbedingungen im Universum ohne übermäßige Ernsthaftigkeit, lediglich wie beim Schach oder bei „Mensch ärgere Dich nicht", also einfach spielerisch.

Wenn es dennoch schon vorher einmal eine Art „Teufel" gegeben haben sollte, was nicht auszuschließen ist, dann war er nicht wirklich gefährlich, sondern einfach eine andere Art von Geistwesen, mit dem man zwar konkurrieren konnte aber das nichts Bösartiges im Sinn hatte.

Die schlimme Hass-Emotionalität entstand somit erst, als Ernsthaftigkeit dem Spielverhalten die Leichtigkeit nahm.

In diesem Zusammenhang wurde auch das Geben von Liebe an Bedingungen, an Gegenleistungen und an Erwartungen geknüpft. Enttäuschte Liebe äußerte sich sodann in schmerzhaften Verlusten

Bedingungslose Liebe ist ein Ideal und zeigt sich vorrangig in der Treue zu sich selbst. Die Fehler anderer werden nicht aufgerechnet.

Sie ist die „Liebe um der Liebe willen", ohne konkrete Erwiderung. Diese Art von Liebe hat keine Begrenzung.

Sie kann weder mit Problemen beladen werden, noch unterliegt sie irgendeiner Herausforderung, noch ist sie anfällig für Enttäuschungen.

Die Weltreligionen kennen bedingungslos Liebende besonders beim Ideal der Nächstenliebe.

Dieses: „Ich liebe Dich so wie Du bist, egal was Du tust.", gibt es verbreitet nur von den Eltern zum Baby oder zum kleinen Kind.

Speziell die Liebe zwischen der Mutter und dem Baby gilt als Grundarchetyp für die bedingungslose Liebe.

Wobei eine vollständig bedingungslose Liebe letztendlich nur in dem Göttlichen TAO zu finden ist.

„Die wichtigste Lektion, die wir alle lernen müssen, ist die bedingungslose Liebe, die nicht nur andere, sondern auch uns selbst einschließt."

Elizabeth Kübler-Ross

„Missgunst und der Hass beschränken den Beobachter auf die Oberfläche, selbst wenn der Scharfsinn sich zu ihnen gesellt; verschwistert sich dieser hingegen mit Wohlwollen und Liebe, so durchdringt er die Welt und den Menschen, ja er kann hoffen, zum Allerhöchsten zu gelangen."

Johann Wolfgang von Goethe

Von Suppression zur Depression

Wir sind größer als man uns lässt.

Stellt Euch vor: Ihr seid TAO, ein herrliches, großartiges Wesen, das eigene Vorstellungen hat und selbst keinerlei Zweifel an seiner Leistungsfähigkeit und an seiner Aufgabe im Leben.

Eine gute Vorstellung! Nicht wahr?

Ungefähr so solltet Ihr jedenfalls wieder geboren werden können. Einige von Euch erhalten diese Idee tatsächlich eine gewisse Zeit lang aufrecht.

Doch dann beginnt das „Leben" wieder einmal an Euch, den alten Persönlichkeiten, herumzuschleifen.

Wenn die Schleiferei noch nicht gleich im Kreissaal beginnt, so doch unmittelbar danach.

Ihr könnt mit Eurer faszinierenden Ansicht vom ehemaligen Dasein ganz schön scharfkantig und kratzbürstig sein.

Ihr schreit Euch die Seele aus dem Hals, weil Ihr Hunger habt sowie ein Bedürfnis nach Aufmerksamkeit und Zuwendung. Eure Frustration wächst, wenn Ihr merken solltet, wie wenig Ihr als Kind noch wert seid.

Immer als der oder die Kleine angesehen zu werden, das lässt tatsächlich auch geistig kleine Menschen entstehen.

Die Zeit in Richtung Erwachsenwerden scheint irgendwie still zu stehen, sie will und will einfach nicht voran schreiten.

Ich will nicht noch einmal aufrollen, was ich an anderer Stelle schon erläutert habe, doch es kann nicht oft genug vor Augen geführt werden, wieviel geistige Verwirrung die Menschen in verschiedenen unserer irdischen Gesellschaften ertragen müssen.

Die Entwicklung zum eigenen Selbst gelingt in diesen Systemen strikter Über-Unterordnung wirklich nur ganz, ganz wenigen Persönlichkeiten.

So genannte Alpha-Tiere beherrschen die Hackordnung. Solches Tierverhalten wird von Seiten der Psychologen sogar empfohlen. In Vorstellungsgesprächen und Bewerbungen für Führungspositionen erhalten die Alphas Bestnoten.

Dies lässt wahrhaft tief blicken. Auf welche Stufe werden hier die Menschen in ihrem Menschsein gestellt?

Manche erfolgreich gewordene Persönlichkeit ist nur deswegen auf der Stufenleiter des Erfolges hinauf geklettert, weil er oder sie dieses für ihren Vater oder ihre Mutter oder irgendeine andere nahestehende Person tun wollte oder für jemand sollte.

Ein Beispiel aus der Geschichte ist Alexander der Große. Alexander war der Sohn Philipps II. von Makedonien und der Königstochter Olympias.

Sein Vater war ein begnadeter Feldherr und umsichtiger Staatsmann, der das angeschlagene Königreich Makedonien, am Rande der griechischen Welt, zu deren Vormachtstellung gebracht hatte.

Seine Mutter war herrschsüchtig und dämonisch. Diese Frau prägte seine Kindheit.

Über die Stammbäume dieser beiden war Alexander ein Nachkomme von Herakles und Perseus. Diese herausragenden, mythologischen Helden wurden sein Vorbild.

Alexander wurde der Große, weil er es seinem verstorbenen Vater gleichtun und er seiner Mutter die Welt zu Füßen legen wollte.

In einer Spirituellen Rückführung fanden wir die folgende Geschichte: Ein Rat- und Hilfesuchender wurde von der Großmutter aufgezogen.

Eines Tages lag er mit eitrigen Mandeln und mit Fieber im Bett. Er brachte keinen Ton heraus.

Die Großmutter war sehr gestresst, von der Krankheit des Kindes. Sie fühlte sich überfordert und war vor Angst ganz hektisch.

Sie pflegte ihn, setzte sich immer wieder auf seine Bettkante, streichelte über sein Haar und wiederholte oftmals: „Mein guter Junge, Du wirst schon wieder.‟

Der Junge wurde tatsächlich, nämlich in seinem schlimmen, fiebrigen Zustand mit teilweiser Bewusstlosigkeit suggestiv beeinflusst.

Und er wurde und wurde, seiner Großmutter zuliebe, ein erfolgreicher Unternehmer.

Daran wäre nun wirklich nichts Verkehrtes. Wenn er dies vollständig selbstbestimmt beschlossen hätte.

Doch mein Rat- und Hilfesuchender fühlte sich zeitlebens total gestresst, gehetzt und überfordert.

In besonders schwierigen Situationen bekam er starke Hitzewallungen und die Stimme versagte völlig.

Er fühlte sich dann, als müsste er sofort ins Bett und sich pflegen lassen.

Im Anschluss an die Sitzung, nachdem er die alte Situation vollständig und bewusst erkennen konnte, fühlte er sich „wie neu geboren‟.

Ruhig, ausgeglichen und ohne die geringsten Stimmprobleme führte er seine Firma weiter – diesmal aus dem eigenen Antrieb heraus.

Genau so, wie der Aufstieg zum finanziellen Erfolg führen kann, ist auch der Sturz in den Ruin häufig vorprogrammiert.

Welche Person in Deiner Umgebung hat Dir ein besonderes Mitleid entgegen gebracht?

Mit welcher Person fühlst Du Dich entsprechend eng verbunden?

Wenn Du Dir solche Fragen stellst, so beziehe ruhig auch Menschen mit ein, die bereits verstorben sind.
Auch die Ärzte und Pfleger in Krankenhäusern können solche Bezugspersonen sein.

Häufig wird es gar nicht so einfach sein, die richtige Person zu finden, die sich suggestiv bei Dir eingeprägt hat.
Diese Verbindung dürfte sowieso im Nicht-Bewusstsein verschüttet sein. Was auch immer dieser Mensch Dir in den Verstand eingeimpft hat, bewusst lässt sich die Suggestion nicht erinnern.

Keine Sorge, mit Spirituellen Rückführungen lässt sich jede noch so versteckte Verknüpfung aufdecken.
Erst die Spirituellen Rückführungen bringen es an den Tag, was Dich möglicherweise schon Jahrzehnte lang plagt und treibt.

Etliche Menschen führen auf diese Art und Weise das Leben anderer weiter, das diese, mit ihrem körperlichen Tod, längst abgelegt haben.
Es gibt wirklich keine Notwendigkeit für solche Aktionen.

Hier finden wir auch den Zusammenhang zur Vererbung. Es gibt Vererbung, ohne Zweifel. Besonders bei tierischem Leben ist sie beobachtbar. Hier kann man dieses Phänomen sogar mathematisch nachvollziehen und/oder im Voraus bestimmen.

Menschen können sich diesem Prozess allerdings mental entziehen. Das ist es, was die Gentechniker immer wieder an den Rand des Wahnsinn treibt, wenn sie mit menschlichem Leben herum experimentieren.

Der Mensch fügt sich nur in einem sehr tiefen Bewusstseinszustand in diesen vorausberechenbaren Strom des Lebens ein.

Seine Fähigkeit zur Selbstbestimmung bringt es wahrhaftig fertig, dem zähen Brei des materiellen Universum und
dem was wir heute als Leben bezeichnen, immer wieder ein
Schnippchen zu schlagen.

Doch ebenso leicht verfängt sich das menschliche Wesen
in den Fangstricken der Übereinstimmung mit den anderen,
die ihm Liebe beziehungsweise Hass entgegen gebracht haben. Das Verhalten von bestimmten, anderen Personen wird
genauso zum eigenen gemacht, wie äußerliche Attribute:
Aussehen, Stärken und Schwächen – bis hin zu Krankheiten.

„Diese schlimme Migräne habe ich von meiner Mutter ge-
erbt, sagt auch mein Arzt."

Meine Rat- und Hilfesuchende ging mit dieser Art und
Weise ihrer Aussage gleich auf zwei bestimmende Überle-
bensfaktoren in ihrem Leben ein.

Zuerst hat sie mit dem Migränekopfschmerz ihrer Mutter
übereingestimmt und dann bekam sie noch eine bestärken-
de Bestätigung durch den behandelnden Arzt, dem sie vertraute.

Dass die junge Frau trotzdem zu mir kam, um sich helfen
zu lassen, lag an ihrer Freundin, die mich ihr empfohlen hatte, um ein ganz anderes Problem zu beheben.

Im Laufe der Sitzungen gelangten wir auch zu dem Zeitpunkt, an dem sie tatsächlich von ihrer Mutter den punktu-
ellen Schmerz am Kopf übernahm:

Als kleines Mädchen war sie mit dem Fahrrad gestürzt
und hatte sich eine klaffende Schnittwunde am Arm zugezogen. Die Mutter kam dazu und verband notdürftig den Arm.

Zu dieser Zeit hatte die Mutter wieder einmal einen ihrer
starken Migräneanfälle.

„Auch das noch! Mir schmerzt hier der Schädel und Du machst solche Sachen."

Diese und ähnliche Worte bekam meine Rat- und Hilfesuchende als Kind von etwa fünf Jahren zu hören, als sie von der Mutter zum Arzt gefahren wurde.

Ihre eigenen Schmerzen und die rasenden Kopfschmerzen der Mutter mischten sich in diesem Ereignis so sehr, dass die Rat- und Hilfesuchende während der Sitzung beide ganz deutlich empfinden konnte.

Durch mehrfaches Durchleben der alten Situation ebbte die Emotion, die sich als Schmerz äußerte, immer weiter ab, bis ausschließlich die reinen Fakten des Ablaufs im Geschehnis wiedergegeben wurden.

Nach dieser vollständigen Bewusstwerdung verschwand die Ursache für die übernommene Migräne schlagartig und kehrte bis heute nicht zurück.

Aus welchem Geschehnis, von welcher Person oder aber aus welchem früheren Leben die Mutter ihre Kopfprobleme hatte, ist unklar, denn die alte Dame hatte schon seit längerem ihren alt gewordenen Körper verlassen.

So wie sich körperliche und natürlich auch Problemstellungen des Verstandes übertragen können, so funktioniert auch die gesellschaftliche Gleichschaltung.

Wir unterliegen alle einem intensiven Sog zur Tiefe, zur Angleichung auf einem möglichst niedrigen Niveau.

Die meisten staatlichen Einrichtungen und Ämter sind ganz offensichtlich zu dem Zweck geschaffen worden, um intelligente Frei- oder Querdenker nicht hochkommen zu lassen.

Diese Entwicklung finden wir wahrhaftig in allen Arten der bekannten Regierungen auf dem Planeten.

In Diktaturen und dogmatisch regierten Ländern und Organisationen wirken die Kräfte direkter und offensichtlicher als in eher westlich geprägten Demokratien. Dort sind die Fäden etwas feiner gesponnen.

Deshalb sind Demokratien nicht ganz so belastend und der eine oder andere kann sich eher aus dem Netzwerk freizappeln, ohne großen Schaden zu nehmen.

Besonders Künstlern, Erfindern, Wissenschaftlern sowie religiösen Seelsorgern sieht man ihr Freidenkertum etwas nach, sofern und solange keine „staatsgefährdenden Vorstellungen" in die Welt gesetzt werden.

Gern gesehen oder gehört werden emotionale Geschichten, die von Liebe, gepaart mit Mitleid, oder von Angst und Sicherheitsdenken zeugen.

Damit werden die Instrumentarien der „staatstragenden" und der sich damit selbst tragenden Mächte bestätigt.

Am wenigsten unterschätzen sollte jemand einen überwiegend von getreuen, befehlsabhängigen Beamten getragenen, bürokratischen Staat mit von oben nach unten, hierarchisch gesteuerten Parteien.

Deren mikrofeines Gespinst der Seilschaften, mit klebrig zähen Verbindungen, wird von den besten Köpfen des Landes verwoben.

Das Beamtentum, erfunden in China, ist ein sehr geschicktes, wirkungsvolles Mittel zum Abschöpfen von Intelligenzen.

Deren Lebensumstände werden in vorgegebene, starre Formen gegossen. Die Wandungen der Formen bestehen aus Sicherheit und Bequemlichkeit.

Die so geschaffenen Staatsdiener setzen vielfach alles daran, damit auch ihr gesellschaftliches Umfeld kein wesentlich höheres Niveau erhält, als die von ihnen bekleideten und mit Stolz getragenen Ämter.

Mittels Zeit, die vorgeblich unbedingt vergehen muss, bis ein Amtsapparat seine Entscheidung treffen kann, verzögern sich Projekte der Privatwirtschaft um viele Monate.

Zur Beschleunigung wird, besonders in den Ländern des Ostens von Europa, eine ordentliche Menge Geld in die Hand genommen. Bestechung und Korruption treiben dort und anderswo ihre Blüten.

Beamte sind auch in den seltensten Fällen für ihre Handlungen verantwortlich. Immer gibt es ein imaginäres Gesetz oder eine Richtlinie, die einfach befolgt werden muss.

Über und hinter jedem Beamten steht ein Amtsapparat. So ist der Beamte keine eigenständige Person mehr, sondern ein funktionierender Posten ohne wirkliche Verantwortlichkeit.

Darin wäre noch nicht einmal etwas Problematisches zu sehen, wenn nicht das Staatswesen wäre, das von lieblosen, oft nur herrschsüchtigen Parteien geführt wird.

Mit einer sehr schwammig gemachten Gesetzgebung lassen sich Menschen gängeln und zu Sklaven degradieren.

Gesetzestexte, die auf der Basis von Kompromissen zustande kommen, müssen oft jährlich neu angepasst werden. So genannte Richtlinienerlasse und Durchführungsverordnungen machen solche Gesetze löcherig und untergraben die Rechtssicherheit.

Mangelnde Rechtssicherheit erzeugt in den Augen der Bürger Ungerechtigkeit, wodurch immer häufiger der Ruf nach Richtern und Schlichtern laut wird.

Doch auch Gerichte werden von kriminell denkenden und handelnden Leuten entsprechend stark überlastet.

Nur mit Mühe können sie ihre (vorgeblich) neutrale Stellung im Staatsgefüge halten. Ein Rechtsstaat wird auf diese Art und Weise zum Rechtswegestaat.

Lebenswichtige Entscheidungen geraten hierdurch auf die lange Bank, teilweise unfreiwillig.

Von „cleveren" Rechtsanwälten werden die Instanzen benutzt, um Zeit zu schinden.

Warum erzähle ich das alles? Damit soll einfach deutlich werden, wie sich die Menschen, im Kleinen ebenso wie im Großen, in Über-, Unterordnungen sowie in gegenseitiger Kleinmacherei verstricken.

Die Strukturen eines vernünftigen Zusammenlebens, die eigentlich einfache Regeln haben sollten, werden kompliziert gemacht, lösen sich auf und werden diffus, für den Einzelnen undurchsichtig.
Nicht das schlechte Karma sondern die negative Emotionsstruktur von Menschen ist ursächlich verantwortlich für diesen Zustand.

Aus Spirituellen Rückführungen mit verschiedenen Menschen, deren daraus resultierende Loslösung aus belastenden Situationen, mit genau solcher, intensiv wirkender, negativer Emotion, habe ich gezeigt bekommen, wie geistige Zusammenhänge entstehen.
Ihre Auswirkungen auf das Leben Einzelner sowie der Vielen sind enorm. Immer wieder wird mir bewusst: Im Geistigen und im Seelischen sind wir alle miteinander verbunden.

Sonderbar fand ich, dass sogar die besonders begeisterungsfähigen Menschen recht leicht der Mitleidsfalle verfallen. Sie verlieren dadurch ihre Antriebskraft.
Und trotzdem wenden sie sich ihren Mitmenschen zu, um helfend einzugreifen, wenn diese am Boden liegen.

Mit leiden zu wollen hat nur dann einen Sinn, wenn dadurch das Leid eines oder mehrerer anderer Menschen wirklich drastisch verringert wird. Denn nur dann ist geteiltes Leid auch tatsächlich halbes Leid.

Der nächste Schritt muss ein Vorwärtsstreben sein, heraus aus dem Leid.

Mit nur drei Spirituellen Rückführungen konnte ich einem Freund aus dieser Falle, genannt Mitleid, heraus helfen.

Eines Tages kam er zu mir. Er war zutiefst geknickt. Sein Schwiegervater hatte einen Schlaganfall.
Der lag nun im Koma. Die ganze Familie war durch dieses harte Ereignis dramatisch überladen, das heißt: Trauer, Verzweiflung und Hilflosigkeit beherrschten den Tagesablauf.

Zuerst hatte er die Idee, er könne seinem Schwiegervater helfen, indem er über Spirituelle Rückführungen zu dessen Geist vorstoßen wollte. So dachte er, ihn aus dem Koma zu erwecken.
Doch die erste Spirituelle Rückführung zeigte deutlich, dass er lediglich einen seiner eigenen Tode dramatisierte.
Deshalb empfand er sehr intensives Mitleid, das eigentlich Selbstmitleid war.
Er erlebte sich selbst auf dem Totenbett. Dort lag er im Sterben und konnte einfach nicht loslassen. Alt und gebrechlich litt er an einer Erkrankung der Lungen. Er quälte sich selbst durch diesen Tod hindurch, bis er schließlich doch seinen Körper aufgab.
Mit Hilfe der Spirituellen Rückführung erleichterten wir also zuerst sein eigenes Sterben. Der Tod hatte nun seinen Schrecken verloren.
Schon damit wurde es für ihn um vieles einfacher auch seinen Schwiegervater in dessen Zustand zu akzeptieren.
Als dieser dann beschloss seinen gestörten Körper zu verlassen, konnte mein Freund dies ohne Einschränkungen verstehen.
Er vermochte jetzt, sich sehr viel aufmerksamer den anderen Familienmitgliedern zu widmen, diesen tröstend zur Seite zu stehen.

Der Sprung eines Retters in die Fluten eines Gewässers, sollte nur dem Zweck dienen, einen Ertrinkenden aus dem Wasser zu holen.

Nach dieser unangenehmen Aktion muss das Leben in geordneten, zielgerichteten Bahnen weiterlaufen.

Die Menschen, die in ihrer Rettungsaktion geistig stecken bleiben, werden sich im Strudel des Lebens verlieren.

Es macht auch keinerlei Sinn, sich von dem Ertrinkenden mit in den nassen Tod ziehen zu lassen.

Jeder ausgebildete Rettungsschwimmer kennt deshalb eine ganze Reihe Befreiungsgriffe, womit er selbst überleben kann. Notfalls wird der hilflos mit dem Tode ringende sogar ein-fach bewusstlos geschlagen, damit die Rettungsaktion zum guten Ende geführt werden kann.

Sogar drastische Maßnahmen sind manchmal hilfreicher als das gemeinsame Versinken in Mitleid und in einer tödlichen Agonie.

Dies soll jetzt keine Aufforderung sein, jemanden bewusstlos zu schlagen. Es ist lediglich die dringende Warnung davor, sich hineinziehen zu lassen, in den Lebenssumpf einer oder mehrerer anderer Mitmenschen.

Besonders gefährdet, dieser Mitleidsfalle zu erliegen, sind Pfleger in Alten- und Krankenhäusern.

Dieser Personenkreis ist täglich dem energetischen Potenzial von abstürzenden oder bereits abgestürzten Wesenheiten ausgesetzt.

Die eigene geistige Höhe zu behalten, um andere ebenfalls anzuheben, ist für diese Helfer oftmals gar nicht einfach. Der ruppige Umgangston der manchmal in der Pflege herrscht, mit dem Pfleger ihre Mitmenschen anschnauzen, ist aus diesem Grunde kein Wunder.

Eine Rat- und Hilfesuchende beklagte sich über asthmatische Anfälle, die ihr Sorgen bereiteten.

Obwohl der Arzt nichts feststellen konnte, hatte sie selbst den Eindruck „Lungenkrank" zu sein. Eine schwere Depression belastete sie.

In einer Spirituellen Rückführung durchstreifte sie ihre berufliche Situation als Krankenschwester. Besonders ein alter Mann hatte es ihr angetan.

Diese Person brachte ihr ebenfalls eine tiefe Zuneigung entgegen und auch sie hatte ihm gegenüber anziehende Gefühle. Der alte Mann erinnerte sie an den eigenen Großvater.

Er lag im Sterben ohne es selbst zu wissen. Sie jedoch kannte seine Werte und konnte Symptome deuten. Er hatte ein schweres Lungenleiden und verfiel Tag für Tag mehr.

Eines Morgens, als sie den Dienst antrat, war sein Bett leer. Der Mann war während der Nacht verstorben. Sie empfand tiefes Mitleid!

Kaum einen Monat später bemerkte sie bei sich selbst die Anzeichen einer Lungenerkrankung.

Während der Sitzung verspürte sie sehr heftige Atembeschwerden und meinte ersticken zu müssen. Doch ganz plötzlich erkannte sie, dass dies alles nicht sie persönlich betraf. Sie merkte wie ein fremder Geist sich ihrer Lungen und der Atemwege bediente.

Wahrhaftig war jener alte Mann mit ihr eine geistige Verbindung eingegangen. Er ließ sich dadurch auch weiterhin von ihr pflegen.

Durch die empfangene Liebe und durch das Mitleid war er von ihr regelrecht angezogen worden. Jetzt übertrug er sein Leiden, seine Krankheitserscheinung auf die Krankenschwester, in der Hoffnung, sie möge diese ausheilen.

Kaum hatte meine Rat- und Hilfesuchende die Zusammenhänge völlig bewusst erkannt, verschwanden die Atembeschwerden und die Erstickungsanfälle. Sie löste das andere Wesen, das nicht sie selbst war, aus ihrer Nähe ab. Sie verabschiedete sich von ihm und fühlte sich sofort frei.

Nach dieser Spirituellen Rückführung war die junge Frau völlig beschwerdefrei.

Lunge und Atmung standen in direkter Verbindung mit der Depression, die nun ganz nebenbei ebenfalls verschwunden war.

Auf diese und auf ähnliche Art fühlen sich in unseren Gesellschaften Menschen häufiger belastet.

Der geistige Druck, der sich energetisch ausbreitet und von vielen geradezu körperlich gespürt wird, erhält noch zusätzliches Gewicht durch Erlebnisse von nahe stehenden Menschen und durch allzu bedrückende Medienberichte.

„Zivilisationskrankheiten" greifen auf diese Art und Weise um sich, ähnlich wie virale Erkrankungen. Ärzte müssen dabei oftmals ihre Machtlosigkeit zugeben. Allergien, Rheuma, mancherlei Stresserscheinungen, Ängste und vieles, vieles mehr stellen verantwortungsvolle Mediziner vor schier unlösbare Probleme.

Meist wird dann in die Trickkiste gegriffen, zu den Vorstellungen von möglicher „Vererbung" oder „Veranlagung".

Jüngsten Berichten in Medien zufolge, leidet die Menschheit zunehmend unter Depressionen.

Das Wort Depression wird per Wörterbuch-Definition mit sehr niedergedrückter Emotion gleichgesetzt. Die Niedergeschlagenheit bei tiefer Stimmung, das ist Depression.

In den vorangegangenen Ausführungen haben wir schon bedrückende Umwelt- und Lebenssituationen betrachtet. Sie tragen zur ursächlich wirkenden, stark beeinflussenden Unterdrückung bei.

Wie aber können wir unterdrückerischen Umständen entweder in aller Ruhe begegnen oder ihnen einfach aus dem Weg gehen?

Erst müssen wir aufmerksam und bewusst werden, sowohl uns selbst als auch anderen gegenüber.

Lasst uns daher lernen, zu erkennen mit welchen Kriterien die Suppression, als die Unterdrückung, zur Depression führt.

Hier erhalten wir die wichtigsten Anhaltspunkte, mit denen wir das Wirken von Unterdrückung einschätzen können:

1) Ein unterdrückter, demzufolge depressiv gewordener Mensch sieht alles so, als wäre es gleich, er verallgemeinert sehr stark: „Alles ist … und jeder ist … .“

Durch die Verallgemeinerungen löst sich die persönliche Stabilität auf. Es fehlt der Bezug zu Ähnlichkeiten und auch Dasselbe findet sich im Topf des Gleichen wieder.

Solche Verallgemeinerungen gipfeln zudem in zwanghaften Handlungen, in die schon angehende Depressive verfallen. Jegliche Zwanghaftigkeit ist allerdings nur die Angst vor Flexibilität und damit vor Veränderung.

Der Depressive verliert Stück für Stück seine eigene Persönlichkeit, wird fahrig und unkonzentriert bis unkontrolliert.

Die Lösung heißt: „Finde und halte Bezugspunkte oder Bezugspersonen in der Umgebung.“

So wird irgendwann, irgendwie auch die Art und Weise der Unterdrückung oder die Person(en) die dafür verantwortlich zeichnet offenbar werden.

Jetzt braucht der/die Depressive Unterstützung durch vertraute Personen, die ihm/ihr die Hand reichen, um der Suppression zu entkommen. Depressive sind auf tatkräftige Unterstützer angewiesen. Es reicht niemals, wenn jemand rät: „Nun reiß Dich doch zusammen!“ Diesen Zusammenriss haben die Depressiven bereits hinter sich.

2) Depression beinhaltet Chaos und negative Betrachtungsweisen. Die ganze Welt erscheint Grau in Grau, ebenfalls eine Gleichmacherei. Dies wirkt überaus bedrohlich bis gefährlich.

Depressive erzählen schlechte Nachrichten weiter und schmücken diese sogar noch aus. So wirkt das Geschehen erst richtig überwältigend.

Unsere derzeitige Medienlandschaft stützt sich auf solche Verhaltensweisen und verstärkt diese auch noch enorm.

In den USA kamen Depressive dadurch wieder in Ordnung, indem sie einfach während eines Klinikaufenthaltes von allen äußeren Einflüssen abgeschirmt wurden.

Keinerlei Kontaktmöglichkeit zur Außenwelt, weder privat noch geschäftlich, keine Zeitung, kein Fernsehen, kein Computer, kein Telefon, ... nichts.

Nur eine Zeit lang Ruhe, Spaziergänge, Meditation und Frieden, hat die Person wieder sie selbst werden lassen. So fand sie zu sich Selbst.

3) Depressive Personen sind anfällig für Unfälle und Krankheitserscheinungen.

Je mehr jemand in Unterdrückung lebt, desto mehr zieht er sich von der Welt zurück.

Dieser introvertierte Zustand lässt Menschen unaufmerksam werden. Reale Abläufe in ihrer Umgebung werden nicht wahrgenommen.

Unfälle sind fast schon vorprogrammiert, weil die Geschehnisse der Außenwelt nicht bis zur Person durchdringen. Kleinere Unfälle und Verletzungen sind fast schon an der Tagesordnung.

Häufig vernachlässigen die depressiv gemachten, dadurch mit ihrer Depression übereinstimmenden Menschen ihre Körper ebenso wie ihre Kleidung und ihr Wohnumfeld.

Die Suppression presst die Person selbst, das „Ich bin" oder die TAO-Seele, regelrecht in ihren Körper hinein.

Dadurch ist eine intensive Introversion, ein in sich gekehrt sein, zu beobachten.

Hypochondrie, die ängstliche, peinlich genaue Selbstbeobachtung des eigenen Zustandes in punkto Gesundheit, wird bei Depressiven nicht selten festgestellt.

Alle möglichen und unmöglichen Krankheiten werden von diesen Personen für sich selbst diagnostiziert.

Jegliche Art von Krankheiten werden bei Depressiven meist chronisch.

Ein anderes Bestreben der Person selbst, der TAO-Seele, besteht darin sich zu entziehen. Es gilt in diesem Falle, einer brutalen Suppression auszuweichen, ihr zu entkommen.

Dann hält sie sich nicht einmal in der Nähe ihres Körpers auf. Sie schwirrt irgendwo herum, entzieht sich auf diese Art vorübergehend der Verantwortung für das ihr beigeordnete Körpersystem.

Dadurch übernimmt entweder der analytische Verstand oder das automatisch orientierte Gehirn die Kontrolle.

Das Fluchtverhalten kann sehr leicht auch zum Drogenkonsum führen, mit der Gefahr der Sucht.

Empfehlung zur Abhilfe: Achte bewusst auf Deinen Körper. Achte auf die Dich umgebenden Dinge und Personen.

Berühre Teile Deines Körpers und die erreichbaren Teile der Umgebung.

Je mehr Aufmerksamkeitsanteile jemand in der unmittelbaren Umgebung, im Hier und Jetzt, haben kann, desto leichter fällt ihm die Kontrolle über seine Lebensumstände.

Achtsamkeit ist hier energetisch gesehen. Sie ist die wirkliche, physikalische Anwesenheit einer Person, ohne Wenn und Aber.

4) Depressive Menschen leben nicht in der Gegenwart, nicht im Hier und Jetzt. Ihnen erscheint die Vergangenheit oft wichtiger als das tägliche Leben.

Mit viel Gram trauern solche Menschen um verlorene Dinge und Personen.

So auch um verpasste Chancen im Verlaufe des Lebens. Die Depression lässt die Vergangenheit als unbewältigtes Geschehnis in die Gegenwart herein wirken.

Dadurch leben diese Menschen geistig überwiegend im längst Vergangenen. Obwohl sie körperlich gegenwärtig zu sein scheinen.

Im Hier und Jetzt zu leben ist eine Forderung, die von den alten Chinesen schon vor tausenden von Jahren aufgestellt wurde.

Besonders das Jetzt, mit dem genauen Datum und der Uhrzeit, verlieren depressive, unterdrückte Menschen oftmals aus dem Sinn.

Mit der Wiederherstellung des Zeitsinnes, als ein entscheidender Bestandteil bei entsprechenden Therapien, hilft man bereits aus Depressionen heraus.

Spirituelle Rückführung ist eine wirkungsvolle Möglichkeit zur Richtigstellung des Zeitablaufes im menschlichen Verstand.

Allein schon, wenn vergangene Ereignisse auf einem Zeitstrahl wieder korrekt eingeordnet werden können, hilft dies bei der Rehabilitation des Zeitsinnes.

5) Menschen die in Depression leben, haben einen oder mehrere Unterdrücker, Suppressoren, in ihrer Nähe.

Ehepartner, Kinder, Arbeitskollegen, Chefs, wer auch immer heftig in die oben genannten Kerben schlägt, können unterdrückerisch wirken.

Allerdings, wie so oft im Leben, gehören auch diesmal zwei dazu, damit ein Paar Schuhe daraus wird.

Auf der einen Seite ist der Unterdrückende und als Gegenpart der, der sich unterdrücken lässt.

Als geeignetes Gegenmittel zur Depression gibt es ein ganz einfaches Rezept:

Erkenne die unterdrückerische Person, finde heraus mit welchen Methoden sie vorgeht und - handhabe oder meide sie.

Man muss jene Leute nur an ihren Schwachpunkten packen, damit suppressive Überhebung aufgelöst wird.

Im Grunde sind sie selbst schwach und zu wenig selbstbewusst. Sie verstecken ihr zu geringes Selbstbewusstsein hinter den Masken des Buh-Mannes oder der Buh-Frau.

Kratzt man jedoch ein wenig an dieser Fassade, so bröckelt sie ganz schnell ab.

Unterdrücker und besonders die Nachahmer von Unterdrückung können es gar nicht vertragen, wenn die ansonsten erfolgreichen Strategien plötzlich nicht mehr greifen.

Nur einfach deswegen, weil die anderen Menschen dem ganzen Spiel überdrüssig wurden und sie dem gegenüber erhaben geworden sind.

Jene Personen die selbst in einer Depression leben und diese aus vorgeblichem Selbstschutz nur weitergeben, stellen ihr nachgemacht suppressives Verhalten sofort ein, wenn man ihnen nur ein wenig mehr Stabilität entgegen setzt und ihnen einige Orientierung im mitmenschlichen Umgang zukommen lässt.

Suppressives Verhalten gehört zu den Einpflanzungen, die wir im Laufe der Jahrtausende empfangen haben.

Der wirkungsvollste Implant-Befehl dieser Art, den wir so gut wie alle im Verstand tragen, lautet:

„Andere ins Unrecht setzen!"

Damit halten wir uns gegenseitig in einem Zustand von Sado-Maso, Sadismus versus Masochismus, in wechselnden Positionen.

Wer nach karmischen Verbindungen und Zusammenhängen sucht, findet hier hinreichend Material.

Solche negativen Denkschleifen bricht man am leichtesten, wenn überhaupt, indem man ganz und gar bewusst, nicht mehr damit übereinstimmt.

Dagegen angesetzte, so genannte positive Selbstsuggestionen sind in diesen Fällen unwirksam.
Erstens erzeugen sie nur eine Art von Protest und zweitens sind auch Selbstsuggestionen eine Art von Suggestion, die in die Irre führen.

Stellt euch vollständig bewusst von euch selbst ganz einfach vor: „Ich habe die geistige Größe und die Fähigkeit dieses Spiel von außen zu betrachten und es dadurch bewusst zu steuern. Mir kann niemand etwas anhaben."

Andere Menschen ins Unrecht zu setzen, sie damit klein zu machen, das ist wirklich kein Zeichen von Größe.

Es gibt auf diesem Planeten sowieso nur etwas ein Prozent echte Unterdrücker, also die Personen, die mit krimineller Absicht daran arbeiten, andere Menschen klein zu halten.
Diese gilt es zu entlarven, sie auszuschalten oder zu isolieren. Dann kann die Menschheit sich wieder neu orientieren.

Die Krankheit Krebs hat ebenso etwas mit den Mechanismen von Suppression und Depression zu tun.
Der Suppressor, der Unterdrücker, hält zumindest eine geistige Verbindung mit der anderen Person aufrecht.
Er muss somit nicht einmal physisch anwesend sein. Die unterdrückte Person stimmt auf alle Fälle damit überein.
Sie lässt es zu, dass er andockt. So sorgen beide für fortgesetzte Verwirrung.

Oftmals entsteht ein regelrechter Kampf auf geistiger Ebene. Dabei bleibt die unterlegene Person erst mit verschiedenen chronischen Phänomenen und schließlich mit dem Krebs auf der Strecke.

Die Person selbst, die TAO-Seele, wirkt dann irgendwie überwältigt. Sie lässt zu, dass sich in ihrem Verstand verwirrte und weiterhin verwirrende Gedanken festsetzen.

Die Verantwortung für Körper und Verstand wird völlig aufgegeben und dem Unterdrücker überlassen.

Nachdem jedoch der Suppressor selbst kaum Kontrolle über das Leben hat und nur Wirrnis verbreitet, gerät zuerst der Verstand des Unterlegenen und danach auch der Körper in einen von Verwirrung geprägten Zustand.

Über das energetische Gefüge, das speziell in der Aura wahrnehmbar ist, wird auch der Organismus, der Zellstaat, in Mitleidenschaft gezogen:

In den Zellen und Zellverbänden
spielt sich ein verrückter Krieg ab.

Einer jungen Frau, die diagnostizierten Brustkrebs im Anfangsstadium hatte, konnte ich mit Spirituellen Rückführungen helfen. Noch war er als nicht tödlich zu erachten. Die bereits körperlich manifestierten Erscheinungen konnte sie in zwei Sitzungen erfassen und selbst auflösen.

Die Frau kam zu mir, nachdem ihr Brustkrebs mittels Röntgenaufnahmen festgestellt worden war. Sie hatte noch zirka zwei Wochen bis zur terminierten Operation.

Glücklicherweise war sie noch nicht am Boden zerstört. Ihre geistige Fähigkeit zur Darstellung von Bildern war zudem ausgezeichnet ausgeprägt.

So gelang es ihr, sowohl den Tumor im Körper genau anzusehen, als auch die geistige Verwirrung, die auch von einem früheren Leben als Katze herrührte, wieder in Ordnung zu bringen.

Sodann erkannte sie ihren Unterdrücker in diesem Leben. Sie handhabte ihn unmittelbar nach der ersten Sitzung.

Sie fühlte sich stabil genug, um seiner Unterdrückung zu widerstehen.

Ich brauche wohl kaum extra hervorheben, dass sie selbst, ebenso wie der sie behandelnde Arzt, mehr als nur angenehm überrascht waren, als kurz vor der bevorstehenden Operation, auf dem erneuten Röntgenbild keinerlei Anzeichen eines Tumors mehr auftauchten.

Bei einer anderen Person, in einem weit fortgeschrittenen Stadium, waren mir allerdings die Hände gebunden.

Durch die Chemo-Therapie war diese Frau körperlich viel zu sehr geschwächt, um überhaupt in eine Sitzung genommen zu werden.

Ein Übriges tat das morphinhaltige Medikament, das ihr der Arzt gegen die Schmerzen verordnet hatte.

Jeglicher Anfangserfolg, bei dem Versuch die gute Frau in die Gegenwart zu bringen, wurde zunichte gemacht, weil diese Medizin, dieser Geistblocker, die TAO-Seele innerhalb einer Woche aus dem Körper hinaus beförderte.

Es funktioniert einfach nicht, wenn versucht wird, die alleinige Verantwortung für Körper und Verstand einer Droge zu überantworten.

Auch den Schmerz verdrängende Drogen sind Unterdrücker. Deshalb ist es ein gar verhängnisvoller Trugschluss, wenn spezielle Ärzte meinen, Depression mit all den Psychopharmaka heilen zu können.

Auch so genannte Antidepressiva sind meistens nichts anderes, als abhängig machende Mittel, die der Ursache nicht im Mindesten zu Leibe rücken.

Auch die Ruhigstellung eines Patienten ist ein zusätzliches Niederdrücken der Persönlichkeit.

Jegliche mentale Aktivität wird dadurch soweit verringert, dass sowohl der Verstand geknebelt, als auch die TAO-Seele vom System getrennt wird.

Chemische Zwangsjacken erhöhen niemals die Lebensfähigkeit oder die Lebensqualität. Wer dies behauptet, hat weder ein Wissen vom Verstand noch die leiseste Ahnung von der TAO-Seele.

Angst- und Bangemachen gilt nicht! Über die Transmitter: Angst und Panik, versuchen uns etliche Institutionen mit deren Vertretern zu kleinen Leuten zu machen. Damit bezwecken diese Unterdrücker, dass wir uns ducken und unter ihr angebotenes Schutzdach verkriechen.

Das Angstmachen und die Aufklärung geben sich manchmal die Hand. Sobald gemachte Angst ins Spiel kommt, haben wir eindeutige Unterdrückung vor uns.

Wenn dann, aus der gleichen Richtung, eine vorgeblich helfende Hand sich uns entgegen streckt, so können wir sicher sein, dass eben diese Hand uns im nächsten Moment würgen wird.

Misstraut deshalb allen Einrichtungen, die erst Angst propagieren, diese weit verbreiten und dann Hilfe anbieten.

Die Spinnen lauern in fein gesponnenen Netzen mit klebrigen Fäden.

Vertraut eurem eigenen Bewusstsein und eurer klaren Vernunft, denn: Emotionen und besonders das Gefühl der Angst sind ausgesprochen schlechte Ratgeber!

Das Angstmachen verallgemeinert sehr stark und appelliert verstärkt an das Gefühl. Wahrhafte Aufklärung bleibt jedoch weitgehend objektiv und arbeitet mit Fakten.

Mit Hilfe des Machtfaktors Angst regieren Diktaturen ebenso wie Multikonzerne der Pharmazie, der Chemie, der Ölindustrie und des Sicherheitsunwesens, wie beispielsweise Versicherungen. Wir finden sicherlich noch mehr beunruhigende Beispiele, wenn wir uns umschauen.

Der Verstand

Verfehlt er seine Funktion oder funktioniert er doch?

Unser Verstand funktioniert wie ein verstopftes Leitungssystem.

Die Annahme von Albert Einstein, wir würden nur zirka zehn Prozent unseres wahren geistigen Potenzials nutzen, stimmt offensichtlich tatsächlich. Wir brauchen nur uns selbst und unsere Mitmenschen gut beobachten.

Ich fragte mich dann nur: "Wie erreiche ich denn mehr als 10 Prozent?", „Sind 20 oder 50 Prozent oder gar 100 Prozent überhaupt möglich?", „Ist eine solche Leistungsfähigkeit eigentlich erstrebenswert?", "Wie sieht dieser Zustand dann aus?"

Bevor wir uns in Spekulationen verstricken und uns in die lediglich gerade mal 10-prozentigen philosophischen Höhen aufschwingen, sollten wir uns jedoch erst einmal die Frage stellen: "Was ist eigentlich unser Verstand, in dem sich das Potenzial anscheinend so unvollkommen aufbaut?"

"Ist doch ganz klar; das ist das Ding mit dem wir denken." Gute Antwort!
Nur leider versucht man uns erst seit ungefähr 130 Jahren weiß zu machen wir würden speziell mit unserem Gehirn denken.

Damals hat man nämlich damit angefangen herauszufinden was wohl geschieht, wenn ganz bestimmte Gehirnregionen elektrisch gereizt werden.

Welche entsprechenden Reaktionen zeigen sich im Körperbereich. Der Reiz und die Reaktion darauf werden seit dieser näheren Zeit irgendwie als adäquate Denkvorgänge definiert.

Philosophen sowie Religionswissenschaftler, tiefgründige Denker und ebenso gefühlvolle Dichter versuchten den Verstand auch in verschiedenen anderen Regionen des Körpers anzusiedeln.

Lange Zeit war beispielsweise das Herz der vorstellbare Sitz des Verstandes. "Lass doch Dein Herz sprechen." Mit diesem geflügelten Wort versuchen Menschen noch heute an das tiefe Mitgefühl eines Mitmenschen zu appellieren. Ebenso mit der Frage: "Was sagt denn Dein Herz dazu?"
Diese Sprache des Herzens und dessen angebliches Denkvermögen scheinen besonders verbindend zwischen den Menschen zu wirken.
Im frühen Ägypten hat man dem Herzen sogar eine so hohe Bedeutung zugemessen, dass es nach der Mumifizierung wieder in den Körper eingesetzt wurde. Denn im Jenseits soll es gewogen werden, um heraus zu finden ob der Mensch ewiges Leben erlangen könne.
Als Sitz des Geistes (Verstand oder Seele oder beides?) sollte es der Person auch in einer anderen Welt erhalten bleiben.

Die Hirnmasse hingegen wurde völlig zerstört. Mit einer Art Quirl hat man das Gehirn während der Zeremonie der Einbalsamierung durch die Nase hindurch zerkleinert, dann konnte es, ebenfalls durch die Nase, als graue und dickflüssige Masse ablaufen.

Daraus ergibt sich ein wenig angenehmes Gefühl, wenn man dieses Verfahren in einer Spirituellen Rückführung bereinigen muss.

Diese Erfahrung machte ein Freund mit chronischen Beschwerden im Bereich der Nasenhöhlen und im Stirnbereich, der zu mir kam, um Hilfe zu erhalten.

Solche Praktiken der Mumifizierung habe ich recht oft entdecken können, wenn Leute Beschwerden mit Kopfschmerzen oder Ähnlichem bekamen.

Auch die Magen-/Darm-Gegend scheint sich gerne in die Arbeit des Verstandes einmischen zu wollen. Besonders dem Bauch wird zugestanden dies zu tun.

Deshalb meinen Leute: "Du musst aus dem Bauch heraus entscheiden." oder "Mein Bauch sagt mir ... ." oder „Mein Bauchgefühl irrt sich selten.“

Das Herz sowie der Magen/Darm fechten im Körpergefüge tatsächlich gerne mit dem klugen Gehirn einen beobachtbaren Kampf um die Vorherrschaft über den Zellstaat aus.

Schauen wir doch einmal auf die Entwicklung des Lebens: Zuerst hatten in den Urmeeren, nicht nur auf dem Planeten Erde, schleimig, wässrige Quallen die absolute Vorrangstellung.
Deren Denkfähigkeit sowie ihre Überlebensqualitäten waren über lange, sehr lange Zeiträume bestimmende Lebenseinheiten.
Der weiche Bauchbereich ist ein Überbleibsel dieses ersten Lebens.
Deshalb ist seine Einbeziehung beim Lösen von Problemen gar nicht so verkehrt.

Mit kräftigen Herzen überlebten ebenfalls lange Jahrtausende die riesengroßen Echsen- und Saurierartigen.
Offenbar spielten diese Lebensformen hervorragend aufeinander abgestimmte Positionen, im Team der Urzeitriesen.

Das könnte erklären warum diese übereinstimmenden Gefühle, die dem Herzen zugemessen werden, intensiv einem Miteinander zugeordnet werden.

Vielleicht war tatsächlich das Herz damals ein steuerndes Denkzentrum.

So verwundert es mich heute nicht mehr, wenn behauptet wird Bauch und Herz wären möglicherweise Gegenspieler oder Gegner, bei der Kontrolle über die Nervenbahnen, des neuartig gestalteten Gehirns der Säugetiere.

Neurologische Untersuchungen in der neueren Zeit haben ergeben, dass das Nervensystem zumindest auch wirklich vom Bauchraum aus direkt beeinflusst wird.

Im indischen Kulturraum nimmt man seit jeher die so genannten Chakren als energetische Kraft- und Denk-Zentren an.

Um den Verstand beziehungsweise das Verstehen zu steigern meditieren die Menschen dort von unten nach oben aufsteigend:
Die Maßnahme beginnt bei den Geschlechtsteilen, dem Wurzelchakra. Dort schläft die zusammengerollte Kundalini-Schlange.
Wird sie erweckt so windet sie sich nach oben, über den Unterbauch zum Sonnengeflecht, zum Herzen, zum Hals, weiter zur Stirn, um schließlich über den Scheitel hinaus mit all den kosmischen Intelligenzen in Verbindung kommen zu wollen. Eine wirklich sehr schöne und auch angenehme Übung.

Doch, wen wundert es, sind Leute während der Übungen ziemlich weit unten stecken geblieben, manchmal bereits im Bereich ihrer Geschlechtsteile.
Daraus hat sich dann das "Tantra der Liebe" entwickelt.

Im eigentlich sinnvollen und angenehmen Geschlechtsakt wurde totale Erfüllung gesucht, hin zur geistigen Transzendenz. Wurde sie je gefunden?

Immerhin ist der Orgasmus wie ein energetisches Fanal. Es wirkt ins Geistige hinein und es verkündet nach „dort": „Ein neues Leben ist in Vorbereitung. Es braucht eine Beseelung!"

Bei uns im Westen gibt es die Entsprechung zu solch einer andersartigen, „tieferliegenden" Denkweise in den Worten: "Dieser Kerl trägt seinen Verstand offensichtlich in seiner Hose." oder eben "Er/Sie denkt allzu oft nur mit seinem/ihrem ... (Geschlechtsteil)."

So gesehen war es schon ein deutlicher Fortschritt als das Gehirn zum Verstand erklärt wurde.

Nur leider trifft auch dies immer noch nicht den Kern der Sache.

Das Gehirn ist seit Beginn der irdischen Menschheitsgeschichte anscheinend all den anderen Zellstrukturen im Körpersystem übergeordnet.
Es hat sich, über das Rückenmark und über die Nervenbahnen, Zugang zu den Organen sowie zu den Drüsen und zur Muskulatur verschafft.
Mit elektrischen Impulsen bewegt es seinen jeweiligen Bio-Körper durch den Raum.
Es vollbringt wahre Wunder in der Handhabung dieses Werkzeugs.

Doch wir alle kennen einen Zustand in dem diese genialen Verbindungen auch dem Gehirn nichts mehr nutzen und es trotz der fortgesetzt funktionierenden Zellstrukturen völlig die Kontrolle verliert - den körperlichen Tod.

Übrigens sollten wir besser von den Gehirnen sprechen, denn wir haben es mit der Großhirnrinde und der rechten sowie der linken Gehirnhälfte zu tun, wobei eine Hälfte immer mehr als die andere das Sagen hat.

Das Kleinhirn, speziell die Zirbeldrüse hat außerdem ziemlich geheimnisvolle Funktionen.

Es verfügt über lauter kleine Ableger in den Gelenken des Körpers.

Dieses ausgeklügelte Hirnsystem arbeitet auf der Basis von Elektrizität, mit sehr feinen Strömen, die ständig durch den Körper fließen.

Bisher hat jedoch noch niemand den Generator, den Stromerzeuger, im Gefüge des Körpers gefunden.

Ein Mensch durchschnittlicher Größe speichert tatsächlich in seinem Körperfett so viel Energie wie eine tausend Kilogramm schwere Batterie.

Einige Wissenschaftler behaupten: Bestimmte biochemische Reaktionen führen dazu, dass die Energie überall im Körper entsteht.

Doch auch die Bioenergetik kann nicht erklären, warum ein Körper beständig altert und schließlich stirbt. Dies obwohl Ernährung und Beweglichkeit wirklich ausreichend sein sollten, das System auch weiterhin störungsfrei am Laufen halten zu können.

Im Zustand des körperlichen Todes ist dann dennoch das Gehirnsystem mitsamt dem restlichen Zellstaat, genannt Körper, absolut machtlos.

Gibt es vielleicht etwas außerhalb des körperlichen Systems, das für Leben, Sterben und Tod verantwortlich ist?

Chinesen sprechen von Chi, die Japaner von Ki, die Inder prägten den Begriff Prana und im westlichen Kulturraum gibt es den Odem.

All dies ist eine Lebensenergie die den Kosmos durch-zieht und hier und da und dort Leben hervorbringt.

In einem ständigen Fluss, besser in einem Kreislauf, wird Leben wieder zerstört, um es kurz darauf wieder neu zu er-schaffen.

Es ist jedoch nicht die Energie des Lebens selbst, die den Kreislauf des Lebens in Szene setzt; sie ist nur das Mittel zum Zweck.

Es ist das bewusste Sein von TAO, dem Geistigen Wesen, mit Hilfe des speziell zu diesem Zweck geschaffenen Ver-standes.

Im Unterschied zu unserer weit verbreiteten, materiellen Betrachtungsweise, bei der ein Verstand mit dem Gehirn gleichgesetzt wird, handelt es sich bei diesem Verstand um ein energetisches Gebilde.

Es ist sowohl weitgehend individuell jedem höher entwi-ckelten Lebewesen als auch niederen Lebensgemeinschaften (beispielsweise Termitenbauten oder Ameisenhaufen, Bie-nenvölker, ...) zugeordnet.

Vergleichbar mit einer „Blase aus Energie" befindet sich der Verstand meistens in der unmittelbaren Nähe eines oder mehrerer Körper und unterstützt TAO, die Person selbst, bei der sinnvollen Steuerung von Körpereinheiten in dem physi-kalischen Universum.

Der Verstand kann den Körper mehr oder weniger weit umschließen. Auch kann er in einzelne Teile des Körpers hin-ein gerückt sein.

So finden wir ihn, bei entsprechend häufiger Bestätigung darauf, doch tatsächlich wieder im Herz- oder Bauchbereich aber auch in anderen Körperteilen.

Das so genannte Dritte Auge, das oftmals in direkter Verbindung zur Zirbeldrüse betrachtet wird, wird ebenfalls als Sitz der TAO-Seele respektive des Verstandes gesehen.

Zur Unterscheidung gegenüber der Person selbst, dem Geistigen Wesen oder der TAO-Seele, spreche ich im Zusammenhang mit dem Verstand lediglich von einem nützlichen Konstrukt, einem Denkapparat.

Verschiedene Definitionen auf diesem Planeten, genannt „Erde", bringen einiges an Sprachverwirrung zustande, sobald wir im Bereich von „Geist" oder auch des „Geistigen" forschend tätig werden.

Deshalb nochmals zur Verdeutlichung:

**Der Körper ist nicht der Verstand und
beide sind nicht TAO,
die Seele oder die Person selbst.**

TAO bedient sich des Instrumentes, der „Maschinerie" des Verstandes um den Körper im physikalischen Universum relativ unkompliziert zu bewegen und für bestimmte Handlungen zu nutzen.

Gehirnen können wir eher automatisierte, „gewohnheitsmäßig" ausführbare Handlungsweisen zuordnen.

Deren Funktionen dienen dabei überwiegend der Erhaltung von Lebenseinheiten.

Physisches Material von Körpern unterliegt einem andauernden, allgemeinen, irgendwie seit langem einprogrammierten Verfall, das durch vergiftende oder krank machende Einflüsse aus der Umgebung noch beschleunigt werden kann.

Der Verstand, mit individuell unterschiedlich starkem Energiepotenzial, ist zwar störbar aber nicht völlig zerstörbar.

TAO, als das geistige Ordnungsprinzip, allem übergeordnet und bestimmend, unterliegt sowieso nicht dem Regelwerk dieses Kosmos.

Es ist kein Bestandteil dieses Universum, außer es geht irrigerweise oder sogar absichtlich in Übereinstimmung mit seinen "Naturgesetzen".

Selbstverständlich ist auch TAO durch absolut nichts zu vernichten, kann sich aber selbst durch selbstbestimmte Postulate gewaltig ausbremsen.

Die Einheit von Körper, Verstand und Seele ist zwar mittlerweile weit verbreitet, dennoch ein Trugschluss.

Aber durch herbeigeführte, vermeintlich unabdingbar notwendige Wechselwirkungen erscheint dieses Zusammenspiel dennoch real.

Diese gewissen Wechselwirkungen beruhen häufig auf Reiz-Reflex-Reaktions-Zusammenhängen aus den Anfängen der Entwicklung von Körpern.

Reiz-Reflex-Reaktions-Mechanismen wirken aus einem urtümlichen, stark herab gesenkten Bewusstseinszustand auf den Körper ein. Sie haben zu Beginn der Evolution von Leben, den damals noch sehr unzureichend entwickelten Verstand entlastet.

Eben solchen Reiz-Reflex-Reaktions-Mechanismen verdanken es die körperlichen Lebenseinheiten, dass sie nicht verhungert oder verdurstet sind, sich zudem hinreichend fortpflanzten und Gefahren erfolgreich standhalten oder ihnen ausweichen konnten.

TAO geht zumeist davon aus, dass der Verstand mit dem es umgeht, ein perfekt organisiertes, hundertprozentig funktionierendes Instrument ist.

TAO bedenkt anscheinend im allgemeinen nicht die nichtbewussten, geradezu eigenmächtig erscheinenden Aktivitäten eines, durch Reflexe aus der Urzeit, beeinträchtigten, eingeschränkten Denkvermögens.

Das kann in heutiger Zeit tatsächlich zu Krankheitserscheinungen und Unfällen führen.

Logisches Denken ist bezeichnend für den Verstand. Aber: "Wo ist denn da die Logik?", fragen sich manche Menschen oftmals, wenn sie die Handlungen oder Meinungen anderer Leute sehen oder hören.

Auch haben Frauen eine ganz eigene Logik - wird zumindest von Männern behauptet.

Logik (griechisch „logos": Wort, Rede, Vernunft) ist, laut der Angaben im Bedeutungswörterbuch, die Lehre von den Formen und Gesetzen des richtigen Denkens oder ganz einfach: Folgerichtigkeit.

Aufgrund des mehr oder weniger zur Verfügung stehenden Materials an Daten wird ein folgerichtiger, möglichst vernünftiger Schluss gezogen.

Ändern oder erweitern sich jedoch Daten, so sollten sich zwangsläufig auch die logischen Schlüsse dem anpassen.

Manchmal vollziehen Leute diesen Sprung nicht mit. Sie erheben das einmal Ge- oder Beschlossene zum Dogma.

So konnte über Jahrhunderte hinweg die Erde nicht als frei bewegliche Kugel im Weltall anerkannt werden.

Sie blieb in den Denkvorgängen von Vielen der Mittelpunkt des bekannten Kosmos.

Ist verrücktes Denken noch dem Verstand angemessen: "Ich kann einfach nicht verstehen warum, weshalb ... ?"

Vielleicht gibt es dabei gar nichts zu verstehen, weil in dem Ereignis pure Verrücktheit abläuft.

Verrückt sein heißt allerdings nichts anderes als "zur Seite gerückt", also abseits der Norm. Nur wer sagt mir ob die Norm, das Normierte, das was als in der Ordnung betrachtet wird, ob diese Normalität nicht das wirklich Verrückte ist?!

Nicht immer ist das, was die meisten Menschen tun oder denken wirklich das Vernünftige. Ich gehe sogar noch weiter und behaupte:

Die Masse trägt heutzutage von Grund auf den Keim der Unvernunft in sich.

Aus Beobachtungen im Alltagsleben können wir immer wieder feststellen: Die Verrücktheiten (welcher Art und Weise auch immer) werden schneller und sehr viel intensiver zu einer Massenbewegung als wahrhafte Vernunftsgründe.

Propaganda, Marketing und Werbung machten sich schon immer und machen sich immer öfter, diese Erkenntnis begierig zu nutze.

Anscheinend ist der Verstand bei sehr vielen Menschen nicht sehr klar. Er hat Schwachpunkte und ist offenbar wohl doch nicht diese phantastisch funktionierende Maschinerie, als die wir sie eigentlich annehmen wollen.

Deshalb faszinieren uns menschliche Wesen offenbar Computer so sehr. Diese Geräte sind uns anscheinend auf einigen Gebieten überlegen.

Ein Computer ist nämlich einfach ein Rechenwerk ohne größeren Makel. Ist er einmal programmiert, so läuft er jahrelang, jahrzehntelang ohne Murren und liefert immer, immer korrekte Daten.

Wichtigste Voraussetzung ist: Die Programmierung durch den Menschen weist keine Fehler auf.

Worin mag für diese offenbare oder auch nur anscheinende Makellosigkeit wohl die Ursache zu finden sein? Meine Antwort: Der Software eines Computers fehlt perspektivisch die Zeit.

Er hat keine Vergangenheit und praktisch keine Zukunft. Jeder seiner Vorgänge geschieht für ihn ausschließlich in der totalen Gegenwart, dem absoluten Jetzt. Allerdings auch, ohne dieses Jetzt tatsächlich wahrnehmen zu können.

Es gibt für einen Computer keinerlei Vergleiche mit ähnlichen Situationen in irgendeiner Vergangenheit und keine für ein zukünftiges Geschehen.

Der Computer ist immer konzentriert im zeitlosen Jetzt, ohne eigenen Raum, ohne ein Hier und ohne vergleichbare Ähnlichkeiten.

Daraus ergibt sich natürlich auch die Starrheit der Systeme, zumal sie keinerlei Verantwortung für ihren Ablauf tragen.

Computer sind sowohl für soziale Projekte als auch für kriegerische Einsätze verwendbar.

Eigenständiges Denken ist in einer solchen zeitlosen Enge völlig ausgeschlossen. Genau darin finden wir aber auch die derzeit feststellbare Unfähigkeit zur Fort- oder Weiterentwicklung.

Neuere technische Systeme sollen allerdings lernen und zukünftige Roboter sogar kommunikativ verstehen können.

Was wird dann wohl aus der bislang relativen Überlegenheit? Sobald sich für die Robos erste, für sie selbst wahrnehmbare Verluste einschleichen, so kann ich mir vorstellen, wird es vorbei sein mit der totalen „Unfehlbarkeit" von Computern.

In einigen Science-Fiction-Romanen finden wir bereits heute entsprechende Vorstellungen von Robotern mit menschenähnlichen Gefühlen und den damit verbundenen Reaktionen.

Aus diesen Anschauungen und dieser Betrachtungsweise heraus ist das Wort Konzentration für mich schon immer ein Greuel gewesen.

Menschliches Denken sollte aus meiner Überlegung heraus niemals zu stark auf konzentrierte Denkvorgänge fixiert werden. Manchmal bedarf es zwar einer gewissen Konzentration, um sich zielgerichtet mit Wissensinhalten beschäftigen zu können.

Aber die befohlene Aufforderung: "Konzentriere Dich!", lässt den Denkraum für uns und unseren Verstand plötzlich auf ein Minimum schrumpfen.

Diese Anweisung erzeugt mit der Zeit Zwanghaftigkeit, erst geistige und dann körperliche Verspannungen bis hin zu Kopf- und Gliederschmerzen.

Je intensiver jemand auf Dauer versucht sich zu konzentrieren, desto ähnlicher wird er nach meiner Beobachtung dem oben genannten Computer, er wird zu einem menschlichen Roboter.

Etliche der Trance- sowie Meditationsformen und die Übungen zur überwiegend introvertierenden (nach innen gerichteten) Konzentration vernachlässigen häufig die gleichzeitige Öffnung in den mehrdimensionalen Raum hinaus.

Die Überbetonung des „zeitlosen" Jetzt ohne ein bewusstes Hier schafft nach meiner Erfahrung „seelenlose" Maschinenwesen mit robotischem Verhalten.

Erst, wenn das vollständige HIER und JETZT als Basis erkannt wird, auf der man sich derzeit bewusst befindet und festigt, damit der nichtbewussten Vergangenheit widersteht, ist es möglich die Zukunft zu gestalten.

Erst in diesem Falle ist das HIER und JETZT eine stabile Operationsbasis.

Jetzt haben wir innerhalb einiger weniger Sätze die Funktionsweisen des menschlichen Verstandes überflogen.

Weil mir dies alles so wichtig erscheint, stelle ich hier nochmals dar:

1) Der Verstand zeichnet alle Ereignisse minuziös und detailgenau auf und hält sie für Abrufe bereit, in der Zeit und im Raum, sogar weit über die fünf Sinne hinaus, die einem Menschen zur Verfügung stehen.

2) Je mehr halbwegs korrekte Daten der Verstand zur Verfügung hat, desto mehr Möglichkeiten, Ähnlichkeiten und Vergleiche kann er anstellen, umso beweglicher ist er. Der Mensch kann leichter Neues erfassen und seinem bereits gespeicherten Material hinzufügen, besonders in Bildern und Emotionen.

3) Auftretende Problemstellungen, entweder bewusst selbst gemachte oder die von außen Herangetragenen, werden mit relativer Leichtigkeit gelöst; vorausgesetzt das Datenmaterial ist vollständig und der Zugriff ist ohne Schwierigkeiten möglich.

4) Das Denkvermögen des Verstandes braucht seine Zeit (zirka drei Tage) in räumlicher Offenheit und in fließender Bewegung, um mehrdimensionale Vorstellungen entfalten zu können.

5) Der Verstand überblickt den linearen Lauf der Zeit, von der Vergangenheit bis zur Gegenwart, und gestaltet Visionen zur Zukunft hin.

6) Über Stand-, Bezugs- und Betrachtungspunkte in der Zeit und im Raum gestaltet der Verstand auch Bilder und neue, phantastische Welten.

7) Im jedem Verstand von individuellen Wesenheiten, dem TAO-Selbst, ist ein ganzes Universum aufgezeichnet. Er bringt es mit allen anderen in Übereinstimmung. So konstruieren sich vielerlei Weltbilder, weltoffen aus verschiedenartigen Betrachtungen.

8) Zu enge Denkschematas und festgefahrene Vorstellungen sind Zeichen dafür, dass der Verstand eine der oben genannten Kriterien verloren hat.

Da gibt es beispielsweise bedauernswerte Menschwesen die hängen so sehr in ihrer eigenen Vergangenheit fest, dass sie weder die objektive Gegenwart gut zu erkennen vermögen noch können sie brauchbare Zukunftsperspektiven entwickeln. Bei den älteren Menschen ist dieses Phänomen oftmals sehr gut beobachtbar.

Auch Leute mit Demenz und Alzheimer verlieren ihren Zeitsinn nach und nach immer mehr. Allerdings sind deren geschädigte Gehirne vorrangig dafür verantwortlich.

Der Verstand, als übergeordnetes Konstrukt, hat in diesen Fällen auf das Gehirn keinen korrekten Zugriff mehr.

Im Lichte der Wiedergeburt betrachtet kämpfen die meisten Menschen mit dem weit verbreiteten Problem, nicht ganz in der Gegenwart zu sein.

Obwohl und gerade weil sie keine Ahnung mehr von ihren früheren Leben haben, binden sie ungeheuer viel Energie, in der Art von Aufmerksamkeitsanteilen, in ihrer nebelverhangenen Vergangenheit.

Erst mit Spirituellen Rückführungen oder mit Spiegelmeditationen löst man diese energetischen Blockaden auf.

Die bis dahin verloren geglaubte Lebensenergie wird in der Gegenwart nutzbar.

Der Effekt ist, als würden sich starke, nach hinten ziehende Gummibänder plötzlich in Nichts auflösen.

So verschwinden Belastungen die bis dahin das Vorwärtskommen behindert haben.

Wenn sich jemand jetzt noch vor Augen hält, über welch gewaltige Zeiträume hinweg er seinen Verstand bereits nutzt, dann wundert es sicher kaum, wenn unkontrolliertes, wenig bewusstes Verhalten an der Tagesordnung ist.

In modernen Computerbegriffen würden wir bemerken: „Der Arbeitsspeicher scheint ziemlich voll zu sein."

Speziell die Spirituellen Rückführungen eröffnen Einblicke in die Jahrmillionen, seitdem dieser Verstand existiert und Menschen immer noch verhältnismäßig ausgezeichnete Dienste leistet.

"Aha!", werden jetzt einige sagen: "Jetzt verstehe ich die Verstopfung. Der Verstand hat sich über die lange Zeit abgenutzt und wird langsam immer unbrauchbarer."

Unsinn! Der Verstand eines jeden von uns wäre wach und aufmerksam wie eh und je. Er würde auch heute noch so gut funktionieren wie am ersten Tag seiner „Programmierung" durch TAO, uns persönlich.

Doch wir haben damals, zu Beginn seiner Arbeit, nicht damit gerechnet, dass sich unterschwellig „Viren" einschleichen und zumindest Teile des Verstandes, im erwünschten Zustand des bewussten Seins, beeinträchtigen können.

Herabgesetztes Bewusstsein sammelte sich über eine sehr lange Zeit in unserem Verstand an. Dieses mangelhafte Bewusstsein, das uns als TAO sehr, sehr unähnlich ist, entsprang den Beeinflussungen durch Drogen, Krankheiten, Unfälle, Narkosen, gewaltsame Tode sowie durch absichtliche Fremdeinwirkungen mittels Hypnose und suggestive Manipulationen.

Speziell Suggestionen, unterschwellige Beeinflussungen, haben den Verstand in seinem Denkvermögen verlangsamt und mehr oder wenig verrückt gemacht.

Deshalb denken heute die allermeisten von uns menschlichen Individuen wie durch ein engmaschiges Sieb oder durch ein verstopftes Rohr hindurch.

Etliches was wir Menschen als normal ansehen ist so verrückt, dass wir damit sogar unseren derzeitigen Lebensraum systematisch zerstören.

Der wunderschöne Planet Erde leidet unter dem chronisch gewordenen Befall durch uns Menschen.

Sowohl Spirituelle Rückführungen als auch Spiegelmeditationen sind Lösungen, auch für dieses Problem.

Mit Hilfe der Spirituellen Rückführungen geht man bei vollem Bewusstsein in die Vergangenheit hinein und knackt einen Virus nach dem anderen und zwar an seinem Ursachepunkt.

Gemeinsam verfolgt man dabei die Spur der Zeit, zurück in die Vergangenheit und findet die Zustände herabgesenkten Bewusstseins.

Ähnlich geht jemand bei den Meditationen mit dem Spiegel vor. Er erkennt sein ureigenes Selbst.

Er selbst macht es sich bewusst, was er bisher verschüttet mit sich herumgeschleppt hat und ... jedes damit verbundene Problem löst sich auf - wie von selbst.

Jedes Problem von dem jemand bewusst weiß, dass es ein solches ist, kann dessen Verstand leicht lösen.

Nur die Problemstellungen die ein Verstand nicht korrekt erkennt und zu denen er keine ausreichenden Daten hat, beeinträchtigen das Leben erheblich.

Der Verstand arbeitet mit genau den Daten, die jemand ihm gibt oder die er über die Sinne sowie über die Wahrnehmung aufnimmt.

Schaut jemand nur Triviales (wie zum Beispiel in Fernsehen und Filmen), so wird sein gesamtes Denkschema trivial werden oder bereits sein. Er kann sogar damit beginnen in Zeichentrickdarstellungen zu denken, wenn er immer nur Trickfilme anschaut.

Bei einem jugendlichen Hilfesuchenden bewegten sich, in dem Rahmen von Spirituellen Rückführungen, anfangs vor dem geistigen Auge Trickfilm-Menschen und -Monster und es ereigneten sich Trickfilm-Aktionen.

Dieses irreale Geschehen versuchte er, am Anfang der Sitzungen, vergeblich mit realen Gegebenheiten in Einklang zu bringen.

Erst mit der Zeit, nach etwa drei Sitzungen, gelang ihm der Umschwung zur so genannten Realwelt.

Von da an hatte er tatsächlich weniger Probleme in der Schule und nicht mehr das intensive Gefühl verfolgt und bedroht zu werden.

Denn in seiner extremen, realitätsfernen Phantasiewelt spielte er immer den Verfolgten und den Verlierer.

Richtige und falsche Daten sind manchmal sehr schwer auseinander zu halten.

Der menschliche Verstand ist nämlich in der glücklichen oder unglücklichen Lage zu rationalisieren. Durch das Rationalisieren überträgt er die geistige Vorstellung auf die Umgebung. Durch Rationalisieren flüchtet er aber auch und entschuldigt sein Verhalten vor anderen.

Beispielsweise rationalisiert ein Drogenabhängiger den Gebrauch der Droge mit den unterschiedlichsten Argumenten und versucht so eine gesellschaftliche Akzeptanz seines Verhaltens, um möglicherweise sogar Mitleid zu erhalten, es herbeizuführen.

Rationalisieren heißt: Der Verstand legt ein halbwegs logisches Grundmuster an den Tag und versucht dies als normal darzustellen.

Durch kommunikativen Austausch mit anderen Menschen oder durch geschickte Propaganda unternimmt er die Anstrengung dieses Muster im realen Universum zu manifestieren.

Er sucht sich zu diesem Zweck noch möglichst viele Andere, Gleichgesinnte, um gemeinsame Stärke zu entwickeln.

In dieser Art und Weise der Betrachtung ist die Rationalisierung nur eine Vorspiegelung halb wahrer oder gar falscher Tatsachen die auf einer niederen Ebene weitgehender Übereinstimmung mit anderen zur Realität erklärt werden, als eine akzeptable Lüge.

Auf diese Art und Weise haben sich zum Beispiel auch Wirtschaftssysteme, die angeblich der Gesundheit oder der gesellschaftlichen Allgemeinheit dienen sollen, wie die Pharmazie, Versicherungen oder ähnliches, im Denken der Masse Mensch breit gemacht.

Deshalb sind die richtigen und wahren Daten, sobald sie durch den Filter des menschlichen Verstandes gerieselt sind, zumeist angepasste Daten.

Sie tragen den Charakter von zweckmäßig brauchbar gemachter Meinung einiger Weniger oder von die Meinung verstärkenden Gruppen.

Genau aus diesem dogmatisch geprägten Kompromissdenken heraus resultieren die vielen Fehlgriffe in Denken und Handeln, denen sich die menschliche Rasse schuldig gemacht hat.

Über Jahrhunderte hinweg konnte tatsächlich behauptet werden: „Die Erde ist eine Scheibe.".

Nur, weil der, zu seiner Zeit allgemein als Kapazität anerkannte, Philosoph Aristoteles eine interessante Idee hatte.

Große und kleine Geister haben den Ausfluss seines ansonsten sicherlich brillanten Verstandes für bare Münze genommen und sind mit seinem Weltbild, einer Scheibe mit darüber gedeckter Himmelskuppel, total in Übereinstimmung gegangen.

Ein schönes, ästhetisches Bild, doch leider weder in der Realität noch in der Wirklichkeit völlig falsch und nicht haltbar, wie sich herausstellen musste.

Auch heute verfallen wir noch diesen Kapazitäten, den überzeugend wirkenden Vordenkern.

Einfach deshalb, weil wir selbst anscheinend oder angeblich über kein ausreichendes Wissen und keine Datenvielfalt verfügen.

Oder dieses Datenmaterial bekommen wir sogar bewusst vorenthalten, um deren Gedankenbildern kein paroli bieten zu können.

Zu viele gelehrte Häupter halten daran fest, dass der Einzelne sich zum Beispiel gegen den Darwinismus nicht erfolgreich auflehnen könne.

Charles Darwin mag mit seiner Lehre der Entwicklung der Arten vielleicht im Pflanzen- und Tierreich recht gehabt haben (vielleicht!), jedoch in Bezug auf den Menschen liegt er nach meinen, aus den Spirituellen Rückführungen gewonnenen, Erkenntnissen reichlich weit daneben.

Der Mensch ist dem Tierischen weitgehend entwachsen, er ist ein ziemlich sich selbst bewusstes, selbstbestimmtes Wesen geworden.
Die von Darwin propagierte, so genannte natürliche Auslese kreierte das „Recht des Stärkeren". Diese extrem unmenschliche Rechtsauffassung findet in den Gesellschaften von Menschen speziell dann Anwendung, wenn sich unsoziale, politische Gruppierungen wieder sehr weit dem Tierischen annähern.
So manches diktatorisch unterdrückerische System (in Politik, Religion, Kunst, Wissenschaft und Wirtschaft) mit archaischen Machtstrukturen kann hierfür als dunkles Beispiel dienen.

Wie wir schon gehört haben ist der Verstand nicht gleichbedeutend mit dem Gehirn. Doch welche Rolle spielt das Gehirn dennoch?
Ganz einfach: Der Verstand hat, als energetische „Denkblase", wie man ihn sich bildhaft vorstellen kann, keinerlei reale Einflussmöglichkeiten auf das physikalische Universum. Ohne physischen Körper hat er so gut wie kein Zugriffsvermögen auf diesen Kosmos.

Dafür, also speziell zur Steuerung des Biokörpers braucht der Verstand eine Schalttafel oder eine Tastatur oder einen Empfänger mit wirklich höchst empfindlichen „Knöpfchen" die sich recht leichtgängig bedienen lassen. Genau das ist die Funktion des Gehirns.

Übrigens waren TAO-Seelen ursprünglich an den Biokörpern nicht unbedingt sehr interessiert.

Als einfaches Mittel zum Zweck waren diese Körpereinheiten auch ziemlich leicht austauschbar. Es gab schließlich genug davon. Sie vermehrten sich selbstständig und standen zum Ge- und Verbrauch jederzeit zur Verfügung.

Deshalb war der Tod für TAO noch nie das große Problem.

In früheren Zeiten sind Krieger und Soldaten mit sehr viel Enthusiasmus in die Schlacht gezogen.

In der nordischen Mythologie war Walhall der Ort („die Wohnung der Gefallenen Krieger") an dem Kriegshelden weiterhin heftig kämpfen und anschließend mit ewigen Freuden ausgelassen feiern und genießen konnten.

Ähnlich paradiesisch wurden die „ewigen, heiligen Jagdgründe" von den meisten Indianern Nordamerikas angesehen.

Bedeutsam wurde der Tod von Körpern erst, als durch Krankheit oder durch Gewalt eine einmal begonnene Aufgabe nicht zu Ende geführt werden konnte.

Dann machten sich Trauer und Gram über den Verlust des doch so brauchbaren Körpers breit, was wiederum dramatisiert wurde und zu einem herab gesenkten Bewusstsein führte. So verblieben noch immer Aufmerksamkeitsanteile bei dem verlorenen Körper.

In dieses im Tode herab gesenkte Bewusstsein konnten sich Suggestionen tief einschleifen, beispielsweise in Form von Worten oder von Aktionen.

Sterben und Tod werden in der Tat nur dann bedeutsam, wenn eine intensive Körperbindung auftritt.

Unser, insbesondere westlich geprägter, kultureller Standard orientiert sich zur Zeit besonders an Körpern. Dadurch werden die Verluste von Körpern, in den Nachrichten und dergleichen, auch so furchtbar dramatisch dargestellt.

Über dem Bemühen biochemisch strukturierte Körper zu retten, werden die geistigen Belange und echte seelische Gewichtungen außer Acht gelassen. Schlimme Sterbe- und Bestattungspraktiken haben sich breit gemacht.

Durch die Apparatemedizin verkommen Sterben und Tod zur Qual für Körper und Verstand.

Hier ein Beispiel aus einer Spirituellen Rückführung:

Ein Mann war im früheren Leben längst bereit seinen Körper zu verlassen, doch die Geräte, angeschlossen an seinen alten Körper, banden seinen Verstand regelrecht fest.

Emotional hin- und hergerissen, zwischen Hoffnung und Verzweiflung, konnte sich das Wesen einfach nicht lösen.

Als schließlich und endlich alle maschinellen Bemühungen aufgrund des desolaten körperlichen Zustands versagten, war das Denkschema des Verstandes bereits so sehr in Mitleidenschaft gezogen und davon beeinträchtigt, dass der Mensch das Erlebnis als Gefühl auch im neuen Leben nicht loswerden konnte.

Hoffnung und Verzweiflung, als ständige emotionale Schaukelbewegungen im Laufe seines Lebensweges, verfolgten den arg geplagten Hilfesuchenden – nur noch bis zum Datum dieser Spirituellen Rückführung.

TAO über TAO

Weit über hundert Spirituelle Rückführungen, in den letzten über 20 Jahren, haben mich davon überzeugt:

Es gibt nur einen Ursprung, ein ursprüngliches Sein des Göttlichen im Universum, damit nur eine Quelle für alle religiösen Betrachtungen. Unabhängig vom genaueren Wissen über den Taoismus hat sich mir TAO aus Spirituellen Rückführungen offenbart.

So konnte ich folgende sieben ursächliche Gemeinsamkeiten entdecken:

1) Es gibt ein GöttlichSein, weder Er noch Sie noch Es, ausschließlich Sein.

2) GöttlichSein ist kein Bestandteil irgendeines Universum, nicht des unseren noch von anderen.

3) Liebe und Licht (hochwertige, energetische Prinzipien) entsprechen dem GöttlichSein.

4) Das GöttlichSein kreiert aus sich heraus Geistiges, zur Schaffung von Universen oder dergleichen.

5) Das Geistige findet sich in entsprechenden Wesenheiten, von Elementen bis hin zu Individuen.

6) Aus dem GöttlichSein entspringt jegliches Energetische, hervor gerufen durch das Geistige.

7) Das Energetische dient den Geistigen Wesenheiten als „Baumaterial", durch Umwandlung in Energie und in Materie.

Das GöttlichSein hat sich mir als TAO erschlossen.

So entstanden die nun folgenden Erkenntnisse.

Wir alle sind das Geistige TAO, die Seele oder das Geistige Wesen, der „Göttliche Funke", die „Person selbst", das „Ich bin" oder wie auch immer man sich benennen will.

Das Miteinander in TAO ist weder eine Kirche noch eine andere organisatorisch geführte Glaubensgemeinschaft.

TAO ist einfach jegliches, Wesen und mehr, ohne es extra einem Miteinander zuordnen zu müssen.

„Du bist TAO, auch wenn Du von Dir nicht sagst, dass Du TAO bist oder sagst, dass Du nicht TAO bist.
Immer und immer bleibst Du TAO."

Göttliches TAO, den Göttlichen Ursprung, den Zugang zu unserem ureigenen Selbst finden wir völlig bewusst über die Maßnahmen der Spirituellen Rückführungen.

Diese drei Buchstaben werden uns immer wieder einmal begegnen:

T und **A** und **O**.

Man kann sie als ganzes Wort lesen oder tatsächlich als einzelne Buchstaben wahrnehmen.

Ich nutze hierfür Irdisches, um im Rahmen der hier gültigen Begriffe verstanden zu werden.

TAO, bestehend aus den Buchstaben:

T > Dieses große T verkörpert ein Urkreuz, das griechische und hebräische Tau-Kreuz. Es ist verwandt mit dem ägyptischen Henkelkreuz, dem Ankh, dem Symbol für Heiligung und Weihung.

A > Griechisch Alpha, vom semitischen Aliph oder Aleph, was Ochse oder Stier heißt. Der Stier ist das erste Zeichen im astrologischen Tierkreis. Der erste Buchstabe im Alphabet ist das A, das Symbol für den Anfang.

O > Griechisch Omega, ist der letzte Buchstabe im griechischen Alphabet. Es ist das Symbol für das Ende. Das O ist zugleich ein Kreis, oder eine Kugel, das Symbol für Unendlichkeit und Universalität, ohne Anfang und ohne Ende, der Inbegriff des Vollkommenen.

Ein Punkt im Kreis bedeutet die ursprünglich manifestierte Idee.

TAO ist die ursächliche Vernunft im Chinesischen ebenso wie bei uns, den Druiden des TAO.

Dies ähnelt nur entfernt dem Geister- und Ahnenkult des Taoismus. Der Taoismus ist heute eher eine mystisch-buddhistische Religion. Unter anderem ist dort die Natur von übergeordneter Göttlichkeit.

Ich will hier nicht aufrufen, dass jemand den Glauben an seinen „lieben" oder einen „strafenden" Gott oder an ganze Götterdynastien aufgibt.

Mein Bestreben ist einfach, aufzuzeigen wie sich uns, den Druiden des TAO, über die regelmäßige oder auch unregelmäßige Anwendung Spiritueller Rückführungen, eine ursprüngliche Göttlichkeit offenbart hat.

Uns ist dabei der Begriff und die Idee von TAO zugespielt worden. Um TAO erklären und erfassen zu können, müssen wir uns allerdings zumindest etwas von herkömmlichen Denkstrukturen lösen.

Es ist für mich, gleichfalls TAO, nicht einfach Worte zu fügen, wo menschliche Wortgebilde unzulänglich bleiben. Dennoch versuche ich nun die Idee von TAO nahe zu bringen.

So fange ich einfach mal an:

TAO ist das ursprünglich Göttliche, unser aller Ursprung. Er/Sie/Es ist TAO wie auch wir TAO, das Geistige, sind.

Wir sind die ursächliche Schöpferkraft für alle Gesetzmäßigkeiten, Dinge und Geschehnisse im Universum.

Aus dem Ursprung heraus hat TAO uns entsandt oder uns gehen lassen. Wir sind somit alle Kinder des Ursprungs, von TAO.

Beim „Gehen" haben wir uns allerdings nicht wirklich räumlich entfernt. Nur diese gedankliche Vorstellung davon erhält seitdem die Illusion aufrecht. Wir sind also weiterhin in oder bei TAO.
Allerdings haben wir es geschafft und entsprechend geschaffen ein „eigenes" Umfeld zu kreieren.

Seitdem gibt es das „Große Spiel", mit dem bipolaren, physikalischen Universum als Spielfeld.

Unabhängig davon tragen wir in unserer gedanklichen Vorstellung, jeder für sich, ein selbst aufrecht erhaltenes Universum, den „inneren Kosmos".
Daraus resultieren unser aller Weltsicht und die Übereinstimmungen mit den anderen Universen oder Kosmen anderer Geistiger Wesen.

Nur deshalb können wir, für uns wie für andere, behaupten, ein gemeinsames Universum sowie gemeinsame Kosmen zu bevölkern. Jedermanns innerer Kosmos äußert sich im Denken, Sprechen und Handeln.

Alle Erinnerungen und irgendwie gespeicherten Daten im Körper, im Energiefeld sowie im Verstand bilden den Kosmos des Denkens, den uns innewohnenden kosmischen Vorstellungsrahmen.

Alles was in diesem unmittelbaren oder auch weiter entfernten Einflussbereich geschieht, sich abspielt, unterliegt dem von uns selbst ausgehenden Gesetz von Ursache und Wirkung. Dieses Wirkungsfeld ist wesentlich größer, als wir es uns mit dem menschlich geprägten Verstand vorzustellen vermögen.

TAO ist die gemeinsame Richtschnur oder der „kleinste" gemeinsame Nenner, womit wir das „Große Spiel" am Laufen halten.

Über TAO im ich und TAO im Du sowie TAO im wir und darüber hinaus, also TAO im allumspannenden und alldurchdringenden Göttlichen, finden wir alle einzeln sowie zusammen zur Vollendung der kosmischen Zusammenhänge.

Es gibt in Deinem eigenen Kosmos keinen Gott außer Dir!
Du bist TAO, der einzige für Dich gültige Gott.

Manche von uns haben ihre Göttlichkeit einer Gruppe von Lebewesen offenbart oder übermittelt.
Sie wurden deren Gottheit, in Übereinstimmung mit deren Welt und deren Anschauungen vom Leben. So entstanden ganze Dynastien von Göttern.

Deshalb erstreckt sich Deine Verantwortung auf alles was Du denkst, sagst und tust sowie zu dem was Du entsprechend unterlässt oder zulässt, dass es gedacht, gesagt oder getan wird.

So kann auch niemand, außer Dir selbst, Dich für Dein Lebenskonzept zur Verantwortung ziehen oder Dir Schuld zuweisen.

Deine Schuldfähigkeit bezieht sich immer auf Dein eigenes Schuldbewusstsein.

Stimmt diese Art des Bewusstseins nicht mit dem anderer überein, bleibt Dein Kosmos frei von Schuld und Schulden. Für Dich! Nicht unbedingt zugleich auch für Deine Mitwesen.

So kannst nur Du Ordnung schaffen und für Ordnung sorgen, in Deinem Kosmos sowie in Deinem bewusst sowie nicht bewusst gelebten Umfeld.

Dennoch: Du kannst Dir Selbst nicht gerecht werden, wenn Du die Göttlichen Prinzipien des TAO aus den Augen verlierst.

TAO ist das Prinzip der höchsten Liebe, in Einheit mit

> höchster ethischer Vernunft
> höchster Verantwortung
> höchster Kreativität
> höchster Ästhetik

TAO steht somit für:

> Liebe
> Ethik / Vernunft
> Ästhetik
> Ordnung
> Wissen
> Kreativität
> Erschaffen
> Gemeinschaft
> Miteinander
> Respekt

> Toleranz
> Verständnis
> Verstehen
> Macht (Kraft, Stärke, Energie)
> Spielgeist

Wer sich davon entfernt verliert, verliert, verliert, ... seinen Spielgeist, seine Fähigkeiten und mehr.

Er verliert letztlich den selbst gestalteten Sinn seines Lebens und damit das „Große Spiel", verliert sein Selbst.

Der Verlust der Beseelung durch TAO, der Verbindung zum Göttlichen sowie zu sich selbst, ist nicht etwa etwas fiktiv Böses sondern einfach zunehmende Leere.

Gut und Böse sind sowieso nur zwei Seiten einer Medaille, Betrachtungen mit denen wir das interessanter gemachte „Spiel des Lebens", einer Variation des „Großen Spiels", am Laufen halten.

Wer Gut und wer Böse ist entscheidet die jeweilige Gruppe der Du angehörst, als individualisiertes TAO-Wesen.

Der gemeinsame Kosmos von Gruppierungen regelt die Betrachtungsinhalte.

Was in diesem Zusammenhang gerade „In" oder „Out" ist kann sich im Laufe der Zeit gravierend wandeln.

So war das Essen von Menschenfleisch bei früheren Kulturen, heute sagen wir: Primitiven, etwas völlig Normales.

Wir können uns dies, aus heutiger Sicht, gar nicht mehr vorstellen.

Unser derzeit sittliches Empfinden und unsere Moral haben sich verändert und wandeln sich noch laufend.

Damit sind, erst im Nachzug, auch unsere Gesetze ganz andere geworden.

TAO in der Transzendenz

Allgegenwart, Allmacht, Allvernunft, ... - dies wird Gott zugeschrieben und soll ihn verkörpern. TAO ist jedoch nicht einfach Gott.

Gott oder Allah oder Jaweh oder Manitou oder ... , wie wir ihn aus Religionen heraus vermittelt bekommen, ist lediglich ein Aspekt von TAO.

So ist TAO für Menschen leichter annehmbar, weil das Göttliche personalisiert wurde.

TAO ist:

>   ohne Raum
>   ohne Materie
>   ohne Energie
>   ohne Zeit
>   ohne Gestalt
>   ohne Identität

TAO ist kein Bestandteil dieses Universum aus Materie, Energie, Zeit und Raum.

TAO ist daher weder von Raum noch von Zeit abhängig. Er/Sie/Es TAO ist weder im Raum präsent, noch spielt Zeit für TAO eine Rolle.

TAO ist riesengroß und winzig klein zugleich.

TAO enthält jegliche Idee von Universen ohne jedoch deren Behälter zu sein.

TAO ist unendliches Wissen und Können. Wobei Unendlichkeit für TAO sowieso nicht relevant ist, da dies ein Begriff aus einem endlichen Dasein ist.

TAO sind wir selbst, als Geistige Wesen.

Wir sind sowohl in TAO, dem Göttlichen, als auch in Verbindung mit TAO, unserem Ursprung.

Das bedeutet aber auch, dass wir in ständiger Verbindung mit all den anderen sind, die ebenfalls TAO sind.

TAO kann, aus unserer Sicht, als große, unbegrenzt große Gemeinschaft gelten, die wiederum die Ganzheit von TAO darstellt.

Diese Verbindung ist selbstverständlich nicht ausschließlich auf den Bereich der Lebewesen beschränkt.

Darüber hinaus sind wir, das Geistige TAO, ebenso wie das Göttliche TAO, mit allem und jedem in Verbindung, in ständig schwingender Resonanz.

Die Ebenen der Geister

Acht Ebenen

Diese acht Ebenen haben sich meinen Freunden und mir in sehr vielen Spirituellen Rückführungen immer wieder erschlossen.

Sie entsprechen uns durch und durch alle. Doch wir, als das übergeordnete Selbst, fühlen uns vollständig und damit heilig besonders in den beiden oberen Bereichen: Göttliches TAO und Geistiges TAO.

Jedoch sind wir selbstbestimmt dem Vergessen anheim gefallen. Wir, die Schöpfer allen und jeglichen Seins im Universum, haben das Vergessen zu einem ersten, entscheidenden Spielfaktor gemacht.

Wir müssen uns unbedingt wieder klar sein: Ohne auch die Verantwortung für die unteren Ebenen zu übernehmen, bleiben wir denn doch unvollständig.

All die im Folgenden beschriebenen Ebenen haben wir im Laufe von Äonen als kosmische Spielfelder geschaffen, um ein, im wahrsten Sinne des Wortes, universelles Spielgeschehen zu entwickeln und dieses immer interessanter zu gestalten.

Bei der Erkenntnis bezüglich dieser Ebenen geht es keineswegs darum, uns von den unteren Ebenen zu lösen. Vielmehr sollen wir dieses einmal geschaffene „Große Spiel" begreifen, als solches lernen es zu akzeptieren.

Wir müssen für alle Spielelemente und -situationen Verantwortung übernehmen, ohne es insgesamt allzu ernst zu nehmen, also ohne die Freude und den Spaß daran zu verlieren.

Denn, je mehr übertriebene, geradezu schwerwiegende Ernsthaftigkeit wir dem Geschehen beimessen, desto unbeweglicher, starrer, irgendwie versteinert werden wir letztlich sein.

Diese Versteinerung entspricht uns, TAO, den Geistigen Wesen, absolut nicht. Vielmehr sind wir alle, von unserem Göttlichen Ursprung her, lichte Wesen von ausgeprägt spielfreudiger Leichtigkeit.

Wir uralten Geistigen Wesen, die wir über unser Menschsein hinaus sein können, definieren uns über acht Ebenen hinweg. Diese Ebenen der Geister erstrecken sich von jedem selbst aus, als menschliches oder auch nichtmenschliches Ego, sowie über all seine Verbindungen, bis hin zum Göttlichen TAO.

Das „Große Spiel", vorrangig das kosmische, stützt sich seit Anbeginn auf TAO-Wesenheiten, die bereit und in der Lage sind, über alle Spielebenen hinweg Verantwortungsbewusstsein zu entwickeln.

Die wahre Größe von Geistigen Wesen beweist sich im ethischen Spielverhalten und an der Spielfreude auf möglichst allen acht Ebenen.

Spiel-Ebene 8:

Das Göttliche TAO

TAO das Göttliche ist kein Bestandteil des physikalischen Universum. Unser aller Ursprung ist beim Göttlichen.
Das Göttliche durchdringt alle nur möglichen, von ihm/ihr in Szene gesetzten, Universen.

Deshalb können selbst wir, im Ego verhafteten Wesenheiten, von uns behaupten Göttliches TAO zu sein.

Wir sind TAO, der Göttliche Funke im Menschsein, die vom Göttlichen ausgesandte Seele.

In enger Verbundenheit mit dem als „vereinigt" wahrnehmbaren **Göttlichen TAO**, dem Ursprung, erleben wir kein „Spiel", so wie wir es zur Zeit kennen.
Im Göttlichen Sein sind wir völlig losgelöst von jeglicher materiellen, an Dimensionen gebundenen Befangenheit.

Unser „Zustand" auf dieser Ebene, die man nicht einmal als solche bezeichnen sollte, ist "die höchste Liebe" in absoluter Reinheit von lichter Energie. Wir „erstrahlen" in der „Gemeinschaft der Vielen" als Göttliches TAO-Wesen im energetisch hochwertigen Lichte der klarsten Energie.

Mehr will ich dazu vorerst nicht schreiben: Denn die hier verwendeten Worte aus dem Sprachgebrauch des physikalischen Universum sind viel, viel zu unvollkommen, wesentlich zu schwach, um der Wirklichkeit gerecht zu werden.

Spiel-Ebene 7:
Die Geistigen Wesenheiten

TAO das Geistige Sein ist, „im Auftrag" von TAO dem Göttlichen, ursprünglich angetreten, das „Große Spiel" zu starten.
Geistige Wesenheiten, 13 (12 + 1) Konstrukteure, erdenken sich zuerst einfach verschiedene Spielmöglichkeiten.

Nach der Erschaffung von Raum entwickeln sie so genannte Wirklichkeiten.
Die Gedankenkonstrukte werden nach und nach zum Physikalischen gefügt.
Über Versuch und Irrtum, Aufbau und Zerstörung > erneuter Aufbau und ..., entstehen verschiedene Prototypen von Universen in den Weiten des Welten-All.

Unser anfänglicher Spielverlauf ist ständiges „Chaos", ständige Erneuerung und Veränderung.

Wie Kinder im Sandkasten, bauen wir auf, machen alles wieder kaputt und errichten die Dinge neu, aus immer anderen Blickwinkeln.

Einige von uns kümmern sich, weil es ihnen besonders liegt, um die fortgesetzte Erschaffung von Raum.

Andere kreieren in diesen jungfräulichen Raum hinein Formen und Farben und ... .

Zur Schaffung energetischer Grundlagen bilden wir erste Schwingungsqualitäten aus. Damit und daraus wird irgendwann einmal gestaltbare Materie.

Aus dieser Basis heraus gestalten wir das „Große Spiel". Wir starten es, als noch immer reine Geistige Wesen.

Aus diesem Zustand heraus sind wir fähig zu allem und jedem, ob gut oder böse – wobei weder „Gut" noch „Böse" hier eine entscheidende Rolle spielen. Noch sind wir einfach nur wir Selbst.

Auch dann, wenn wir aus heutiger Sicht zerstörerisch gewirkt haben sollten, ist dies einfach nur überdeutlich der Ausdruck der Vielfalt unserer gestalterischen Befähigung.

Ebenso wenig wie ein Hurrikan oder ein Vulkan aus bösem Willen heraus aktiv wird, können auch wir auf dieser Ebene nicht mit menschlichen Maßstäben der Neuzeit gemessen werden.

Auch allerlei Gesetzmäßigkeiten für die Abläufe werden angedacht, wieder verworfen und neu konzipiert.

Nach anfänglichen, alles entscheidenden „Querelen" stimmen wir letztendlich miteinander mehr und mehr überein. Das Spielfeld, heute Universum genannt, wird immer „handfester".

Die ursprünglichen Geistigen Wesenheiten sind in der unmittelbaren „Gegenwart" noch immer aktiv, auch wenn wir
Menschlein davon nichts mitbekommen.

Zumal Zeit im geistigen Umfeld dieser Wesen noch nie
eine Rolle gespielt hat.

Als übergeordnete Spielgeister sorgen sie für den Erhalt
des „Großen kosmischen Spielverlaufs".

Übrigens: Unser Spielfeld ist nur eines von sehr vielen.
Es gibt nämlich noch andere Geistige Wesenheiten die ähnliche oder gänzlich andere kosmisch zu nennende Spiele gestaltet haben und noch immer gestalten.

Spiel-Ebene 6:

Das physikalische Universum

Dies ist das universale Spielfeld, mit: Materie, Energie,
Raum und dem Zeitablauf.

Die ursprüngliche Energetik ist noch rein geistig, im Denken von Geistigen Wesen. Daraus gestalten diese Geistigen
Wesen physikalische Energie sowie die Materie, als Potenzial
für weitere Formen von Energie.

Dieses unser Universum ist allerdings weder das einzige
im „endlosen" All, noch ist es in der heutigen Gestalt das erste seiner Art.

Zeit ist übrigens keine eigene Dimension, sondern nichts
anderes als die Bewegung von Energie oder Materie im
Raum. Der Raum ist in Dimensionen darstellbar, in drei Dimensionen: Linear, flächig, räumlich.

Im Bereich dieser Spielebene üben wir uns im Umgang
mit der nachgeordneten Energie, dem Raum, darin der Materie, und „später" auch mit dem Thema Zeit, also bewegter
Energie sowie Materie.

Wir geben den von uns geschaffenen Bestandteilen dieses universalen Wirrwarr einen Sinn. Durch uns wird alles zum nutzbringenden Spielmaterial.

Das weitgehend bipolare, dreidimensional gestaltete, physikalische Universum ist aus unserer gemeinsamen Übereinstimmung erwachsen und wächst noch weiter. Durch die Anwendung von Versuch und Irrtum gestalten wir immer noch Galaxien, Sonnen und Planeten und zerstören sie wieder, um aus dem Zerstörten Neues zu schaffen.

Wir sind im Großen die Erschaffer, die Geistigen Wesen, denen es obliegt das Universum entweder expandieren oder schrumpfen zu lassen.

So ist der so genannte „Urknall" nur einer von mehreren Neuanfängen unserer fortwährenden Gestaltungsprozesse.

Sogar die später, im nun messbar gewordenen Zeitgeschehen, geschaffenen Lebensformen, in ihren mannigfaltigen Erscheinungen, werden von uns erst nur deshalb kreiert, um damit herum zu experimentieren.

In dem von uns allen gemeinsam geschaffenen Universum, mit seinen bipolaren Yin-Yang-Gegensätzen, sind immer zwei Seiten einer Medaille „geschmiedet"; wie beispielsweise die mächtigen Anziehungs- und Haltekräfte im Gegensatz zu den Abstoßungs- und Fliehkräften.

Bei den Gravitationskräften ebenso wie beim Magnetismus sehe ich hierbei die physikalische Entsprechung zu den Qualitäten von Liebe (als Anziehung) und Hass (als Abstoßung).

Vor langer, langer „Zeit":

Während wir noch sehr fleißig dabei sind, dieses Universum als unsere künftige „Heimat" zu gestalten, werden wir das erste Mal zu Opfern gemacht.

Wir werden mit einer Gruppierung konfrontiert, die aus einem anderen, einem verbrauchten, technischen Universum zu uns herüber kommt.

Diese fremden Eindringlinge erkennen uns nicht als verwandte Geistige Wesen. Sie betrachten uns vielmehr nur als willkommene Kraftquellen für ihre Technik.

Wir sind den Burschen hilflos ausgeliefert. Wir sind deshalb unterlegen, weil wir ihnen nicht als geschlossene Gruppe entgegen treten.

Die Vorstellung eines organisierten Zusammenschlusses in Gruppen, ist uns noch fremd.

Wir sind trotz unserer geistigen Verbundenheit bereits viel zu individuell in den Gestaltungsprozessen. Damit ist jeder für sich einzeln greifbar.

Eine lange Zeit (deren Begriffsdefinition und seine Messbarkeit sowie dessen Bedeutung stammt von den Fremden) dienen wir den Invasoren als Mittel zum Zweck.

Einmal gefangen und eingesperrt in Kristallbatterien versorgen wir ihre Technik mit Energie (Raumschiffe, Stationen, Roboter und vieles mehr).

Aus dieser heftigen, von intensiver Unterdrückung geprägten Begegnung, gehen einige wenige von uns glücklicherweise gestärkt hervor, während andere Wesen klein und unfähig gemacht bleiben.

Sogar unser Spielgeschehen verändert sich von nun an entscheidend; es wird (mit heutiger Sichtweise betrachtet) immer brutaler und von Macht besessen.

Etliche der nunmehr mächtiger gewordenen, neu in Szene gesetzten Aspekte* der alten, ursprünglichen Wesenheiten, versuchen für sich jetzt selbst mehr und immer mehr vom bisher halbwegs gerecht aufgeteilten Kuchen des Universum abzuschneiden.

*Aspekt: Vom Lateinischen aspetus = „Anblick". Auch die Blickrichtung oder die Ansicht, der Gesichtspunkt; ein möglicher Bewusstseinspunkt von dem aus man wahrnehmen kann.

Wir, die Geistigen Wesen, schaffen uns absichtlich verschiedene solcher Aspekt-Punkte, um das „Große Spiel" ausdehnen zu können.

Jegliche von uns geschaffene Bewusstseinseinheit ist solch ein Aspekt, der als völlig eigenständiges Wesen am Spiel teilnimmt.

Es sind geistige Identitäten, „Abspaltungen" von den ursprünglichen Wesenheiten.

Sie sind von uns „Urwesen" mit Bedacht als völlig eigenständige Geistwesen entwickelt worden, um das Spielgeschehen ins Universum hinaus zu erweitern.

Diese neuen, machtvollen „Götter", bis hin zu ganzen „Götterfamilien", als die sie gerne auftreten, haben immer jeweils ein übergeordnetes Geistiges Wesen, als schöpferisches Ursacheverhältnis.

So schaffen die relativ wenigen Wesen des Ursprungs, gewissermaßen aus sich selbst heraus, andere Wesen geistiger Art.

Von deren Blickwinkel aus können sie die Spielbasis, das Universum, und die darin enthaltenen Spielsituationen völlig neu betrachten.

Aus den ersten und nächsten machtvollen Wesenheiten einer nachgeordneter Art werden wieder und wieder neue Aspektwesen „geboren". Es entstehen und wachsen regelrechte Stammbäume von Wesenheiten.

Die „Familien der Götter", wie wir sie aus den irdischen Mythen kennen, sind allerdings bereits Aspekte der Neuzeit, hervor gebracht von noch wesentlich älteren Geistwesen.

Der große Bereich Lebewesen, dem wir als Menschenrasse entsprungen sind, ist ebenso nur eine nachgeordnete Aspektfolge.

Alle von uns hatten und haben in der Nähe des Ursprung immer noch ein jeweiliges Geistiges Selbst, ebenfalls TAO, das wir im eigentlichen Sinne sind.

Erste Positionen von mächtigen und weniger mächtigen, damit oftmals unterlegenen, Wesen bilden sich.

Sie treten in einen kriegsähnlichen Geschwisterzwist mit ihrem anderen Selbst ein (noch immer ist dies eher spielerisch).

So etwas wie „Kriege" sind hier ganz einfach interessant gemachte Situationen, um Kräfte zu messen und um das Spiel-Material des Universum zu testen.

Auf beiden Seiten müssen einfach nur Machtpositionen geschaffen, aufgebaut und ausgebaut werden, aufgrund der Vorstellungen und Gesetzmäßigkeiten des Spielverlaufs.

Es fehlt jedoch in diesem gegnerischen Miteinander die im Chaos des Untergangs endende, tödliche Ernsthaftigkeit neuzeitlicher Auseinandersetzungen.

Das ganze Spielgeschehen hat lediglich Ähnlichkeit mit Spielen wie Schach oder anderen Strategiespielen.

Die Wesenheiten des Ursprungs, die 12 + 1 (13) Konstrukteure erschaffen sich meist lediglich zwischen 7 und 12 Nachfolger.

Diese ihre Wesensaspekte, sind ebenfalls noch ungeheuer machtvoll. Sie erzeugen weitere Aspekte.

Bald gibt es eine unbegrenzte Ausweitung. Nachfolgewesen mit wesentlich ernsthafteren Machtgelüsten, erschaffen sich in späteren Zeiten ganze Armeen von unterschiedlich starken Geistwesen sowie später Lebewesen der verschiedensten Arten und Befähigungen.

Das Universum, mit all seinen Spielbestandteilen, wird im Kampf der Kräfte genutzt, ohne Rücksicht auf Verluste.

Der Raum wird in Territorien aufgeteilt. Die Energien stehen den Wesen als Machtmittel zur Verfügung. Materie genießt den Zweck von Besitztum.

Nur sehr unbestimmte Zeitspannen grenzen die Spielverläufe ab. Denn die Zeitmessung hat noch immer keine besonders große Bedeutung.

Spiel-Ebene 5:

Die Lebewesen

Die Erschaffung von Leben „verdanken" wir dem 13ten Konstrukteur, der sich bis dahin noch zurückgehalten hat.

Seine mehr oder weniger vorgegebene Rolle ist erst einmal die eines Beobachters. Die von diesem (dieser!) von uns geschaffenen Aspekte, denen des Lebendigen, sind uns, den Geistigen Wesen, selbst sehr ähnlich.

Auf dieser Spielebene setzen wir eine Vielzahl von Lebendigem in der Form von Lebewesen in Bewegung.

Vielerlei ernsthafte, hierarchische Strukturen bilden sich verstärkt heraus, mit dieser Schaffung von Leben.

Die Bindung an Leben hat uns Geistige Wesen letztlich abstürzen lassen. Heftige Schmerzen und Verluste sind erst ab dieser Ebene erfahrbar.

Durch die ach so ausgeprägte Lebendigkeit dieser neuen Wesensform entsteht Emotion, Gefühl, starkes Empfinden.

Solche Emotionen verführen Geistige Wesen dazu, sich immer stärker mit Lebewesen zu verbinden.

Lebewesen empfinden allerdings sowohl Schmerz, Angst und Verlust als auch Vergnügen und Begeisterung sehr viel intensiver als wir, die wir auch jetzt noch abgehobene Geistige Wesen sind.

Besonders die, aus der Sicht des Geistigen sowie aus heutiger Sicht, niederen Emotionen sind uns bis hierher völlig fremd.

Wir sind regelrecht scharf darauf, fast schon zunehmend süchtig danach, diese absolut neuartigen, ganz anderen Erlebnisqualitäten auszukosten.

Was jedoch erst als Spaß begann, wurde schließlich zu bitterem Ernst. Ab der Ebene der Lebewesen bekommt das „Überleben" Vorrang vor dem „Erleben".

Das Leben über dem anderen Leben befasst sich nun mit dem wichtig gewordenen Kampf auf der Nahrungskette, dessen Devise bedeutet: Fressen und/oder gefressen werden!?

Von dieser Basis „Lebewesen" ab begeben wir uns selbst immer öfter und tiefer in den Kreislauf des Werdens und Vergehens hinein.

Das große universale Spiel der Geistigen Wesenheiten reduziert sich von hier aus immer mehr auf: „Das Spiel des Lebens".

Wir sind in dieser Spielsituation allerdings auch zunehmend „verwundbarer", in Übereinstimmung mit allen Biokörpern, egal welcher Art von lebendigen Wesen (Einzeller, Pflanzen, Insekten, Echsen oder ...).

Auch das Verlieren von Leben ist jetzt immer verlustreicher und damit schmerzhafter.

Anfangs ist das Sterben einer übernommenen Lebensform einfach noch ein reizvolles, stark empfundenes Spielelement. Wir gehen selbst mit den schon menschlich geformten Körpern noch recht unbekümmert um.

Diese überaus zerbrechlichen Dinger sind aber auch sehr anfällig, wenn sie zum Beispiel von Bäumen oder Klippen fallen oder durch andere Tiere umkommen.

Gegen Krankheitserscheinung sind Lebensformen auch nicht gerade gut gerüstet.

Na ja, im Falle des Todes nehmen wir uns eben ein neues Vehikel, ein neues Werk- oder Spielzeug.

Wir vergessen gerne: Auch das Lebendige ist über die eigene, geistige Komponente existent.

Damit hat das Leben, auch ohne unser Dazutun, eine eigenständige, hochwertige Existenzberechtigung.

Die Betrachtungsweise, wie wir mit Körpern herumspielen, macht uns bei der Gattung „Lebewesen" nicht gerade beliebt.

Deshalb stehen wir im Ansehen bei unseren derzeitigen Körpereinheiten auch nicht besonders hoch im Kurs.

Durch so manche Praktik werfen sie uns gerne auch einmal hinaus. Bei tiefer Bewusstlosigkeit oder mittels Drogen oder Trance befreien sie sich von unserem Einfluss.

Nochmals: Wir dürfen niemals vergessen, dass das Leben ebenso TAO ist wie wir Selbst, die Seele.

Es ist ein Folgeaspekt seines Konstrukteurs. Auch es kann ohne TAO nicht sein. Auch es steht immer mit dem Geistigen TAO und mit dem Göttlichen TAO in Verbindung.

Allein schon aus diesem Grunde sollten wir niemals geringschätzig mit den für uns bestimmten, von uns gewählten Körpereinheiten umgehen.

Spiel-Ebene 4:

Die Menschheit

Die Menschen vom Planeten Erde sind hier Bestandteile der vorherrschenden Spezies, der menschlichen Rasse, genannt Menschheit.

Wie ich über Spirituelle Rückführungen erkennen durfte, gibt es auch außerhalb dieses Planeten Menschwesen.

Die Menschheit der Erde ist im Grunde darauf bedacht, ihre Rasse zu erhalten.

So wird festgestellt, dass sich nach Kriegsereignissen die Bevölkerung der beteiligten Länder bald wieder regeneriert.

Manchmal erhebt sich sogar eine bessere Zivilisation als zuvor aus den Trümmern, wie der Vogel Phoenix aus der Asche.

Dem Begriffsverständnis von „menschlich zu sein" wird beigemessen: Sowohl das positive „humanitär" als auch das negative „idiotisch", in der Art von verrückt machend.

Denn kein anderes Lebewesen auf Erden erzeugt so viele Probleme, Schuld und Leid. Ohne den Menschen gäbe es hier kein einziges Problem im Weltgeschehen.

Auf der Spielebene der Menschheit übernehmen wir gezielt und immer wieder die für uns besonders gut brauchbaren Fleischkörper. Diese spezielle Lebensform hat eine den Geistigen Wesenheiten sehr ähnliche Körper-Matrix; sie ist in der gesamten Weite des Universum verbreitet.

Die Körperform von Menschen entspricht der fiktiven Vorstellung von uns sonst körperlosen Geistwesen, wenn wir uns Aufgaben zuwenden sowie uns Funktion zurechnen.

Sie eignet sich hervorragend als überlebensfreundliche und nützliche Form des Lebens. Als ein Mensch lassen sich verschiedenartige Spielsituationen so richtig intensiv erleben, voll ausleben und durchleben.

Diese Menschen (sowie die Menschenähnlichen) mit ihren bioelektrischen Einheiten: Den Gehirnteilen zusammen mit den Nerven der Wirbelsäule sowie mit dem Nervensystem das durch den gesamten Körper hindurchführt, sind überaus entwicklungs- und anpassungsfähig.

Nicht vergessen sein sollen ihre Gliedmaßen, speziell die funktionellen Füße und Hände.

Kaum einer anderen Einheit des Lebens nehmen wir uns so intensiv an. Wir geben der Menschenrasse außerdem eine gut ausgeprägte, individuelle sowie kollektive Fähigkeit zum Denken mit.

Diese Denkweise, per Gehirnteilen, vom Herz her, aus dem Bauch heraus oder mit dem energetischen Konstrukt, dem Verstand, ist eng verbunden mit einem strukturierten, arterhaltenden Sozialverhalten.

Das menschliche Denken mittels des Verstandes, ist als Ableger unserer eigenen, geistigen Denkart gedacht. Leider ist der Verstand heutzutage häufig mit uralten Reflex-Viren verseucht.

Die Menschheit ist jedoch tatsächlich nur eine von vielen Rassen im All. Darüber hinaus gibt es noch jede Menge andere Lebenseinheiten.
Sie sind amöbenhaft, pflanzlich, insektoid, reptiloid und vieles mehr, dem wir uns als Geistige Wesen gleichfalls beiordnen.
Wir können sogar eine sehr lange Zeitspanne ohne jeden Körper auskommen oder uns um Tiere kümmern.
Allein, die menschliche Lebensform zieht uns immer wieder verstärkt an, wie magisch.

Auch, wenn wir jetzt unsere Körper verlassen (so genannt sterben!?) fügen wir uns über kurz oder lang wieder in die Rasse der Menschen ein.

Übrigens: Das vorhandene Primatenmaterial des Planeten Erde wurde vor langer Zeit genutzt, um daraus speziell die irdischen, menschlichen Körper zu gestalten.

Das heißt allerdings nicht, dass wir mit den Affen verwandt sind. Über deren Bewusstseinszustand sind wir mittlerweile weit hinaus.

Dennoch sind wir den lieben Tierchen selbstverständlich
dankbar für ihr freundliches Entgegenkommen.

Spiel-Ebene 3:

Die Gruppen

Gruppenbildungen, über die Familienverbände mit ihren
Ahnenbeziehungen hinaus, erstrecken sich bis weit in das
soziale Gefüge von Menschen hinein.

Die Gruppenbildung begünstigt Konkurrenzdenken. Gruppen haben häufig auch die Tendenz, in Konkurrenz zu Familienverbänden zu treten.

Das ist der Grund, weswegen die moderne Arbeitswelt
dem Familienleben nicht mehr zuträglich ist. Familien werden regelrecht zerrissen, weil das Verdienen von Geld den
Fokus einnimmt. Vorgeblich geht es darum, den Lebensunterhalt zu verdienen und sich einen Lebensstandard leisten
zu können. In Wahrheit fordern einfach die beteiligten Gruppen die Aufmerksamkeit der jeweiligen Familienmitglieder.

Die Egos werden von Gruppierungen regelrecht aufge-
fressen. Auch ihre Energie, in Form von Aufmerksamkeitsanteilen, wird von Gruppen vereinnahmt.

Die bipolaren Begriffe von „Gut" und/oder „Böse" werden
speziell von Gruppen getragen.

Dabei ist das Gute immer nur das, was eine Gruppe für
sich als gut und richtig annimmt. Die gegnerischen Gruppierungen werden damit fast schon automatisch „die Bösen".

Eben daraus entsteht eine mehr oder weniger schwerwiegende Gegnerschaft, beispielsweise bei Vereinen, bei Fir-
men, bis hin zu Staaten.

Die Größenordnungen von Gruppen erstrecken sich von kleineren Verbindungen, Unternehmen oder Vereine, über größere Zusammenschlüsse, wie Firmen- oder Wirtschaftsverbände sowie Religionsgemeinschaften, bis hin zu den Staaten und Vereinigungen von Staaten.

Diese interessante Spielebene, mit den vielen verschiedenen Gruppen, verleiht uns die Fähigkeit zur Entscheidung, zur Möglichkeit sowohl Mitspieler als auch Gegner in agierenden Gruppierungen zu sein oder Mitspieler als auch Gegner haben zu können.

Auch als eher passiv beigeordnete Zuschauer oder als Fans nehmen wir immer Partei für jeweils eine Seite der aktiveren Mitglieder in den Gruppen.

Die Idee des Gruppendaseins übernehmen wir anscheinend von den technisch geprägten Invasoren.

Diese krasse Denkweise entwickelt sich bei uns allmählich, erst nach und nach. Ihr Anfang ist so ziemlich unmittelbar nach dem Eindringen der Fremden zu finden.

Später, auf Spiel-Ebene 6, im Zusammenhang mit und während der Gestaltung des universalen Spielfeldes, kommt die Vorstellung auf sich selbst zu „spalten" und die genannten Aspekte zu kreieren. Damit wachsen sich entwickelnde Gruppen heran, wie selbstständig.

Es dauert allerdings noch ziemlich lange, bis die Betrachtungsweise durchdringt, dass organisierte Gruppen als stärker angesehen werden als Individuen.

Im Zuge dieser Betrachtungsweise verliert das vereinzelte Wesen immer mehr die Macht.

„Gemeinsam sind wir stark!", heißt jetzt der Wahlspruch. Nur noch viele Wesen miteinander, in einer mehr oder weniger gut organisierten Vereinigung, gelten jetzt als stark.

Wie bereits erwähnt spielen ab hier auch die Attribute Gut und Böse besonders tragende Rollen. Die Mitglieder von verschieden gearteten Gruppierungen finden sich in ihren Rollen von "Gut" beziehungsweise „Schlecht" bis "Böse" zusammen.

Die Mitstreiter treten dann in Gruppenbildungen unterschiedlicher Größenordnungen, mit mehr oder weniger Begeisterung, im Wettstreit oder Kampf gegeneinander an, um ihre jeweiligen Interessen zu wahren oder zu verteidigen.

Durch den koordinierten Einsatz von Gemeinschaften und Gruppen, gebildet aus Lebewesen, werden sogar mächtige Einzelwesen der geistigen Natur, so genannte Götter, gestürzt und gefangen genommen.

Deshalb bedienen wir, die Geistigen Wesen, uns im Gegenzug auch zunehmend der Gruppierungen, speziell derer von menschlichen Wesen, nur um unsere Existenz überhaupt noch sichern zu können.

Gruppierungen, egal welcher Art, können sich allerdings auch sehr belastend auswirken: Indem sie jede Menge Aufmerksamkeit auf sich ziehen.

Je mehr wir uns von den vielen anderen abhängig machen oder wir uns in der Gemeinschaft mit ihnen verwirklichen wollen, umso mehr Energie fehlt letztlich für unser eigenständig selbstständiges Erleben.

Gruppenaktivitäten helfen unseren Lebenseinheiten zwar enorm beim Überleben, doch andererseits saugen sie mit Macht an deren Lebenskraft.
Insbesondere den fast ausschließlich menschlichen Lebewesen, zu denen sich sehr viele von uns reduziert haben, setzen wir damit einem ziemlichen Stress aus.

Auch als Geistige TAO-Wesen werden wir durch Gruppierungen intensiv in dieser unteren Spielebene eingebunden.

So können wir, Eigen- und Selbstständigkeit gewohnte Geistwesen, uns durch die Gruppenaktivitäten tatsächlich geradezu angekettet vorkommen.

Spiel-Ebene 2:

Die Familien

Als kleinere Gruppeneinheiten, genannt Familie, Sippe, Clan oder dergleichen, finden sich die verschiedenen Partner unterschiedlichen Geschlechts zu diesen speziellen Lebensgemeinschaften zusammen.

Die kleinsten Einheiten im Thema der Familien sind Paargemeinschaften, Ehen und dergleichen, die auf Zuwachs angelegt sind, in der Art von Kindern.

Als Familien gelten die, je nach Kulturgeschichte unterschiedlich benannten, Gemeinschaften mit all ihren Ahnen und den verwandtschaftlich ausgerichteten Beziehungen.

Häufig werden sie dokumentiert durch Generationen-Stammbäume.

Familien dienen dem Schutz und der Unterstützung speziell ihrer Mitglieder.

Deren vorrangiges Spielbestreben ist demzufolge die:

A) Schutzfunktion innerhalb der Gemeinschaft und nach außen

B) Sicherung des Überlebens der Einzelwesen sowie der gesamten Gruppe

C) Expansion und Ausdehnung (räumlich und zahlenmäßig)

D) Fortpflanzung insbesondere durch zweckgebundene Verbindungen der Geschlechter

E) Erhaltung der Gruppierung und darüber hinaus der gesamten Art (in unserem Falle der menschlichen Art).

Im Schutze der Familien entwickeln sich die Menschen von der Geburt bis zum Tod. Dies gilt überwiegen für Familienverhältnisse früherer Zeiten.

Familienbande, als soziale Bindungen in diesem Spielrahmen, können Individuen den Rücken stärken.

Verbindungen in Familien und dergleichen können allerdings auch die Energie rauben. Besonders den Freidenkern werden oft viel zu enge Fesseln anlegen.

Dies richtet sich einerseits nach den erzieherischen Vorgaben die innerhalb von Familienverbänden herrschen und andererseits nach den von außerhalb an die Familien heran getragen Einflüsse und Erwartungen.

So genannte „Familienmenschen", die sich gerne als solche sehen und auch so bezeichnen, gehen besonderes intensiv in dieser Ebene auf.

Diese Menschen haben vermutlich im karmischen Netzwerk, speziell in dem mit der Bezeichnung „Familie", einiges aufzuarbeiten, vielleicht sogar wieder gut zu machen.

Sie konzentrieren oder zentrieren sich selbst auf die Erlebniswelt im Bereich dieser Ebene.

Sie haben sich gewissermaßen „mit Haut und Haar" ihrem starken Familiensinn verschrieben.

Unter all diesen Gesichtspunkten wird der „Liebe" (körperlich in Form von Sex und sozial in der Art und Weise der Zusammengehörigkeit) eine ganz besondere Wichtigkeit beigemessen.

Zudem finden sich in solchen familiären Gemeinschaften häufig die Wesenheiten zusammen, die sich auch schon zu früheren Zeiten, in früheren Leben, begegnet sind.

Hier wirken die starken Bindekräfte Liebe (Anziehung) und Hass (Abstoßung) als Wiedererkennungswerte.

Dies kann dann im karmischen Miteinander sowohl zu neuerlichen, liebevollen Verbindungen führen, als auch zu problemgeladenen, emotionalen Spannungen, bis hin zu Mord und Totschlag.

Aus dem Miteinander vieler solcher Familien bilden sich größere Gemeinschaften heran.

Dies reicht von Dorfgemeinschaften bis hin zu Gebilden die uns als Staat das Leben leichter gestalten sollen, es viel zu oft aber schwerer machen.

Seitdem die Staatswesen vorgeben sich intensiv um ihre Bürger zu kümmern, verkommt die Urform der familiären Struktur immer mehr; Menschen werden zu Singles degradiert, auf ihr Ego-Sein reduziert.

Dennoch ist ein Mensch mit einem starken, gesunden Ego, immer noch in der Lage, sowohl mit der Familie aus der er stammt vernünftig umzugehen, als auch selbst eine eigene Familie zu gründen.

Spiel-Ebene 1:

Das Ego

Als menschliches Individual-Wesen sind wir sehr stark vom Ego bestimmt.

Unser so genanntes „bewusstes Sein" hängt intensiv vom jeweiligen Ich-Bewusstsein ab.

Als das „Ich bin" glauben viele tatsächlich, ausschließlich ein „Mensch" zu sein.

Ein starkes Ego vermag jederzeit auch Präsenz auf den anderen Spiel-Ebenen einzunehmen.

Lediglich reduzierte Wesenheiten bleiben auf dieser Ebene stecken. Speziell jene die zu Egoismus neigen oder gar in Egozentrik versinken.
Deren Verhältnis zu weiteren Ebenen ist mehr oder weniger gestört.

Krankhafte Ich-Sucht wird als Egomanie bezeichnet. Für das Ego, den Einzelnen bis hin zum Vereinzelten, schwinden die Spielmöglichkeiten enorm.

Es kann davon ausgegangen werden, dass das Spielgeschehen eines sehr stark individualisierten Ego mit dem ursprünglichen, geistigen Selbst nur insofern etwas zu tun hat, als dessen Einfluss als „schicksalhaft" empfunden wird.
Egospiele lassen sich nämlich allzu oft sehr leicht von außen steuern. Die fremden Lenker können unterschiedlicher Natur sein und verschiedene Absichten hegen.
Manche von ihnen reduzieren das Leben von Ego-Singel-Typen dann regelrecht absichtlich auf verschiedene Formen der "Selbstbefriedigung". Beispielsweise auf das Leben fressende Süchte oder auf angeblich unabdingbare Notwendigkeiten zum Überleben.
Notwendigkeit definiert sich hier ausschließlich als eine, in den *Not*situationen erforderliche, reaktive *Wendig*keit.

So lässt ein, zum Beispiel vom Gruppenspieler Staat, erzeugter Mangelzustand, Egos reflexartig agieren, ohne dass diese großartig darüber nachdenken können.

Diese Spiele eines auf ein kleines Ego reduzierten Menschen verlieren sich in angeblich für das Überleben so notwendigen Spielsituationen wie: Arbeit und Beruf, Freizeit, Reisen, Sport, Sex und dergleichen - in „Brot und Spielen".

Dies kann zwar auch sehr vergnüglich erscheinen, birgt aber die Gefahr in sich, wenig zielgerichtet und schließlich ohne höheren Lebenssinn zu bleiben.

Das Leben ist auf dieser Ebene anstrengend und wiegt besonders dann schwer, wenn die ablenkenden Vergnügungen ausbleiben.

Bloße Ego-Menschen brennen sehr schnell aus. Sie können auch als weitgehend auf ihre Körper reduzierte Persönlichkeitstypen angesehen werden. Diese Burnout-Erscheinungen sind heutzutage schon an der Tagesordnung.
Sie sind mittlerweile als Krankheitserscheinung anerkannt und damit gesellschaftsfähig.

Wir können sogar noch weitergehende Abstürze von Wesen erkennen. Dieser Rutsch in die Tiefe führt zu Egoismus und Egozentrik; er vollzieht sich jedoch eher schleichend.
Die Leute nehmen die Verarmung ihrer Spielbasis oftmals kaum mehr als Abwärtsbewegungen wahr. Im Strudel der Emotionen verlieren sie ihr feinsinnigeres Gefühl dafür.

In den Zuständen von Egoismus bis Egozentrik spielen Drogenkicks und billige Fun-Erlebnisse eine immer größere Rolle. Liebe degeneriert besonderes hier zu pervers anmutenden Sexspielen, gepaart mit allerlei niederen Emotionen im Schlepptau.
Abwärts gerichtete Gefühle: Wut, Schmerz, Verlustangst (Eifersucht), Trauer, bis zum gramerfüllten Tod.

Allerdings:

Speziell vom Ego aus, einem noch starken Ego, bleibt die hohe Chance offen, Selbstbewusstsein, Selbsterkenntnis, Selbstverwirklichung und Selbstständigkeit mit einer großen Schwungkraft erneut zu schaffen.

Das Selbst der hohen Spielebene 7, Geistes TAO, wartet nur darauf den Bogen wieder schließen zu können, um völlige Beseelung in das Spielgeschehen einfließen zu lassen.

Denn nur in unserer Gesamtheit, unter Einbeziehung aller acht Ebenen, sind wir heil(ig).

Auf den immer höheren Ebenen, die wir mit Eifer und Mut erklimmen können, spielen wir, aufgrund zunehmender Fähigkeiten, die Spiele mit mehr und mehr Leichtigkeit.
Pure Freude und die Begeisterung am Spiel sind ausschlaggebend für Wohlbefinden, Wohlstand und Zufriedenheit.

Auf den immer tiefer liegenden Spiel-Ebenen kommt immer mehr die übertriebene und damit überschwere Ernsthaftigkeit ins Spiel.

Je ernster ein Spielgeschehen wird, desto weniger leicht ist es. Schwierige Spiele, die Schwere bei Spielen, bereiten mehr und mehr Anstrengung.

Wir verlieren die Energie und damit die Lust. Die verloren gegangene, mittlerweile fehlende Energie lässt uns trotz oder gerade wegen aller Anstrengung abermals und immer wieder abwärts stürzen.

Ganz zu schweigen von den Leuten, die bestrebt sind, uns voller Neid und Missgunst laufend abwärts zu ziehen.

So sind wir an tiefe Spielebenen gebunden, solange uns die nötige Energie zum Absprung oder Aufschwung, hin zu den höheren Ebenen, fehlt.

Konservatismus, eigentlich eine Emotion höherer Art, ist dennoch eine wirklich ernste Angelegenheit.

Diese recht hohe Stufe der Emotionen ist bereits abwärts gerichtet. Konservatismus ist schon der erste Schritt in die Richtung, den Spielgeist zu verlieren.

Der Sinn des Lebens:

Wenn wir das „Große Spiel" immer mit der Absicht spielen, möglichst **wertvolle Produkte für uns selbst und für andere zu schaffen**, gelangen wir an den tieferen Sinn unseres Daseins, den „Sinn des Lebens", gewissermaßen unseren ursprünglich erteilten Auftrag.

Das Schaffen wertvoller Produkte ist weitaus mehr als nur die Sicherung des Überlebens, es ist die Verwirklichung des Selbst auf möglichst vielen Ebenen.

Dabei spielt es keine überragende Rolle, immer nur gegen andere gewinnen zu wollen. Denn das Wollen beim Spiel programmiert im Voraus schon einen möglichen Verlust, bis hin zu den klein machenden Verlustängsten.

Doch, wer gar nicht am Gewinn teilhaben will, kein Gewinner sein will, betrügt sich selbst.
Diese Person gibt sich verloren, weil sie sich unterschwellig als "den geborenen Verlierer" prägt.

Das ursprüngliche Motto war einfach: **Spiele Dein Spiel!**

Ohne Wenn und Aber wurde spielerisch das Spielfeld des Universum erschaffen. Es gab einfach keinen dieser niederschmetternden Verluste, nur immer eine neue Chance.
Heute sollten wir uns diesen übergeordneten Spielgedanken wieder zu eigen machen: **Spielen, um des Spielens willen.**

Den Ausgleich erlittener Schmerzen und Verluste, nach einem Absturz oder auch mehreren, lindert lediglich das erneute Aufstehen und das Weitermachen. Nur die Leichtigkeit in der Betrachtungsweise für einen fortwährenden Neustart eröffnet die Welt der 1000 Möglichkeiten.

„Ein neues Spiel, ein neues Glück!" oder „The show must go on!" (Die Show oder Aufführung muss einfach weitergehen!) - diese Worte bekräftigen den neuerlichen Antrieb.

Durch einmal oder auch mehrmals verlorene Spiele darf sich eine Person in ihrer Aufmerksamkeit niemals so binden lassen, dass sie in Zukunft aus Angst vor einem weiteren, drohenden Verlust den Kopf in den Sand steckt.

Nur wer keck und unbeschwert weiterspielt, kann letztlich auch lernen mit den Gewinnen umzugehen.

Die Keckheit hilft uns zudem über alle Arten (!) von Spielverlusten hinweg zu kommen.

Ständig verinnerlichen wir damit den locker leichten Humor, notfalls auch den schwarzen Humor oder den Galgenhumor.

Pure Keckheit
lässt uns auf den Ebenen des „Großen Spieles" aufsteigen.

Sobald eine Person ihren Spielgeist verliert, hat sie verloren!

Wer wissen und möglicherweise selbst erfahren will, was es mit den legendären, „aufgestiegenen Meistern" auf sich hat, sollte das „Große Spiel" des Kosmos sowie des Lebens mit all seinen Bedingungen erfassen lernen und sich sehr intensiv mit den Spielebenen auseinander setzen.

Die sich gegenseitig durchdringenden, miteinander verwobenen Ebenen bilden die Spielbasen.

Die fortwährend wirksamen, dynamischen Kräftebeziehungen, von jeder einzelnen dieser Spielebenen aus, bestimmen nicht nur unser eigenes Leben sondern unser aller Leben in ständiger Wechselwirkung.

„Etwas Gescheiteres kann einer doch nicht treiben in dieser schönen Welt als spielen. Mir kommt das ganze Leben vor wie ein Spiel."

Ibsen

„Das Spiel ist der Weg der Kinder zur Erkenntnis der Welt, in der sie leben!"

Maxim Gorki

„Wer in der Schule nicht spielen lernt, lernt nicht lernen."

Wolfgang Menzel
Literaturhistoriker

„Der Mensch spielt nur, wo er in voller Bedeutung des Wortes Mensch ist, und er ist nur da ganz Mensch, wo er spielt."

Friedrich Schiller

„Wollte der Mensch immer nur ernst und fleißig sein und nicht auch dem Spiel sein Recht geben, so würde er ohne es zu merken entweder von Sinnen kommen oder ganz schlaff und müde werden!"

König Aramis
(570 - 526 v.Chr.)

Der Geist des Spielens

Wir, als die Kinder der Wiedergeburt, haben unseren Ursprung im Göttlichen.

Erst der Spielverlauf hat uns über die lange Distanz zu dem gemacht, was wir heute darstellen.

Die Verbindung zu dem Lebendigen, das nur ein anderer Aspekt des Geistigen ist, widerfuhr uns erst auf der Ebene, die Leben in verschiedenen Formen hervor brachte.

Hier ereilte uns das Schicksal mit dem Rad des Lebens, dem wir uns selbstverständlich selbstbestimmt zuordneten.

Wir verflochten uns zum Leben hin, indem wir einige unserer Fähigkeiten zumindest vorübergehend zurücknahmen.

Seitdem gibt es die Verbindung von Körper-Geist-Seele als funktionsfähige Einheit.

Im Folgenden versuche ich zu erläutern, wie das kosmisch gestaltete „Große Spiel" entstand und was unsere Rolle darin ist:

Als klare und reine, von Liebe und Licht, dem Göttlichen TAO, getragene Spielgeister sind wir in diesem Kosmos angetreten. Wir, zumindest die TAO-Geister der „ersten Stunde", wurden vom Göttlichen TAO ausersehen ein neues kosmisches Spiel zu erschaffen.

Wir haben uns die Spielbasis selbst gestaltet: Das bipolare, dreidimensionale, physikalische Universum, nicht zu verwechseln mit dem Kosmos, der nämlich auch das Geistige beinhaltet.

Auch die Gesetzmäßigkeiten für die Voraussetzungen des Spiels haben wir mittels Versuch und Irrtum und abermaligem Versuch ... geschaffen.

Zu jeder Zeit und an jedem Ort muss uns bewusst sein:

**Wer seinen ursprünglichen Spielgeist verliert,
hat verloren
noch bevor sein Spiel richtig begonnen hat.**

Die Spielmöglichkeiten der unterschiedlichsten Arten und Weisen wurden von uns selbst erschaffen, um die Vielfalt des universellen Spielfeldes sowie der kosmischen Spielvorstellungen voll auskosten zu können.

Theoretisch (praktisch haben wir selbst uns – mit einer gewissen Absicht - etliche der vielen Möglichkeiten verbaut) wären wir immer noch fähig alle Varianten des ursprünglich geistigen Erlebens zu spielen.
Jedoch besonders hier, auf dem Planeten Erde, begeben wir uns bis in die so ziemlich tiefsten Niederungen des von Lebenseinheiten Erlebbaren.
Wir binden uns hier hauptsächlich in das Lebensgefühl von Menschen, seltener in das von Tieren oder Pflanzen.

„Erleben und erlebtes leben", so heißt unsere ursprüngliche Devise, wobei uns allzu häufig die Notwendigkeiten des Überlebens einholen.

Wir landen dadurch in einem wenig befriedigenden Zustand fremdgesteuerter, externer Führung, einem uns TAO extrem unangenehmen: „Durch andere gelebt werden."

Hier und heute verlieren wir uns zudem zunehmend im organisierten Nichts der Schreibtisch-Schwindler und im destruktiven Tun der Wertezerstörer.

Wobei auch diese anscheinend fremden Einflüsse letztlich nichts anderes sind, als Aspekte unserer eigenen, ursprünglich ursächlichen Betrachtungen.

Als strategisches Zwischenziel sollten wir uns jedoch hinstellen: Je hochwertiger ein Spiel ist, desto höher schwingt sich TAO, die Seele, hinauf.

Die Spiele der unteren Spiel-Ebenen ziehen Leute immer weiter hinunter, in niedere Emotionen hinein.

Das Entkommen wird von den dort (oder hier) bereits angekommenen Wesenheiten zusätzlich erschwert.

Auch dieser fortwährende Strudel des Absturzes ist ein selbst konstruierter Vorgang; allerdings mit geradezu „perversem" Spielcharakter.

Es liegt ausschließlich an uns selbst, ob wir das jeweilige Spiel unseres eigenen Lebens mit einer möglichst hohen oder mit einer niederen Schwingungsqualität ausstatten.

Wir sollten uns lediglich immer bewusst bleiben, dass wir sowohl durch unsere Taten als auch durch unsere Unterlassungen die Regie in unserem Leben führen.

Oh ja, selbstverständlich wirkt sich ebenso das, was wir <u>nicht</u> selbst tun auf den gesamten Spielverlauf mit aus und ... wir setzen auch dafür eigenverantwortlich die Ursachepunkte.

Denn auch das Wegschauen und etwas Zulassen, was nicht unmittelbar von uns selbst ausgeht, wirkt auf das gesamte Spielgeschehen ein.

Je bewusster wir uns sind oder wieder werden, dass wir tatsächlich die allem übergeordneten Spielführer, die Regisseure für die ständig ablaufenden Dramen, Lustspiele oder kleinen, täglichen Geschehnisse sind, desto leichter fällt es uns schließlich das Spielgeschehen als solches zu akzeptieren, letztendlich wieder zu steuern.

Als Regisseure können wir nicht nur lenken, wir sind sogar berechtigt und in der Lage, das Drehbuch völlig neu zu gestalten.

Unser Einfluss erstreckt sich dabei tatsächlich auf jegliche Kleinigkeit, bis hin zum Stolperstein auf der Straße.

Allerdings macht es nun wirklich keinen Sinn, sich um jedes und alles kümmern zu wollen. Gute Spiele leben schließlich ganz besonders auch von den offenen Räumen die man ihnen lässt.

Du selbst, sowohl als Mitspieler als auch als Gegner, fühlst Dich wohler, wenn Möglichkeiten für eigene Variationen eingeräumt bleiben.

Deshalb fühlen sich Menschen in diktatorisch geführten Staaten eingeengt. Deshalb flüchten sie daraus, sogar unter Einsatz ihres Lebens.

Wir dürfen niemals außer Acht lassen: Ob als Mitspieler oder als Gegner, alle sind Aspekte eigenständiger Geistiger Wesen, sowohl von sich Selbst, als auch von anderen Spielgeistern, mit dem ureigenen Bedürfnis ein Spiel haben zu wollen.

Der Sinn eines Spieles besteht insbesondere darin, dass Ziele erreicht und/oder Produkte geschaffen werden und ganz wichtig: **Sein Ablauf muss Spaß machen.**

Die Fahne für den Faktor Spaß sollten wir zu jeder Zeit hoch halten, damit er sich auf irgendeine Art und Weise in möglichst vielen Bereichen des Lebens auswirken darf.

Dabei stehen unwägbare oder einengende Regelwerke dem Vergnügen am Spiel direkt entgegen. Was aber wiederum nur weitere Spielfaktoren auf den Plan rufen kann.

Denn zu freizügige, völlig grenzenlose Spielregeln, machen Spiele auf Dauer langweilig.

Extrem streng verfestigende, überzogen ernsthafte Regelungen wirken geradezu tödlich, sowohl für das Spielgeschehen als auch manchmal tatsächlich für die Teilnehmer am Spiel.

Wer trotz verrückt machender Vorschriften, normativen Moralbegriffen, sowie zu engen, damit mehr und mehr kriminalisierenden Gesetzen und Verordnungen, zumindest vorübergehend etwas Vergnügen am Spielgeschehen haben möchte, der sollte sich kurzzeitig und aus freien Stücken an den Rand des Spielfeldes begeben oder sich auf eine Art Tribüne stellen.

Von hier aus kann er dem Treiben der Anderen mit entsprechendem Abstand zusehen.

Aber Achtung:

Dort draußen können auch solche schlimmen Leutchen stehen, denen man es aus bestimmten Gründen irgendwie verwehrt hat, am Spielgeschehen teilzunehmen.

Das besonders in der Zeit der alten Römer betriebene Prinzip von „Brot und Spiele", zur Ruhigstellung der Bevölkerung, hat Menschwesen in großer Zahl zu einfachen Zuschauern degradiert.

Solche Maßnahmen gab es auch schon sehr viel früher, noch vor den Römern und nicht unbedingt auf unserem Planeten.

Hier und heute heißt das perfekt ausgeklügelte System zur Aufrechterhaltung von sozialer Ruhe: „Hartz und Sport", beispielsweise mit Sendungen über Fußball, Autorennen, Tennis, Golf oder ... .

Wer einmal in das Fangnetz der „sozialen Sicherung" gerät, hat es verdammt schwer sich wieder daraus zu befreien.

In den USA gibt es dieses System so nicht. Dort fehlt weitgehend das „Brot", die sozial dämpfende, finanzielle Absicherung.

Deshalb sind die Gefängnisse voll von kriminalisierten Leuten, die versucht haben, auf andere Art und Weise ihren Lebensunterhalt zu sichern.

Übrigens, als „Outsider" spielen die Leute dort draußen (im Stadion oder vor dem Bildschirm) ihr eigenes, kleines Spiel, der mehr oder minder kritischen Beobachter.

Bestenfalls wirken sie als anfeuernde Fans der Spieler, die in ihrer Vielzahl schon wieder eine Art „Insider" darstellen. Diese Variante im Spielgeschehen soll ohne Zweifel als ausgesprochen wichtig (gewichtig oder schwer bis schwierig) angesehen werden.

Denn, diese aufgebauschte Wichtigkeit wird von gewissen Machthabern genau so gewünscht.

Als einfach nur Ruhesuchende sollten wir uns von solchen Pseudoaktivitäten nicht einfangen lassen.

Wir sollten, nach Möglichkeit, den dort „draußen" herrschenden Spielvorgaben nicht erliegen.

Deren Regelwerk beruht auf Abgrenzung bis hin zur Intoleranz. Es macht uns nämlich sonst dämlich und krank sowie ebenso starr und unbeweglich wie die bereits eingefangenen Zuschauer-Persönlichkeiten.

Unsere breit gefächerten Spielmöglichkeiten können wir auf acht Spielebenen oder Spielstufen darstellen:

8) Göttlich

7) Geistige Wesen

6) Physikalisches Universum

5) Lebewesen

4) Menschheit

3) Gruppen

2) Familienbande

1) Ego
(mit den noch tiefer absteigenden Stufen
Egoismus und Egozentrik).

Paradox erscheint:

Je vielfältiger die Möglichkeiten im Spiel auf den immer höheren Ebenen sind, auf denen wir spielen,
je schwieriger sie erscheinen umso großartiger
werden unsere Befähigungen im „Großen Spiel",
umso leichter sind die Spielbedingungen niederer
Art und Weise zu bewältigen. Wir übernehmen
dann im Spielgeschehen zwar immer mehr Verantwortung für immer komplexere Aufgaben,
agieren damit aber zugleich auch als immer fähi-
gere, ganzheitlichere Wesenheiten. Wir nähern
uns, im Erkennen als Geistigem TAO, immer mehr
unserem eigentlichen Göttlichen Selbst.

Das „Große Spiel", des Kosmos sowie des Lebens, stützt
sich seit Anbeginn auf TAO-Wesenheiten, die bereit und in
der Lage sind, über alle Spielebenen hinweg Bewusstsein für
Verantwortung zu entwickeln.

**Die wahre Größe von Geistigen Wesen
beweist sich im ethischen Spielverhalten
und an der Spielfreude auf möglichst allen acht
Ebenen.**

**Unsere wahre geistige Größe bemisst sich demzu-
folge:**

An der zunehmend immer ausgeprägteren Befähigung zur Bewältigung von Spielsituationen, auf möglichst vielen Ebenen gleichzeitig.

sowie

An der Akzeptanz für all diese Spielebenen unter dem alles überspannenden „Dach" von TAO, dem ursprünglichen Göttlichen Selbst, unser alle Ursprung.

„Wirklich große Menschen
haben ein eigenartiges Gefühl,
dass die Größe nicht in ihnen ist,
sondern durch sie geschieht."

John Ruskin (1819-1900)
engl. Schriftsteller

„Durch zu großen Ernst
kann man sich das ganze Leben verscherzen!"

Autor unbekannt

Imagination

Die magische Kraft der Gedanken.

Hier die Definition zum Begriff **Imagination**: Vom Lateinischen „imaginatio" = „Vorstellung", „Einbildung".

Gemeint ist eine Art und Weise zur Bildung von Gedankenbildern, die wie Realität oder Wirklichkeit erscheinen und die in die Realität sowie in die Wirklichkeit herein ursächlich wirksam werden.

Die für Realität / Wirklichkeit bildende, geistige Kraft bezeichnet man auch als: Einbildungskraft, Bildekraft, Vorstellungskraft.

Entsprechend dem folgenden Spruch, unter anderem aus dem Talmud, wird die unwägbare mit Vorsicht zu benutzende Kraft des Denkens direkt vor jegliches Tun gesetzt:

"Achte auf Deine Gedanken, sie sind der Anfang Deiner Taten."

Eine weitere Weisheit, diesmal aus der Bibel, stellt die Macht des Denkens noch deutlicher dar:

"Der Gedanke kann Berge versetzen."

Im Zusammenhang mit meiner Tätigkeit als Ganzheitlicher Seelsorger sowie als Spiritueller Rückführer kann ich ergänzend noch hinzufügend:

Denkmuster sind die Ursache für Krankheitsbilder der verschiedensten Arten.

Ausschließlich aus unseren Gedanken heraus „erwachsen" die realen Dinge und Vorgänge in unserer alltäglichen Umgebung.

Könnten wir keine gemeinsam vor- oder ausgedachten Begriffe und Definitionen für real bestimmbare Gegenstände oder für wirkliche Tätigkeiten nutzen, die wir irgendwann einmal zur Sprache hatten werden lassen, wir würden alle nur vor uns hin leben und uns gegenseitig ein X für ein U vormachen.

Dabei würden wir wohl niemanden absichtlich ernsthaft täuschen wollen. Wir hätten einfach lediglich nicht die Fähigkeit uns mitzuteilen.

Unsere kreativen und handwerklichen Fähigkeiten wären ausschließlich auf uns selbst bezogen, sie würden ganz schnell mit uns aussterben und müssten von anderen neu kreiert werden.

Es gäbe niemanden der ohne das Gespräch Interesse finden würde. Denn allein schon durch das darüber Reden könnte jemand lernen wollen.
Anschließend würde durch Zuschauen und Nachahmung das Wissen aufgenommen und die Fertigkeit weitergetragen.

Ohne die Sprachbegabung gäbe es auch keinerlei Möglichkeit zum vertieften, intellektuellen Austausch.
Die Weitergabe von Erfahrungen würde abgeschnitten sein. Wir könnten so kein größeres, gemeinschaftliches Projekt bewerkstelligen.

Wie notwendig unsere Fähigkeit des Denkens ist, sowie damit verbunden der kommunikative Austausch von Gedanken über die Sprache, haben uns die alten Babylonier ungewollt vorexerziert:

Hervorgerufen durch den angeblich ketzerischen Turmbau in Babylon, hat eine damals vorherrschende Gottheit (nicht notwendigerweise der Gott der Bibel) die heute sprichwörtlich gewordene "Babylonische Sprachverwirrung" herbeigeführt.

Das Bauwerk, der "Turm zu Babel", hatte anscheinend zu viel vom Wissen und dem Können der Menschen offenbart.

Dadurch erschienen diese angeblich so „überheblichen" Menschwesen der besagten Gottheit plötzlich als gefährlich oder dergleichen.

Die Macht des Königs und seiner Baumeister musste gebrochen werden.

Die überlieferte Verwirrung der Sprache führte schließlich zum völligen Untergang der babylonischen Hochkultur.

Demzufolge konnte sich keiner der Beteiligten mehr mit einem anderen zum Austausch von gemeinsamen Ideen verständigen.

Lange Zeit wurden keinerlei ähnliche Bauten mehr errichtet. Zumindest gibt es keine daran unmittelbar anschließenden Erzählungen ähnlicher Art.

Aus der Erkenntnis um solche Zusammenhänge heraus ist hier die Reihenfolge aufgezeigt, die sowohl einzelne Individuen als auch Gruppen von miteinander agierenden Personen befähigt, im Leben etwas zu erreichen:

Denken - Handeln - Schaffen.

Vor jedes Handeln, wozu auch schon die Kommunikation zählt, ist das Denken gesetzt.

Ebenso braucht es zu dem materiell umsetzbaren Schaffen in diesem Universum, ein vorgeschaltetes, geistiges Erschaffen.

Jegliche Handlung, ein Tun oder eine Tat, setzt einen Gedanken voraus; es gibt niemals ein wirklich gedankenloses Handeln.

Auch irgendwie verwirrtes Denken wird demnach eine verrückte, vorgeblich absichtslos erscheinende Handlung hervorrufen. Immer geht jedoch auch diesem Tun ein Denkvorgang voraus.

Das Handeln, als vorbereitendes kommunikatives sowie handwerkliches Tun, gipfelt schließlich im Schaffen, dem endgültigen Erschaffen, der Verwirklichung eines Werkes, das den Aktionszyklus umfasst:

Starten – Verändern - Stoppen.

Das Erschaffene ist sodann das fertige Werk oder das Produkt, das möglichst dem Erdachten gleich kommen soll.

Getreu der, bereits genannten, alten Weisheit:

„Der Gedanke kann Berge versetzen."

nutzen wir in jedem Augenblick, ständig, wirklich andauernd, die visuelle Kraft der Gedanken zur gezielten, bildhaft hingestellten Vorstellung von etwas im Denken bereits Gegenwärtigen.

Zur besonderen Vorsicht mahnen jedoch nochmals diese, aus dem Taoistischen, dem Arabischen sowie dem Talmud stammenden Worte:

„Hüte Dich vor Deinen Wünschen, sie könnten in Erfüllung gehen."

So sollten wir sehr sorgsam mit dieser Kraft zur Vorstellung umgehen, der:

Vorstellungskraft

Dieses Wort: **Vorstellungskraft**, beinhaltet mehr als einfach nur das, was man lapidar so dahin sagt.

Es ist fast schon eine Anweisung. Es ist zusammengesetzt aus den Worten:

Vor + Stellen + Kraft.

Das "**Vor**" heißt auch "gegenüber" oder "davor". Wohin sollen wir demnach mit etwas?

Es geht offenbar wirklich darum, etwas nach vorne zu projizieren.

Ist damit etwa die Zukunft gemeint? Oder, ist dort vorne real so etwas wie eine Kinoleinwand?

Tatsächlich dort ist wahrnehmbar, vor unserer Stirn, ganz offenbar außerhalb des Gehirns, eine Art Leinwand auf der unser bildhaftes Denken sich visualisiert, abbildet oder sogar wie ein Film abläuft.

Dazu ein kleines Experiment:

> Schließe die Augen,

> stelle Dir das Bild einer schwarzen Katze vor,

> deute darauf mit dem Zeigefinger der rechten Hand und

> öffne jetzt Deine Augen,

   indem Du weiterhin darauf zeigst.

Du erkennst jetzt sofort: Dort vorne, irgendwo **vor** Deinem Kopf, in individuell unterschiedlicher Entfernung, findest Du die Projektion Deiner Vorstellung.

Was soll aber geschehen, wenn jemand gedanklich auf diese Leinwand ein Bild zaubert oder eben stellt?

Sich **Vor-Stellen** soll dieser Jemand das Bild. Eigentlich handelt es sich auch nicht nur um eine Leinwand, sondern um ein geradezu magisch wirkendes, räumliches Projektionsfeld.

Oft erkennen wir über die Bilder hinaus sogar Filme mit zeitlich bestimmbaren Abläufen und allen nur möglichen Wahrnehmungen.

Zum Beispiel in Träumen finden wir ganze Geschichten in diesem Feld. Beim Erstellen von Traumgeschichten sind viele von uns wahre Künstler.

Aus dem Nicht-Bewussten heraus beherrschen wir diese Art „Technik" sowieso andauernd perfekt.

Deshalb stellen wir beim sich Vorstellen dort hinein, in dieses Raumfeld, ein naturgetreues, bewegtes Abbild von der Realität, als gedachte Wirklichkeit.

Faszinierend ist nun: Auch bei völligem Tagesbewusstsein kann ein richtig kunstvolles Bild entstehen, bis hin zu ganz real wirkenden Filmen, indem wir all dies visualisieren.

Visualisieren: Zum Englischen visualize = „sichtbar machen". In Bildform, in Anschauung umsetzen.

So sichtbar machen, dass es Aufmerksamkeit (Denkenergie) erregt. Zur Realisierung von Projekten wird ebenfalls bildhafte Energie aufgebaut.

Dabei sind wir, TAO, unmittelbar selbst die entwerfenden Künstler und zugleich die Regisseure für die Abläufe.

Richtige Abläufe, aufgebaut wie Spielfilme, können wir Menschwesen in unserem magischen Projektionsfeld erzeugen.

"Das ist doch alles nur Phantasie.", höre ich jetzt jemand abwertend sagen.

Selbstverständlich, es ist die Phantasie.

Die klare, eindeutige Definition für Phantasie besagt nämlich, übersetzt aus dem Griechischen: Vorstellung, sichtbar machen.

Was tut ein Künstler, ein Techniker, ein Architekt, ein Handwerker, ein Erfinder denn anderes, als diese phantastischen Gedankenbilder zu nutzen, um daraus etwas sehr Reales, für uns alle Sichtbares und Verwendbares, zu erschaffen?

Jede Hausfrau, die am Herd einen Braten zubereitet, ein Essen zaubert, arbeitet vor ihrem praktischen Tun mit dieser bildnerischen Kraft der Gedanken, der Imagination.

Jeder Schritt zur Herstellung muss durchdacht, sich vorgestellt werden.
Erst jetzt, wenn das Ergebnis oder der Ablauf gedanklich fertig ist, wird gezielt eine Handlung, eine Tätigkeit daraus.
Dies läuft beständig ab, bis zur vollständigen Schaffung, der Erschaffung des Werkes.

Sogleich erleben wir die machtvollen Auswirkungen des dritten Begriffes bei **VorStellungs-Kraft**: Kraft besagt hier nichts anderes als die Anwendung und Umsetzung von Energie.
Kraft ist die Fähigkeit zu tun, zu bewirken. Sie ist Stärke und Wirksamkeit.

Somit ist tatsächlich die Vorstellungskraft eine Kraft, die vom Denken, von den Gedanken ausgeht.

Sie lässt bei jedem von uns plastische Energiemuster entstehen. Daraus lassen sich Gedankenbilder formen und ins Hier und Jetzt transferieren.

Damit lassen wir allerdings auch Krankheitsbilder real werden. Auch Symptome, als Erscheinungen von Krankheiten, haben ihren Ursprung im Denkvorgang.

Bewusst oder weniger bewusst **postuliert**, werden die Denkmuster in ihrer Art und Weise, also in Form von Taten oder Geschehnissen freigesetzt.

Postulate

Auf Lateinisch heißt dies postulatum = "Forderung", eine Schlussfolgerung, eine Entscheidung oder ein Entschluss, der von einer Person aufgrund seiner eigenen Selbstbestimmung gefasst wurde.

Postulieren heißt das Beschließen oder die Entscheidung ein Problem zu lösen oder ein Konzept für die Zukunft aufzustellen oder aber ein Schema der Vergangenheit aufzuheben.

Ein Postulat ist immer als solches bekannt. Es kann sowohl auf bewussten als auch auf nichtbewussten Daten aus weiter oder naher Vergangenheit beruhen.

Ein Postulat wird immer in der Gegenwart, im Hier und Jetzt, aufgestellt.

Nochmal, weil es so wichtig ist: Postulate lösen Probleme der Vergangenheit, entscheiden über die Probleme sowie Beobachtungen der Gegenwart oder stellen jeweilige Konzepte für die Zukunft auf.

Als Ganzheitliche Seelsorger und als Spiritueller Rückführer muss ich über diese postulierten Geschichten von Personen Bescheid wissen.

Meine Rat- und Hilfesuchenden haben nämlich häufig überhaupt keine Ahnung was sie für ihr Leben alles so per Postulat in die Welt gesetzt haben. Vieles von dem, wofür sie Hilfe erwarten, ist von ihnen selbst so gewollt.

Viele der diagnostizierten Krankheitserscheinungen verschiedenster Art haben ihre wahre Ursache nicht bei irgendwelchen Krankheitserregern, Giftstoffen oder sonstigen Zufallsprodukten.

Selbst Unfälle geschehen nicht so ohne weiteres. Schicksal, Zufall, Gottesurteil oder Kismet sind von den Leuten entweder direkt tatkräftig verursacht oder zumindest, aufgrund von Untätigkeit, nicht verhindert.
Dies gilt sowohl für die eigenen Unfälle als auch für solche Unfälle, die nahen Mitmenschen geschehen.

Auch Krebs, Diabetes, Herzinfarkt oder Schlaganfall ... lassen sich ganz einfach auf die Lebensgestaltung sowie auf Lebensgewohnheiten zurückführen.

Sie sind einfach ein Ausdruck selbst verursachter Willenserklärungen.
Dabei wirken die nichtbewussten Postulate oftmals sogar noch intensiver als bewusst gesetzte.
Das selbsttätige Umprogrammieren solcher tief sitzender Postulate greift nicht, wenn die Person deren genaue Ursache nicht kennt.

So macht auch die Empfehlung keinen Sinn, per Selbstsuggestion auf das Unterbewusstsein (was auch immer das sein mag) einzuwirken.

Erst das völlige Bewusstsein in Bezug auf ein ursächliches Ereignis ermöglicht den Zugriff auf die postulierte Willenserklärung.

Im Talmud, die in Geschichten beschriebenen, rabbinischen Kommentare zum jüdischen Glauben, heißt es sehr treffend zur wirkungsvollen Abfolge des Denkvorganges:

Achte auf Deine Gedanken,
    denn sie werden Worte.

Achte auf Deine Worte,
    denn sie werden Handlungen.

Achte auf Deine Handlungen,
    denn sie werden Gewohnheiten.

Achte auf Deine Gewohnheiten,
    denn sie werden Dein Charakter.

Achte auf Deinen Charakter,
    denn er wird Dein Schicksal.

Auch hier wird deutlich vom Denken, einer Welt der Gedanken ausgegangen, als Ursachepunkt zur Umsetzung von Vorgängen des Lebens.

Also nochmals: Jegliche Tätigkeit erfordert immer zuvor einen Denkvorgang. Das Denken selbst ist somit ganz offensichtlich die grundsätzliche, energetische Voraussetzung für das Tun.

So ist schon jegliche Bewegung eines Fingers der Ausfluss eines vorab bewusst, nichtbewusst oder automatisch geführten Gedankens.
Ohne diese Art Energie wäre Bewegung völlig unmöglich.

Ohne diese Energie tritt über kurz oder lang der bewegungslose Zustand ein, genannt Tod.

So sind die Kräfte des Denkens erst die Auslöser und schließlich die Beherrscher der im Körpersystem wirksamen Energien.

Mit diesen, von den Denkvorgängen ausgehenden Energien werden Nerven, Muskeln, Knochen, Drüsen und Organe, einfach sämtliche Lebensvorgänge beherrscht, sowohl die motorisch nichtbewussten als auch die bewussten.

Die Chinesen fassen alle diese Energien zusammen als das strömende, pulsierende Chi, die Lebensenergie.

Die westlichen Mystiker sprechen von Odem und in der indischen Kultur ist es Prana.

Die Frage, die sich mir aufgedrängt hat, ist: „Wer denkt denn nun all diese Gedanken, die unser Leben so nachhaltig bestimmen?"

Es gibt nicht nur eine mögliche Antwort.

Das Denken kann erfolgen:

Sowohl **körperlich**, im Gehirn und im Bereich der Nerven, sogar, wie behauptet wird, im Magen-, Darmtrakt und im Herzen, als auch **energetisch**, im Verstand, dem von uns geschaffenen, energetischen Konstrukt, oder **seelisch** durch TAO, Dir selbst, als ursächlich Geistigem Wesen.

Du selbst, TAO, bist der machtvollste Denker von all diesen. Du bist derjenige, der, zusammen mit seinem Verstand, in der Lage ist, die Kraft der Gedanken erst einmal zu einem Bild zu formen.

Du setzt den Prozess in Gang und Dein Verstand hält ihn schließlich in Gang.

Aber Achtung: Sowohl das Körpersystem als auch der Verstand können mit hinterhältigen Viren verseucht und mit Daten überfrachtet sein.

Dadurch können unsere eigentlich klaren und eindeutigen Denkvorgaben verwirrt werden.

Es gilt demzufolge für uns, das TAO-Geistwesen, Merkmale zu finden, an denen wir feststellen können, was noch zu unserem hochwertigen Denken gehört und wo die unseligen Einflüsse beginnen.

Hier versuche ich einige Hinweise dafür offen zu legen.

Merkmale für körperliches „Denken" (inklusive Gehirn):

Der Körper, mitsamt dem tollen Gehirn, ist zumeist eine Reiz-Reflex-Reaktions-Maschinerie.

Es handelt sich bei seinen Denkvorgängen um Automatismen dessen hauptsächliches Bestreben die Erhaltung von Seinesgleichen ist. Über das nur einzelne Lebewesen hinaus denkt der Körper auch für die Art und die Gattung.

So ist er spezialisiert auf die mehr oder weniger brauchbare Nahrungsaufnahme und deren Verarbeitung sowie auf das Sexualverhalten und selbstverständlich auf das Vermeiden von Gefahrensituationen oder die Reaktionen darauf.

Die körperlich motivierte Selbstheilung funktioniert dann am besten, wenn dem Körper seine spezielle Denkweise ausschließlich überlassen wird.

Unsere biochemischen Körpereinheiten reagieren auf alle möglichen Erreger für Krankheiten, auf verschiedene Gifte und auf Gefahrenquellen mit entsprechend vorprogrammierten, überlebenswichtigen sowie für das Überleben richtigen Aktivitäten und Emotionen.

In dem modernen Weltgeschehen kann das Körpersystem allerdings manchmal eine Gefahr nicht mehr genau einschätzen.

Der Reiz-Reflex-Reaktions-Mechanismus springt somit oftmals an, obwohl eine in früheren Zeiten gefährliche Situation mittlerweile längst entschärft wurde.

Das „Denken" eines Körpers ist eng begrenzt auf das Überleben in einer relativ gefährlichen Umgebung.

Körper können sich daher bei Gefahr entweder wehren, flüchten oder sich tot stellen. So antworten sie dann auf einen entsprechenden Reiz mit einem mehr oder weniger angemessenen Reflex und einer Reaktion.

Manche sprechen hier von der so genannten Intuition. Dies ist allerdings eine gravierende Fehleinschätzung, eine Verwechslung mit dem Instinkt.

Die Intuition ist nämlich, wie wir noch sehen werden, in Wahrheit TAO zuzuschreiben.

Chronisch gewordene, tieftonige Emotionen der Art oder in Form von Trauer, Schmerz, Angst, Wut setzt der Körper oftmals entgegen vernünftigerem Verstandesdenken brutal durch, weil seine enge Denkweise wahre Hintergründe nicht analysieren kann. Die ersten Menschen wurden so geschaffen.

Diese Frühmenschen (auch nicht-irdische) mussten in einer für sie mehr oder minder gefährlichen Umgebung einfach nur lernen zu überleben.

Da an diese frühen Menschwesen keine allzu hohen Anforderungen gestellt wurden, war ihr mehr oder minder eigenständiges Denken dem von Tieren noch sehr ähnlich.

Sie wurden von etwas gesteuert, das wir heute Instinkt nennen. Mit ihrem Instinkt bewältigten sie den Kampf ums Überleben und setzten sich gegen ihre Umgebung durch.

Merkmale für vom Verstand geführtes Denken:

Der Verstand, ein energetisches Konstrukt im Körper und um den Körper herum, ist für die Analyse von Dingen, Situationen, Ereignissen sowie Lebewesen oder Menschen zuständig. Er arbeitet ähnlich wie ein Computer.

Analytische, planvolle Berechnungen zur Lösung von Problemstellungen sind seine Hauptaufgabe.
Um diese wichtige Aufgabe bewältigen zu können, bedarf es eines weitgehend vollständigen und korrekten Datenmaterials.

Hat der Verstand diese wichtigen Daten nicht, so kann es geschehen, dass er einfach nur herumspekuliert.
Seine Berechnungen werden unsauber und entbehren dann der „wahren" Logik.

Dennoch hat der Verstand immer das Bestreben ein Ergebnis zu liefern. Rechtfertigungen und Spekulationen führen zwar zu Antworten, aber letztendlich zu keinen hilfreichen Ergebnissen. Auf diese Art und Weise entstehen für das Menschwesen im Alltag seine Probleme.
Da der Verstand zudem darauf programmiert, welche zu erfinden, um sie dann wieder zur Lösung zu führen, hat er lange Zeit nicht das Bedürfnis geholfen zu bekommen.
Mangelhaftes Datenmaterial kommt dem Verstand somit sogar sehr gelegen. Denn damit kann er wieder einmal ein Problem aufwerfen.

Ein Mensch hätte kein einziges Problem, wenn der Verstand nicht welche produzieren würde.
Schwierig wird es für den Menschen nur, wenn dem Erschaffen des Problems keine brauchbare Lösung sondern nur weitere Probleme folgen. Dann verlangt sogar der Verstand von sich aus nach Hilfe.

Nochmals, im erweiterten Modus:

1) Der Verstand sammelt Daten über die Sinne des Körpersystems und

2) speichert diese ab (auch über das Leben eines Körpers hinaus).

3) Der Verstand analysiert das Datenmaterial, plant und berechnet.

4) Der Verstand konstruiert daraus Problem-situationen und

5) liefert eines oder mehrere Ergebnisse zur voraussichtlichen Lösung dieser Probleme.

6) Der Verstand erfindet Rechtfertigungen mit Schuldzuweisungen, wenn sich keine saubere Lösung berechnen lässt.

Dies sind die sechs herausragenden Merkmale an denen wir das Denkschema des Verstandes erkennen können.

Die mehr oder weniger überwiegend vom Denken des Verstandes gesteuerten Menschen wirken etwas hölzern und irgendwie robotisch.

Es fehlt der beseelende TAO-Faktor: Das wäre eine offene, freundliche Art und unzweifelhafte, nicht von Berechnungen geprägte Herzlichkeit.

Der starke Verstand behauptet von sich gerne, für das Bewusstsein zuständig zu sein und damit die entscheidende Vormachtstellung beim Menschen und seinem Dasein inne zu haben.

So übernimmt er manchmal fast vollständig die Steuerung eines Menschwesens, wie es vor Urzeiten tatsächlich einmal geplant war.

TAO, das Geistige Wesen, kann sich in solchen Fällen mehr oder weniger zurückgezogen haben, zumal die ursprüngliche Aufgabe des Verstandes wirklich darin bestand Menschen zu übernehmen, während TAO sich in Ruheposition befinden oder andere Aufgaben wahrnehmen konnte.

Menschen denen man es nachsagt: „Du benimmst Dich wie ein Roboter.", „Du wirkst so berechnend.", werden offenbar sehr intensiv vom Verstand gesteuert.

Jede heutzutage herrschende Form von Moral und des Rechtswesens wird vom Verstandesdenken majorisiert. Bei der Wirkungsweise von TAO wäre ein mehr freundschaftlicher, ethisch hochwertigerer Umgang untereinander angesagt.

Wie weit wir von diesem Zustand entfernt sind, davon sprechen unsere Gesetze sehr deutliche Worte.
Diese Gesetze werden von Berechnungen sowie von den darauf beruhenden, herrschenden Moralbegriffen geprägt.

Der Verstand bestimmt derzeit als Ego-Sein unser aller Leben. Seine Art und Weise zu denken wurde zum Maßstab für so gut wie alle Menschen.

Im stark prägenden Individualismus, einem ausgeprägten Ego, zeigt sich deutlich das Denken des Verstandes.

Das Denken und der Verstand werden üblicherweise gleichgesetzt, weil hier tatsächlich das stattfindet, was sich uns Menschen als Denkvorgang darstellt, was wir auch als solchen vorrangig wahrnehmen.

Im Großen und Ganzen haben wir, das Selbst als Geistiges TAO-Wesen, uns aus dem vereinfachten Denkprozess ausgegliedert, der hier und jetzt im Rahmen des physikalischen Universum stattfindet.

Für die Aufrechterhaltung von anfangs einmal geschaffenen Naturgesetzen und dergleichen haben wir vor Urzeiten einen gigantischen Verstand geschaffen, ein das Universum umspannendes Konstrukt.

Dazu findest Du vor allem in der „modernen" (anglo-indischen) Theosophie und in der Anthroposophie die Vorstellung von einem übersinnlichen „Buch des Lebens", mit der Bezeichung: Akasha-Chronik.
Sie soll das „Weltgedächtnis" in immaterieller Form enthalten.
Im deutschen Sprachraum wurde der Begriff Akasha-Chronik vor allem durch Rudolf Steiner bekannt.
Er nahm für sich sogar in Anspruch, in der Akasha-Chronik „lesen" zu können.

Als Schöpfer des Universum hat TAO, nach meiner Erkenntnis, tatsächlich eine solche Chronik angelegt, die dem Verstand ähnelt. Darin sind alle kosmischen Gesetze aufgezeichnet, zudem jeglicher Akt von Schöpfung, dessen Veränderung und Neugestaltung.
Es gibt kein noch so geringes Ereignis, das die Chronik nicht enthält, minutiös genau und vollständig bis ins Kleinste. Aufzeichnungen der Vergangenheit und außerdem der unmittelbaren Gegenwart.
Darüber hinaus enthält Akasha auch Pläne für die Zukunft. Allerdings bleiben viele, viele Möglichkeiten offen.

Einen speziellen Ableger dieser Chronik, eben den Verstand, haben wir, TAO, jeder Art von Lebewesen individuell zugeordnet (insbesondere den Menschen).

Merkmale für unser Denken
als Geistiges Wesen:

Unsere hochwertigeren, gedanklichen Aktivitäten finden erst wieder ihren klaren Niederschlag, wenn Attribute gefordert oder angesprochen werden, die fast ausschließlich seelischer Natur sind.

Zu unserer seelischen Art und Weise gehören beispielsweise:

a) Sinn für Schönheit und Ästhetik,

b) Ordnungssinn, Bewahrung und Strukturierung

c) (Er-)Schaffenskraft und Kreativität,

d) (Er-)Kenntnis von ethischer Vernunft,

e) Empfinden für Freundschaft und Zusammengehörigkeit.

Mit so genannter Intuition melden wir uns als TAO, als Geistiges Wesen, im Leben zurück.

Die Intuition (vom Lateinischen intueri = betrachten, erwägen, eigentlich: angeschaut werden, daher auch ein passiver Sinn von Eingebung), ist das ahnende Erfassen von etwas oder einer Situation.
Sie ist die fantastische Fähigkeit tiefere Einsichten in Sachverhalte, Sichtweisen, Gesetzmäßigkeiten oder in die subjektive Stimmigkeit von Entscheidungen zu gewinnen.

Dies ohne den analytisch arbeitenden Verstand zu gebrauchen, also ohne bewusste Schlussfolgerungen treffen zu müssen.

Das seelische Denken von TAO setzt besonders dann wieder mit aller Macht ein, wenn weitgehend religiöse und/ oder spirituelle Fragen aufgeworfen werden.

Sobald ein Mensch sich mit den Fragen zu Gott und Beseeltheit beschäftigt oder, wenn Menschen nach dem Sinn des Lebens fragen, denkt TAO.

Auch zeigt in diesen Zusammenhängen das Geistige Wesen plötzlich wieder Interesse am Geschehen, wenn seine Hilfe, sein Zutun erforderlich erscheint.

Sobald allerdings Dogmatik ins Spiel kommt, mit Wollen, Müssen und Sollen, hat der Verstand seine Finger im Spiel.

TAO bevorzugt Freiheit, Freigeistigkeit im Denken und Handeln. Deshalb laufen auch die Gesetzmäßigkeiten des Denkens im Geistigen ohne jede Anstrengung und ohne übermäßig planvollen Willensakt ab. Von TAO gesetzte Postulate geschehen wie von selbst, einfach locker.

Wir, TAO, reagieren nicht und wir berechnen nicht, wir spielen lediglich das kosmische „Große Spiel" oder eventuell noch das „Spiel des Lebens".

Dies geschieht einfach wie von selbst, mit gelebter und erlebter Leichtigkeit, ohne uns großartig schwerwiegende Gedanken darüber zu machen.

Dabei nehmen wir allerdings auch kaum Rücksicht auf die, aus unserer Sicht, so „niederen" Bedürfnisse des Körpersystems.

Das Überleben von Körpern wird zur Nebensache, wenn zum Beispiel an einem Projekt gearbeitet wird, das den vollen Einsatz eines Geistigen Wesens erfordert, eines Erfinders oder Forschers oder dergleichen.

Unsere Basis des Denkens kennt weder Raum noch Zeit, denn das Geistige ist kein Bestandteil des Universum.

Gelebte Leichtigkeit ist unsere Devise, auch beim Denken.

In diesem Zusammenhang wird ein wenig verständlich, wenn religiöse Mystiker aller Zeiten gefordert haben, Körper und Verstand zu überwinden, um dadurch wieder Geist zu sein, als TAO wahre Geistigkeit zu erreichen.

Was mich dabei stört ist deren fürchterlich strikte Vorstellung, womöglich verbunden mit grausamen Geiselungen.

Für mich ist der Körper nämlich immer noch der Tempel der mich beherbergt und das wertvolle Werkzeug mit dem ich im Physikalischen aktiv bin.

Außerdem ist mein Verstand trotzdem kein bisschen unbrauchbar. Im Gegenteil, richtig angewandt, zur rechten Zeit am rechten Ort, und im Bewusstsein seiner Begrenzung leistet er hervorragende Dienste.

Da jeder von uns TAO ist, das Geistige Wesen, sind wir immer wieder fähig zum Schaffen von erstaunlichen Werken. Um diese hier und jetzt in die Welt setzen zu können, brauchen wir einfach alle zur Verfügung stehenden Mittel.

Damit wir uns darüber absolut klar werden, hier die zu seinem erforderlichen Geschehen eindeutigen Funktionsabläufe des Erschaffens:

Denken (das leichte, lockere Denken des Geistwesens übertrifft immer die Denkweisen von Körper und Verstand): Dennoch, jeglicher schöpferische Akt wird zuerst in der mystisch, magischen Welt der Gedanken zu einem geistigen Eindrucksbild.

Handeln (hier sollte der Verstand helfend eingreifen, die überaus nützliche Körpereinheit steuern): Handlungen werden als das Tun im physikalischen Universum vollzogen.

Sie laufen möglichst absichtsvoll, gezielt, planvoll und schließlich automatisch ab.

Schaffen (dies ist wieder das Arbeitsfeld von TAO, des Geistigen Wesens): Das postulierte Gedankenbild und die Handlungsabläufe entwickeln sich zur Realität. Das Erschaffene wird in den Zyklus von: Start, Veränderung, Stopp eingebunden und so eine Zeit lang aufrecht erhalten.

Mit bewusst eingesetztem, anwendbarem Wissen, dem "know-how", sowie einer unumstößlichen Portion Wissensgewissheit, einer klaren, hohen Überzeugung, dass es wirklich funktioniert, werden der Braten einer klugen Hausfrau ebenso geschaffen wie Flugzeuge, Autos, Wolkenkratzer und Raketen für den Flug zum Mars und darüber hinaus.

Die Traumbilder von Phantasten wie Columbus, Jules Verne, Wernher von Braun und vielen, vielen anderen wurden letztlich bestimmend für unsere Gegenwart.

Auch Albert Einstein war der Ansicht:

„Phantasie ist wichtiger als Wissen,
denn Wissen ist begrenzt.
Phantasie aber umfasst die ganze Welt."

Ebensolche Träumereien und Phantasien gestalten derzeit auch unsere Zukunft.
Deshalb an dieser Stelle, eine Aufforderung an alle beseelten Denker und Träumer für eine bessere Zukunft:

"Träumt die Welt von Morgen – Jetzt!"
denn
„Träume gepaart mit Tatkraft werden zu einer
wahrhaft mächtigen Kombination."

Hoffnung + Glaube + Liebe

Hoffnung hatte, historisch betrachtet, keine eindeutig positive Aussage. Das griechische Wort „elpis" heißt neutral einfach soviel wie „Erwartung".

In Erwartung von etwas Zukünftigem kann es sowohl etwas Gutes als auch etwas Schlechtes geben.

Die sprachliche Wendung: Im Deutschen besitzt „Hoffnung" einen eindeutigeren, positiven Sinn. Man hofft auf das Gelingen einer Sache.

Dieser positiv geprägte Sinn ist vorrangig auf die christliche Kultur zurückzuführen.

Beispiele dafür sind im allgemeinen Sprachgebrauch: „Es besteht noch Hoffnung." oder das Sprichwort: „Die Hoffnung stirbt zuletzt."

Auch die alte Sprachwendung für eine Schwangerschaft, wie: „Guter Hoffnung sein", zeugt von diesem positiven Sinn.

Soll ausgedrückt werden, dass die Hoffnung nicht berechtigt ist, spricht man von einer Illusion oder nur einem Wunschtraum.

Damit wird allerdings jeglichem Hoffnungsschimmer die Chance zur Entwicklung genommen.

Aber auch die Wunschträume und Illusionen sollten, meiner Ansicht nach, noch immer für die Realisierung offen bleiben.

Hoffnung kann begleitet sein, von der Angst und der Sorge, dass das Erwünschte nicht eintreten wird.

Jedoch erst der völlige Absturz aus der Hoffnung ist die Hoffnungslosigkeit, bis hin zur Verzweiflung, zu Resignation oder in die Depression, zur Wendung in das Gegenteil.

Das Wort „Hoffnung" hat seine Wurzel in der mittelnie-
derdeutschen Sprache; als der Ursprung gilt „hopen", also
„hüpfen", vor Erwartung unruhig „herumzappeln" oder „her-
umspringen".

Die Hoffnung verdeutlicht eben die zuversichtliche Ausrichtung.
Nur eine wahre, positive Erwartungshaltung, auch ohne
die wirkliche Gewissheit, projiziert etwas Wünschenswertes
in die Zukunft hinein.
Das kann ein bestimmtes Ereignis oder auch ein grundle-
gender Zustand sein.

Hoffnung ist somit die umfassend emotionale und sicherlich eine für das Tun wichtige Ausrichtung des Menschen auf
die Zukunft. Hoffend verhält sich jeder Mensch zielgerichtet
optimistisch.
Die Hoffnung ist der erste Ansatz für die Entwicklung von
Wünschen. Hingegen ist das bloße Erhoffen allein, für eine
Realisierung zu schwach.

„Drei Dinge helfen, die Mühseligkeiten
des Lebens zu tragen:
Die Hoffnung, der Schlaf und das Lachen."

Immanuel Kant

„Die Hoffnung ist der Regenbogen
über dem herabstürzenden Bach des Lebens."

Friedrich Nietzsche

„Die größten Menschen sind jene,
die anderen Hoffnung geben können."

Jean Jaures

Ohne den **Glauben**, an einen vielleicht möglichen Erfolg, bringt uns auch der schillerndste Hoffnungsschimmer nicht voran.

Der Begriff Glaube kommt aus dem Indogermanischen „leubh". Er bedeutet: Begehren, „lieb haben", „für lieb erklären", „gutheißen", auch „loben".

Damit bezeichnet der Begriff eine tiefgründige Grundhaltung von Treue sowie des Vertrauens. Ursprünglich gemeint war also: „Ich verlasse mich auf ..., ich binde meine Existenz an ..., ich bin treu zu ...".

Das lateinische Wort credere, auch Credo, von cor dare steht für: "Das Herz geben / schenken".

Das Wort wird hauptsächlich im Zusammenhang mit religiösen Überzeugungen gebraucht.

Der Glaube ist so, die Überzeugung bezüglich der Lehre einer konkreten Religion oder einer Philosophie.

Auf dem Weg vom Nichtwissen zum Absoluten Wissen befindet sich der Glaube ziemlich genau in der Mitte.

Darunter finden wir Ahnung und darüber geht es mit Interesse weiter hinauf.

Die Gewissheit etwas nicht nur zu ahnen, sondern eben wirklich wissen zu wollen oder sogar bereits zu wissen, versetzt eine Person in einen euphorischen Zustand mit gesteigertem Tatendrang.

Ohne den Glauben gäbe es weder die Überzeugung, dass da noch mehr sein könnte, noch das Begehren sich diesem Mehr zu nähern.

Sobald der Glaube in seiner noch ziemlich unsicheren Art in höhere Zustände bis hin zur Wissensgewissheit übergeht, befinden wir uns bereits auf dem Weg näher zum Zustand vollständigen Wissens.

**„Zu glauben ist schwer,
nichts zu glauben ist unmöglich."**

Victor Hugo

**„Wer glaubt, etwas zu sein,
hat aufgehört etwas zu werden."**

Philip Rosenthal

**„Mit Glauben allein kann man sehr wenig tun,
aber ohne ihn gar nichts."**

Samuel Butler

Liebe sorgt für die Umsetzung einer Idee in die Tat, zum Wohle vieler. Sie drückt sich unter anderem in Wertschätzung füreinander so im Miteinander aus.

Mittelhochdeutsch steht „liep" für etwas Gutes, Angenehmes.
Im Indogermanischen finden wir „leubh" für „gern haben" oder „begehren" im Sinne von starker Zuneigung, die jemand einem anderen entgegen bringen kann.

Das Gefühl der Liebe kann unabhängig davon entstehen, ob es erwidert wird oder nicht.

Im christlichen Sprachgebrauch gibt es den Begriff der „Agape" für eine geistig oder göttlich inspirierte, selbstlose Liebe.

So kann es sich um eine tiefe Zuneigung innerhalb von Familien (wie zu Eltern, Geschwistern oder dergleichen) oder um eine enge Verbindung im Geiste (z.B. Freundschaft oder Seelenverwandtschaft) handeln.

Man spricht dann von bedingungsloser Liebe, wenn diese tiefe Verbundenheit zu einer oder sogar zu mehreren Personen jeglichen Zweck oder Nutzen in den zwischenmenschlichen Beziehungen übersteigt.

Sie drückt sich hier in der Regel durch eine verbindende, tätige Zuwendung aus.

Die übergeordnete Bedeutung bezieht sich also auf die Hinwendung zu anderen Lebewesen, zu Einzelnen oder zu Gruppierungen, zu materiellen Dingen, ebenso zu geliebten Tätigkeiten oder zu Ideen.

Auf den wechselnden Bedeutungsebenen wird der Liebe verschiedene Wertigkeit zugewiesen.

Zwischen einer sinnlichen Empfindung mit körperlichem Begehren, im Sinne von Sexualität, platonischer Liebe, eher geistig gesehen, ohne notwendigerweise körperlicher Annäherung, und der ethischen Grundhaltung zu Menschen sowie zum Göttlichen gibt es enorme Bandbreiten.

Eine mehr oder minder zeitlich begrenzte Liebe nennt man Verliebtheit. Diese tritt zumeist im Zusammenhang mit dem so genannten „Strohfeuer" auf, das schnell auflodert, jedoch auch schnell niederbrennt.

Verliebtheit, lässt dem Liebesakt kaum Zeit zur Entwicklung und mündet häufig lediglich in körperlicher Anziehung.

Der Mangel an Liebe führt bei Kindern häufig zu Hospitalismus, wenn das Kind den Liebesentzug, im Sinne von nur funktioneller Anwendung von Liebe, überhaupt überlebt.

Massive Fehlentwicklungen bei den Liebesbeziehungen sind, im Sinne eines reinen Begriffes von Liebe, das Besitzdenken mit übermäßiger Eifersucht und freiwilliger oder fremdbestimmter Abhängigkeit bis hin zur Hörigkeit.

Erst, wenn wir im Bewusstsein der alles umfassenden Liebe vorwärts schreiten, uns als starkes TAO-Wesen wahrnehmen, gelangen wir zum entscheidenden Tun im Miteinander des Lebens.

**„Du kannst Deine Augen schließen,
wenn du etwas nicht sehen willst,
aber Du kannst nicht Dein Herz verschließen,
wenn Du etwas nicht fühlen willst."**

Johnny Depp

**„Was Du liebst, lass frei.
Kommt es zurück, gehört es Dir - für immer."**

Konfuzius

**„Du und ich - wir sind eins.
Ich kann Dir nicht wehtun,
ohne auch mich zu verletzen."**

Mahatma Gandhi

Mit der machtvollen Methode der Spirituellen Rückführung sowie mittels der Spiegelmeditation gelangen wir entweder absichtsvoll gezielt in tief sitzende Schichten des menschlichen Denkens hinein.

Was wir bewirken können, ist die Erleichterung von Informationen, die auf Postulate zurückzuführen sind.

Der Informationsgehalt im körperlichen sowie im geistigen Energiefeld lässt eine Heilwerdung im ersten Moment nicht zu.

Denn vorgeblich gehören diese Daten zum Überlebenspotenzial des jeweiligen Menschen.

Bei mehrmaliger Anwendung ändert sich die Einstellung beim Körper und vor allem im Verstand.

Die Person nimmt, entweder selbst oder mit der Hilfe von Ganzheitlichen Seelsorgern, den bewussten Kontakt auf und erlangt so mittel- bis langfristig das unmittelbare HIER und JETZT.

Sowohl bei der Anwendung von Spiegelmeditationen als auch im Verlaufe von Spirituellen Rückführungen geschehen wahre Wunder, die unter anderem auf eine verbesserte Fähigkeit zur Imagination zurückzuführen sind.

„Wer sich nicht mehr wundern und sich in Ehrfurcht verlieren kann, ist seelisch bereits tot.“

Albert Einstein

Wir machen Zukunft

Der Traum von Zukunft und von Wirklichkeit.

Gegenwart ist das Hier und Jetzt, die Zeiteinheit in der wir gerade leben.

Von Gegenwart zu Gegenwart hangeln wir uns wie auf einer Art Zeitstrahl entlang, hinein in die Zukunft.

Die Zukunft wiederum ist die Zeit die wir uns machen, ständig neu erschaffen, damit mögliche weitere Zeiteinheiten kommen werden.

Wir gehen immer in die Richtung dessen, was unserer Meinung nach die Zukunft sein wird.

Wie mag unsere Zukunft dann wohl sein? So wie wir sie uns wünschen oder so wie unser Nachbar sie sich wünscht?

Sowohl andere als auch wir selbst haben offenbar eine bestimmte Vorstellung davon was sein sollte oder sein wird.

Je mehr von uns in dieselbe Richtung gehen, umso wahrscheinlicher wird diese gemeinsam erdachte Zukunft auch von der gedanklichen Wirklichkeit zur physikalischen Realität werden.

Die jetzige Gegenwart wird dann die Vergangenheit dieser Zukunft sein.

Aus einem geradezu unendlich großen Bündel von verschiedenartig möglicher Zukunft wird letztlich diejenige die ausgewählte Realität werden, über die, aufgrund der erdachten Wirklichkeiten, die allergrößte Übereinstimmung der Vielen herrscht.

In gewissen Grenzen ist es uns also tatsächlich möglich unsere Zukunft selbst zu bestimmen. Wie könnte so etwas aussehen?

Wir entwickeln eine Idee für das Leben, verfolgen gezielt und mit viel Ausdauer diese Vorstellung, bis wir sie verwirklichen können.
Sodann verwirklichen wir sie und schaffen auf diese Art und Weise neue Realitäten.

Leider stoßen wir dabei immer wieder an Grenzen unserer Möglichkeiten. Wir lernen Barrieren, Schranken und Gegenabsichten kennen, eigene und die von anderen.
Entweder wir akzeptieren diese oder wir überwinden sie und betreten schließlich Neuland, für eine weitere, mögliche Zukunft.

Die Schwierigkeiten bei der Realisierung von Ideen sind uns selbstverständlich nicht unbekannt.

Sie können zusammenhängen mit den Vorstellungen von Wirklichkeiten anderer bis zu deren Realisierung durch diese, von den Zukunftsprojektionen anderer sowie von noch gar nicht entwickelten Materialien oder Techniken oder vielerlei möglichen Barrieren.

Wenn wir das trotzdem alles überwunden haben, unser Traum von Wirklichkeit nun Realität wurde, was ist dann?

Wir haben etwas Neues geschaffen, ein Stück Zukunft kreiert.
Und wir stellen fest: Nur so gewinnen wir im „Großen Spiel" und dem des Lebens, egal ob all die Mitmenschen mit unserer Kreation zu Hundert Prozent einverstanden sind.
Aus dieser Erkenntnis heraus fühlen wir uns dann irgendwie glücklicher.

Hierzu die folgenden, klugen Worte, mit denen wir uns einen brauchbaren Wegweiser hin zum GlücklichSein errichten können:

"Glück ist die Überwindung
nicht ganz unbekannter Hindernisse
in Richtung auf ein bekanntes Ziel."

Eines ist gewiss: Zukunft können wir nur dann in unserem Sinne machen, wenn wir in der Lage sind auch Gegenwart zu leben, zu erleben und steuern zu können.

Ausschließlich die Fähigkeit zur Kontrolle über das Hier und Jetzt lässt uns zu den machtvollen Wesen werden, die das Leben meistern.

Wir allein sind die Schöpfer, die Erschaffer unseres Leben, aus der bereits gelebten Vergangenheit heraus, in der unmittelbaren Hier und Jetzt-Gegenwart und zur möglichen Zukunft hin.

Selbst, wenn wir uns bereit erklären, das Leben oder Teile davon an ein irgendwie geartetes höheres Wesen abzugeben, ist auch dies dennoch unsere ureigene Entscheidung.

Gegenwart und Zukunft sind zusammen mit der zurückliegenden Vergangenheit verschiedene Aspekte von Zeit.

Dieses Thema „Zeit" ist eines unserer liebsten Rätsel, bei dem sich schon viele Menschen den Kopf zerbrochen oder die Zähne ausgebissen haben. Was also ist nun Zeit?

Die korrekte Definition für Zeit ist:

Bewegung im Raum! Sie ist nicht irgendeine x-te Dimension, sondern einfach nur: Die in ihrem Ablauf messbare Bewegung von Energie und/oder Materie im Raum.

Es gibt allerdings einen objektiv messbaren sowie einen subjektiv spürbaren Ablauf der Zeit.

Mit unserem zunehmenden Alter verläuft die Zeit angeblich, ganz persönlich betrachtet, irgendwie schneller.

In jedem Falle sind wir, als ursprünglich an der Schöpfung für ihre Wirkungsweise Beteiligte, auch diejenigen, die es schaffen sollten, zumindest den Verlauf der eigenen Zeit zu kontrollieren.

Selbstverständlich haben wir, angepasst an den ach so modernen Zeitgeist, niemals Zeit.

Denn, mit "keine Zeit haben" drücken wir doch anderen gegenüber aus, wie wichtig wir sind: Haben wir keine Zeit dann, so sollen jene schließen, sind wir so gefragt, dass wir total überbeschäftigt sind.

"Zeit zu haben" scheint den gegenteiligen Eindruck zu erwecken; so, als ob wir nichts mehr wert seien.

Deshalb fühlen sich Rentner viel zu oft nutzlos, weil sie nämlich nach ihrem Arbeitsleben plötzlich über mehr Zeit verfügen können.

Fast sieht es so aus: Wir können es uns heutzutage gar nicht leisten, Zeit zu haben!

Oh Mann, wie arm sind wir dran! "Keine Zeit haben können" bedeutet nämlich auch: Kein Jetzt haben können.

Das heißt weiterhin: Kein Leben haben können. Und das, so glauben viele von uns offenbar, ist heutzutage "In".

Ich selbst arbeite intensiv an einer Gegenwart, in der es zur Mode geworden sein wird "Zeit zu haben".

Denn, erst dann können wir in aller Ruhe, aus der Gegenwart heraus, Zukunft gestalten, Dinge erschaffen und: Glücklich sein!

Mein Leitspruch lautet dabei:

**„Ich gehe nicht nur wohin der vorgezeichnete
Weg führen mag,
sondern auch dorthin wo kein Weg ist und
ich hinterlasse dabei eine Spur."**

Dies finde ich erstrebenswert, um weiterhin ein dynamisches, gutes Überleben, mit Wohlstand im Leben sowie Zufriedenheit und Freude beim Erleben haben zu können.

Es ist es geradezu unser aller Pflicht, starke Gemeinschaften zu schaffen, sie zu erhalten, zu fördern und mit anderen zu vernetzen, die sich diesem Leitspruch anschließen.

Wie können wir hier, zu dieser Zeit und gemeinschaftlich im Laufe der Zeiten, mit genialen Ideen übereinstimmen, die sowohl die persönliche als auch die wirtschaftliche Selbstbestimmung fördern?
Denn ausschließlich aus solchen Ideen heraus werden wir zu selbstbestimmten, selbstständig tätigen, von aktivem unternehmerischem Wirken bewegte Zugpferde beziehungsweise gestärkte Stützen der Gesellschaft.

Erst bei der Entwicklung der von Menschen entfachten, hilfreichen Maßnahmen zur Unterstützung von weiteren aktiven Menschen, wiederum als Unternehmer, werden wir zu echten, wertvollen Mitmenschen.

Aus der Übereinstimmung mit etwas vollkommen Neuem, das von persönlicher Eigeninitiative geprägt ist, geht dabei dann hervor, dass ein Einzelner den gemeinsamen und dennoch selbstbestimmten Traum verwirklichen kann.
So löst er sich aus den Fängen fremdbestimmter, staatlicher Pseudohilfe, die nur vom Mammon bestimmt und getragen wird.

Auch Einzelpersonen können auf diese Art und Weise, im großen Rahmen von wohlwollenden Gemeinschaften, ein Stück Zukunft real werden lassen.

Gemeinsame Ideen verdichten sich. Sie wachsen zur Bildung von Gemeinschaft in verschiedenen Gruppen, überschaubaren Einheiten, heran.

Daran beteiligte Menschen können sich dann wiederum gegenseitig unterstützen.

Diese Menschen nehmen dabei, im wahrsten Sinne des Wortes, ihre Zeit und damit ihr Leben in eigene Hände.

Erfreulicherweise sind die Initiatoren entsprechender Aktivitäten manchmal stur genug, die Zeit erfolgreich für die im Miteinander wachsenden Aktivitäten zu nutzen.

Möglichst viele Menschen können dann ihrem Beispiel folgen.

Auch mir macht ein solches Beispiel mehr Mut, dem einmal entwickelten, jetzt zu eigen gemachten Pfad zu folgen.

Von hoher Ethik getragene und daher unantastbare Systeme würden geradezu den Beginn einer neuen Ära einläuten. Mit Hilfe beherzter Mitmenschen trüge sich die Idee der gegenseitigen Unterstützung, von Mensch zu Mensch, rasch voran. Die Ergebnisse dieser Aktionen wären wahrhaft überwältigend.

Wer nicht wenigstens einmal erlebt hat, wie sich Menschen voller Vertrauen, zwar nicht ganz uneigennützig aber mit einer Menge offen gezeigter Freude, gegenseitig helfen können, kann es kaum glauben.

Erst das fantastische Erlebnis in einer Gruppe Gleichgesinnter gibt genügend Realität.

Lasst Euch daher zum Miteinander einladen, von irgend jemandem der Euch unterstützt und Euch Wohlstand gönnt.

Denn nichts ist überzeugender als die offensichtliche, wirklich handfeste und deutlich sichtbar nachvollziehbare Realität, geboren aus einer im Geistigen ausgedachten Wirklichkeit.

Das hochwertige Produkt der Maßnahmen zur Unterstützung sind: Menschen die nach Zeiten schlimmer Entbehrungen wieder einmal erleben dürfen was Glück bedeuten kann.

Ich meine, wir müssen gebotene Chancen dringend nutzen: Wir müssen mit dem uns eigenen, starken Sinn für Gemeinschaft übereinzustimmen, um kreativ an der Veränderung von Wirklichkeiten bis hin zu neuen Realitäten mitarbeiten zu wollen.

Die neue Gegenwart, das neue Hier und Jetzt, erfordert nicht nur eine Vielzahl von Menschen, sondern vor allem starke Geister, die sich voller Enthusiasmus der Zukunft zuwenden.

Ein ziemlich wahres Wort besagt hierzu:

"Der Geist ist der Boss."

Unser, in der Vielzahl einer Gemeinschaft, gestärkter Geist des Helfenwollens, muss durch tätiges Miteinander wieder rehabilitiert werden.

Das hochwertige Ziel aller Menschen guten Willens sowie deren guter Geister heißt: Selbsterkenntnis und Selbstbestimmung.
Dies allein führt uns selbst zu mehr Selbstständigkeit, dem ständigen Selbst.
Je mehr wir von Fremdbestimmung abhängig gemacht werden, umso weniger werden wir über uns selbst entscheiden dürfen.

Dies geschieht beispielsweise, wenn wir unsere Stimmen bei irgendwelchen der Wahlen abgeben, um sie dann tatsächlich für lange Zeit quasi verloren geben zu müssen. Die demokratischere Lösung wäre eine fortlaufende Mitwirkung über so genannte Volksabstimmungen.

Vermehrte, sich bürokratisch selbst vermehrende, von bösartig unterdrückenden Betrügern aufgezwungene Fremdbestimmung, ist das erklärte Gegenstück zur Selbstbestimmung.

Die Mittel zur Verbreitung von Neid, Eifersucht und Missgunst sind Kontrollmechanismen der Leute, die uns mit ihrer, aus der Fremde bestimmten, dort konzentrierten und zentralisierten Einflussnahme klein machen oder klein halten wollen. Durch eine gezielte Spaltung, durch Vereinzelung und durch die Polarisierung der Menschen untereinander wird Macht ausgeübt.

„Teile und herrsche!", im Sinne von: „Zerteile und beherrsche!", heißt deren Losung.

Nur, wenn wir, jeder von uns, ganz persönlich Verantwortung auf uns nehmen, selbstbestimmt füreinander eintreten, brauchen wir immer weniger staatlichen Einfluss.

Dazu ist es sinnvoll und wichtig eine eher unorganisierte Bewegung mit eigendynamischem, ethisch sehr hochwertigem Charakter zu bilden. Diese Idee ist weitaus stärker, als jede aus der Fremde gesteuerte Organisation.

Lediglich kleinere, in regionaler Nähe, weitgehend selbstbestimmt geführte Gemeinschaften, können leichter etwas bewirken und im hohen Sinne der übergeordneten Menschenrechte tätig sein.

Deshalb: Schließt euch vertrauensvoll zusammen! Bildet kleine, geradezu als privat anzusehende Einheiten.

Helft euch im Miteinander gegenseitig, beim Leben wie beim Überleben. Werdet zum Vorbild für weitere Zellen mit hoher Moral und Ethik.

Nicht umsonst heißt es:
"Zuviel Staat macht unfrei, krank und arm!"

Daher brauchen wir eine völlig neu gestaltete Zeiteinheit, eine Zukunft mit veränderten Realitäten, in der die persönliche Selbstständigkeit besonders hoch im Kurs stehen darf.

In trauter Einigkeit übernimmt dann ein jeder Verantwortung für jedermann. Entscheidend dabei ist, dass auch jeder allen anderen den Wohlstand gönnt.

Deshalb ein wichtiges Wort zum Thema Geld:

Geld darf niemals zum alles bestimmenden Faktor im Leben werden. Es soll einfach nur nützlich sein, ohne im Vordergrund stehen zu müssen. Geld ist nichts anderes als eine andere Art von Energie. So wie Energie nur dann Wirkung zeigt, wenn sie in Bewegung gesetzt ist, so muss auch Geld ständig fließen.

Alle Maßnahmen, um Geld einzusperren, abzusaugen, der Wirtschaft zu entziehen (zum Beispiel durch überhöhte Steuern, übermäßiges Ansparen, Überversicherung, Spekulationen, ...), damit gezielt für Mangel zu sorgen, vermehren die Armut der Menschen.

Geld hat allein dazu zu dienen, die Arbeit, Güter und Dienstleistungen, zu bezahlen. Geld wurde pervertiert, sowohl in der Vergangenheit als auch in der Gegenwart, indem man: Mit Geld wiederum Geld macht.

In der Zukunft muss dem Geld wieder der ursprüngliche, sinnvolle Nutzen zugewiesen werden, einfach als ersatzweises Tauschmittel.

Gegenseitige Hilfe hat nur am Rande mit Geld zu tun!

Aber: Wer den anderen entsprechend hilft darf selbstverständlich auch selbst Hilfe erwarten.

Allerdings können wir uns nur dann gegenseitig effektiv helfen, wenn wir uns untereinander auch kennen und verstehen. Freunde helfen sich immer leichter als Fremde.

Das ist der einigende Gedanke der vervielfältigten Einheiten, in denen man sich gegenseitig kennt, sich in die Augen schauend Vertrauen aufbaut.

Das Vertrauen, das sich die Menschen dabei schenken, ist das Schmiermittel, um die Dynamik der Hilfsbereitschaft voran zu bringen.

Miteinander in Kommunikation zu kommen und zu bleiben löst eine Vielzahl von Problemen.

Wenn wir uns in diesem Geiste zusammentun, in dem Wissen und der Erkenntnis worum es dabei wirklich gehen kann, dann wird auch mein Traum von Zukunft zur Wirklichkeit.

„Die Zukunft hat viele Namen:
Für Schwache ist sie das Unerreichbare,
für die Furchtsamen das Unbekannte,
für die Mutigen die Chance."

Victor Hugo

„Die Zukunft soll man nicht
voraussehen wollen,
sondern möglich machen."

Antoine de Saint-Exupery

„Mehr als die Vergangenheit
interessiert mich die Zukunft,
denn in ihr gedenke ich zu leben."

Albert Einstein

„Das Merkwürdige an der Zukunft
ist wohl die Vorstellung,
dass man unsere Zeit
einmal die gute alte Zeit nennen wird."

Ernest Hemingway

Nachsatz

Auf das „Rad des Lebens" gebunden oder geknüpft zu sein, scheint den Menschen weltweit nicht unbedingt als angenehm zu erscheinen.

Das Rad des Werdens und Vergehens ist die Darstellung des leidhaften Kreislaufs der Wiedergeburten (Samsara). Daraus Befreiung zu finden, sollte jedermann bemüht sein.

Es gehört zu den ältesten Bildtypen der buddhistischen Malerei. Es ist die Vorstellung vom Wirken des Karma, die in diesem Bild des Lebensrades symbolisch veranschaulicht ist.

Die keltischen Druiden lehrten dies ähnlich. Der Mensch wird bei der Geburt, der Inkarnation, von der Natur getrennt. Er tritt ein, in den Kreis der Prüfungen und Notwendigkeiten. Dieser Kreis heißt Abred. Es ist der Kreis allen Leides.

Ziel der Druiden war es, diesen Kreis der Inkarnationszyklen zu durchbrechen, um durch eigenes Bemühen die Einheit mit der Natur wieder herzustellen.
Sie waren bestrebt, durch die Befreiung des Selbst, in die „Weiße Welt", nach Gwenwed oder Gwenwyd zu gelangen. So treten sie ein, in den Kreis der Glückseligkeit und der Fülle. Nur weise Männer können diese Welt erreichen.
Im keltischen Kreuz ist dies der kleinste Kreis, in der Mitte des Kreuzes.

Mit Hilfe des schamanischen Lebensrades oder eines Lebenskreises wird hingegen versucht sich mit den Gegebenheiten des Lebens zu arrangieren.
Verschiedenartige Zeremonien und Rituale beziehen die Elementarkräfte und die Abläufe am Himmel ins tägliche und kalendarische Dasein ein.
Unter der Bezeichnung Medizinrad werden allerlei Rituale zur Heilung eingesetzt.

Diese schamanischen Wissensinhalte finden wir in ähnlicher Art und Weise bei den Urvölkern aller Kontinente.

Was steht uns wohl tatsächlich bevor, wenn wir uns aus dem Universum verabschieden sollten?
Spirituelle Rückführungen lassen Euch mögliche Antworten erfahren, wie etwa die Folgenden:

Beim Vollenden eines Kreises finden wir selbstverständlich, wie bei einer kompletten Umdrehung von beispielsweise 24 Stunden, direkt zum Anfang zurück.

Beginnend bei Null Uhr, dem Start in dieses Universum herein, endet unser derzeitiger, mangelhafter Zustand um 12 Uhr. Wo sich die Entwicklung im Moment befindet vermag ich nicht zu sagen. Ich meine aber, wir können den Lauf entscheidend beeinflussen, wenn wir unsere geistige Entwicklung beschleunigen.

Doch wer nun glaubt, ganz alleine aussteigen zu können, sich vom „Rad des Lebens" unabhängig von anderen abknüpfen zu können, der irrt gewaltig. Der Ausstieg gelingt nur gemeinsam, in völliger, gemeinsamer Übereinstimmung.

Wie wir uns das Spielfeld des physikalischen Universum gemeinsam geschaffen haben, so lösen wir es auch nur im Miteinander wieder auf. Alles andere ist Humbug oder ein mehr oder weniger frommer Wunsch.

Genau so ist der Aufstieg einzelner Meister zwar möglich, aber nur vorübergehend, niemals stabil, wenn sich diese vereinzelten Geistwesen nicht schleunigst darum kümmern, auch Anderen die Gelegenheit zum Aufstieg zu verschaffen.

Nur, wenn wir uns gegenseitig die helfenden Hände reichen, haben wir die Chance, dem Ziel der indischen Heiligen oder der Druiden näher zu kommen.

Erlaubt mir bitte zu behaupten: Wo und wann auch immer wir gerade stehen, jede Wertung gegen andere Menschen ist ein Rückschritt. Bewertung und Abwertung nehmen hierbei den gleichen Stellenwert ein.

Erst die Wahrnehmung einer anderen Wesenheit als unabdingbares „Ich bin" bringt uns im Miteinander weiter.

Das Göttliche TAO, unser gemeinsamer Ursprung, erwartet uns jetzt sowie am Ende aller Tage!

Literatur:

> David Bach: *Gib, was du nicht bekommen hast. Karma und Psyche. Eine Einführung,* Simon + Leutner, Berlin 2001,
ISBN 978-3-922389-91-0

> Sri Aurobindo: *Die Frage der Wiedergeburt.* Mirapuri-Verlag, Gauting 1997, ISBN 3-922800-68-8

> Christmas Humphreys: *Karma und Wiedergeburt.* Rascher, Zürich 1951

> Sant Kirpal Singh: *Karma. Das Gesetz von Ursache und Wirkung* (2. überarbeitete Auflage). Origo-Verlag, Bern 1983,
ISBN 3-282-00079-0

> Bodde, Derk und Fung, Yu-Lan. *Eine kurze Geschichte der chinesischen Philosophie.* Simon und Schuster, 1997,
ISBN 0-684-83634-3

> Rainer Freitag: *Seelenwanderung in der islamischen Häresie.* Schwarz, Berlin 1985, ISBN 3-922968-44-9.

> Hermann Kochanek (Hrsg.): *Reinkarnation oder Auferstehung.* Herder, Freiburg 1992.

> Helmut Obst: *Reinkarnation. Weltgeschichte einer Idee.* Beck, München 2009, ISBN 978-3-406-58424-4

> Jürgen Pfestorf: *Reinkarnation, Wiedergeburt und Auferstehung in den Evangelien. (2.* erweiterte Auflage) Bautz, Nordhausen 2009, ISBN 978-3-88309-493-9.

> Helmut Zander: *Geschichte der Seelenwanderung. Alternative religiöse Traditionen von der Antike bis heute.* Primus-Verlag, Darmstadt 1999, ISBN 3-89678-140-5

> Dalai Lama: *Die Lehre des Buddha vom Abhängigen Entstehen.* Dharma Edition, 1996, ISBN 3-927862-27-4

> Aljoscha A. Schwarz und Ronald P. Schweppe, *WYDA, Die Kraft der Druiden.* Übungsbuch, Spiritualität, Übungsbuch Verlag Hermann Bauer, 1993, ISBN 3-7626-0375-8

> Dieter Halcour: *Das Lebensrad der Tibeter.* Hake-Verlag 1991, ISBN 3-925338-07-1

> *Bilder des Erwachens, Tibetische Kunst als innere Erfahrung.* Jonathan Landaw und Andy Weber, Diamant Verlag München, ISBN 3-9805798-1-6 (1. Auflage 1997).

ANGEBOT:

Wer tatkräftig daran mitarbeiten möchte, diesem Planeten ein freundlicheres Gesicht zu geben, ist herzlich eingeladen. Setzt Euch einfach kurz und formlos mit mir in Verbindung.
**Ihr erhaltet dann
nähere Informationen zur Ausbildung.**
In diesem Zusammenhang bekommt Ihr alle erforderlichen Unterlagen, um selbst, mit Spirituellen Rückführungen, hilfreich noch wirkungsvoller tätig zu sein.

Über den Autor:

Günter Karl Skwara, *19.07.1952

Während seiner vielfältigen beruflichen Tätigkeiten erlangte er Einblicke hinter die Kulissen von Betriebs- und Volkswirtschaft.
Ihm offenbarten sich zudem die sozialen Zusammenhänge, mit all ihren Ungerechtigkeiten und Abgründen.

Bei seinem Aufenthalt in Frankreich (1991 bis 1992) eignete er sich verschiedenes Wissen und Fähigkeiten an. Diese konnte er dann auch in Deutschland nutzen.
Er wurde Heiler von Morhange genannt und anerkannt als "Meister des Wandels" (master of change).

Seine Absicht besteht seitdem darin, Menschen aus dramatisch verfestigten Problemstellungen heraus zu helfen (physischer, psychischer sowie sozialer Art).
Als guter Zuhörer entlastet er, mittels Spiritueller Rückführungen, die schwierigen Situationen seiner Rat- und Hilfesuchenden.
Mit leichter Hand führt er sie zu eigenständig gefundenen Lösungswegen.

Er ist Begleiter auf dem Pfad zu Wohlbefinden, Zufriedenheit und GlücklichSein.

Günter Skwara

**Ganzheitlicher
Seelsorger**

**Spiritueller
Rückführer**

**Meditations-
begleiter**

> Spirituelle Rückführung
> Finden von Ursachen, Aufarbeiten und Bereinigen alter Ereignisse, Rehabilitation und Mobilisierung von Kreativität, (Los)Lösen belastender karmischer Verstrickungen und mehr.
Transformation vom Menschsein zu TAO, dem Geistigen Wesen.

> Mentale Kommunikation
> Die Magie effektiver, mentaler Kommunikation ist der Königsweg, zur Lösung aller, von Menschen inszenierter, Probleme. Bestandteile des Magischen Quadrates für Verstehen dienen als Leitgedanken.

> Ganzheitlicher Energiefeldausgleich
> Aus dem Gleichgewicht geratene Lebensenergie wird wieder stabilisiert und harmonisiert > für mehr Ausgeglichenheit, Stabilität und Balance im Dasein.

> Spiegelmeditation
> Selbsthilfeprogramm: Erschließt Euch den Weg zum Selbst (zu Selbsterkenntnis, Selbstbestimmung, Selbstständigkeit). Taucht ein und rehabilitiert uralte Fähigkeiten!

Kontakt:
rueckfuehrer@googlemail.com

www.rueckfuehrer.de
www.studio-chi.de